La antroponimia del Reino de Sevilla

 EDITORIAL
UNIVERSIDAD DE SEVILLA

 Calidad en
Edición
Académica

Academic
Publishing
Quality

Avalado por

FECYT

Promovido por

José Javier Rodríguez Toro

La antroponimia del Reino de Sevilla
Estudios

EDITORIAL
UNIVERSIDAD DE SEVILLA

Sevilla 2024

Colección Lingüística
Núm.: 87

© Editorial Universidad de Sevilla 2024
   Porvenir, 27 - 41013 Sevilla
   Tlfs.: 954 487 447; 954 487 451; Fax: 954 487 443
   Correo electrónico: info-eus@us.es
   Web: https://editorial.us.es
© José Javier Rodríguez Toro 2024

Impreso en papel ecológico
Impreso en España-Printed in Spain

ISBN: 978-84-472-2599-6
Depósito Legal: SE 434-2024

Diseño de cubierta: notanumber
Maquetación y realización de cubierta: Dosgraphic s.l. (dosgraphic@dosgraphic.es)
Impresión: Podiprint

A Rocío, Berta y Jimena,
mis nombres favoritos

Índice

Preámbulo.   13

Capítulo 1
Aportaciones al estudio del nombre de familia bajomedieval.   15

Capítulo 2
Sobre antroponimia femenina bajomedieval.   25
    2.1. El nombre de pila   27
    2.2. El apellido   29
    2.3. El sobrenombre.   31
    Conclusión.   34

Capítulo 3
Consideraciones en torno al estudio de los antropónimos sevillanos
del siglo xv.   37

Capítulo 4
La antroponimia del Reino de Sevilla. *Collacion de Sant Lloreynte*
(1408-1488).   45
    4.1. El nombre de pila   47
    4.2. El patronímico   54
    4.3. El nombre toponímico   58
    4.4. El sobrenombre.   65
    Conclusión.   71

Capítulo 5
Los nombres de pila españoles en época preclásica (según el padrón
general de Sevilla, año 1533)   73

Capítulo 6

De onomástica rural andaluza: la Sierra de Aroche (año 1407)   89
    6.1.   La estructura de la denominación   92
    6.2.   El nombre de pila   97
    6.3.   El nombre segundo   100
    6.4.   El sobrenombre   104
    Conclusión   106

Capítulo 7

El nombre de pila español en los albores del Siglo de Oro (a propósito del
Libro de los baptizados en esta Santa Iglesia de Sevilla)   109
    Introducción   109
    7.1.   Santa María la Mayor de Sevilla en su orto. Valor histórico
          del *Libro*   111
    7.2.   El nombre de pila en el *Libro*   114
    Conclusión   127

Capítulo 8

Baltasar, Gaspar y *Melchor* en el siglo xvi (el Sagrario, Sevilla)   129
    Introducción   129
    8.1.   La frecuencia de *Baltasar, Gaspar* y *Melchor* en los libros
          del Sagrario   131
    8.2.   La difusión social de *Baltasar, Gaspar* y *Melchor*   134
    8.3.   La elección de *Baltasar, Gaspar* y *Melchor*. Factores
          de su imposición   135
    Conclusión   139

Capítulo 9

De los nombres de *María* en la Sevilla del quinientos   141
    Introducción   141
    9.1.   Datos cuantitativos generales   145
    9.2.   *María + de +* nombre alusivo a misterios, símbolos o personajes
          religiosos   146
    9.3.   *María*, primer elemento de nombres dobles   151
    9.4.   *María*, segundo elemento de nombres dobles   154
    Conclusión   158
    Anexo   159

Capítulo 10
Acercamiento a la onomástica de tres minorías sevillanas del siglo XVI 163
    10.1. La onomástica de los hermanos gemelos 165
    10.2. La onomástica de los «cristianos nuevos» 168
    10.3. La onomástica de los extranjeros 171
    Conclusión 174

Capítulo 11
Para la historia de los antropónimos compuestos con la preposición *de*
(Sevilla, siglo XVI) 175
    Introducción 175
    11.1. Advocaciones marianas y similares (16 nombres) 177
    11.2. Hagiónimos (14 nombres) 179
    11.3. Análisis de los datos 181
    Conclusión 184

Capítulo 12
El nombre de pila doble en el siglo XVI: la aportación de los libros
de bautismo sevillanos 185
    Introducción 185
    12.1. El nombre doble en los libros sevillanos de bautismo (siglo XVI).
          Aspectos generales 187
    12.2. La frecuencia del nombre doble en los libros sevillanos
          de bautismo 189
    12.3. La elección del nombre doble. Factores de su imposición 195
    Conclusión 208
    Anexo 210

Capítulo 13
La elección del nombre de bautismo en el siglo XVI: el caso de *Jacinto* 213
    Introducción 213
    13.1. *Jacinto* y *Jacinta* en el Sagrario de la Catedral de Sevilla
          (años 1515-1600) 214
    13.2. *Jacinto* (y *Jacinta*) en los libros de bautismo sevillanos (siglo XVI). 217
    Conclusión 221

Referencias bibliográficas 223

Preámbulo

Este libro reúne trece trabajos sobre la antroponimia sevillana de los siglos XV y XVI, redactados durante las dos últimas décadas; más de la mitad ha visto la luz en revistas internacionales de la especialidad. Se presentan ahora juntos y ordenados cronológicamente para favorecer su divulgación, sin apenas retoques, homogeneizada tan solo la forma de citar la bibliografía, que aparece al final en un listado unificado.

Tal y como ha defendido repetidas veces Dieter Kremer –entre otros muchos, por ejemplo, Kremer (2018)–, conviene al estudio de los nombres personales antiguos evitar los corpus ya establecidos o los índices, pues ello alejaría al investigador del contexto preciso en que se registran los antropónimos. En el caso de la zona de Andalucía sometida a examen –la mitad occidental de la región, esto es, ese territorio de Castilla conocido como *Reino de Sevilla* hasta la división en provincias de 1833– y de la época de tránsito entre la Edad Media y la Edad Moderna, pueden analizarse los padrones, sobre todo fiscales, y los libros sacramentales de bautismo, tan abundantes como bien conservados en los archivos de las parroquias sevillanas. Así lo entendió Manuel Ariza Viguera desde que, a finales de los años ochenta del pasado siglo, se incorporó a la Universidad de Sevilla y fundó un grupo de investigación inserto a su vez en *Patronymica Romanica* (*PatRom*), proyecto europeo dirigido por Kremer que pretendía confeccionar un diccionario etimológico e histórico de apellidos románicos. El fruto del trabajo de Ariza y de sus colaboradores fue el volumen *Estudio histórico de apellidos andaluces medievales*, coordinado en 2009 por Josefa María Mendoza Abreu.

Los artículos aquí recogidos se basan a partes iguales en los padrones y en los libros de bautismo. Los primeros proceden del Archivo Histórico Municipal de Sevilla, en su mayoría de la Sección 16 –cf. Collantes de Terán (1977): su estudio, en la línea de las aportaciones de Ariza y su equipo (cf. Referencias bibliográficas), ha permitido mejorar el conocimiento de la «estructura de la denominación» y de las distintas categorías antroponímicas por separado (las fundamentales son el nombre primero, el nombre segundo o apellido y el sobrenombre). Uno de los inconvenientes que presenta este tipo de documento es la escasa presencia de mujeres y, por consiguiente, un reflejo menos preciso de la onomástica femenina. Por su parte, el análisis de las partidas bautismales contaba con algún que otro antecedente en la antroponimia hispánica –por ejemplo, Menéndez Pidal (1965) y Boyd-Bowman (1970)–, pero esta posibilidad de estudiar el nombre de pila solo ha recibido un impulso en los últimos años –cf., entre otros, Castro (2014, 2018) o García Gallarín (2017a, 2017b).

La importancia demográfica de Sevilla en el siglo XVI y la riqueza de sus fondos parroquiales –para su catálogo completo, cf. Morales Padrón (1982)– invitaban a que se emprendiera una pesquisa semejante en la ciudad. Los trabajos más recientes de este libro pretenden demostrar el interés de esta línea de investigación; se ha tratado, en suma, de conjeturar el porqué de la imposición de los nombres en el bautismo.

Capítulo 1
Aportaciones al estudio del nombre de familia bajomedieval*

La consideración tan dispar y, a mi parecer, algo incompleta que en dos recientes estudios sobre onomástica medieval –Viejo (1998) y Nunes y Kremer (1999)– merece el *nombre de familia* me ha incitado a reflexionar acerca de la necesidad (si es que la hay) de establecer metodológicamente una categoría antroponímica independiente, distinta de las que suelen atenderse (básicamente nombre de pila, patronímico y apellido). Asimismo, contrasto estas reflexiones con el resultado del análisis de doce censos, fechados entre 1426 y 1444, de Alcalá de Guadaíra (Sevilla)[1] en los que he pretendido constatar el funcionamiento de dicha categoría antroponímica.

El más cercano en el tiempo de los dos trabajos referidos es Nunes y Kremer (1999). Consciente de las dificultades con que se tropieza cuando desde nuestra perspectiva intentamos sistematizar la antroponimia antigua, Nunes –autora de esa parte del libro– opta por emplear lo que ella considera «uma terminologia mais

---

* Publicado en *Presente y futuro de la lingüística en España. La Sociedad de Lingüística, 30 años después: Actas del II Congreso de la Sociedad Española de Lingüística*. Madrid: Sociedad Española de Lingüística, 2002, 441-448 [ISBN: 84-607-6225-4].

1. El corpus de investigación forma parte de la sección 16ª del Archivo Municipal de Sevilla (Collantes de Terán 1977). Once de los doce son *padrones fiscales de cuantías*, censos estos en los que «a cada inscrito se le señala una cantidad de maravedíes [y de dineros] en razón al valor de su hacienda –la denominada *cuantía*–, según baremos previamente establecidos» (Collantes de Terán 1984: 20). Lo mismo que en Sevilla (Collantes de Terán 1984: 22), en Alcalá de Guadaíra se realizaban por colación, a saber, *Santiago* (números 116, 148, 214, 258 y 280, fechados en los años 1431, 1433, 1438, 1442 y 1444, respectivamente), *San Miguel* (números 81 y 257, fechados en los años 1426 y 1442, respectivamente) y *Santa María del Castillo* (números 82, 115, 147 y 213, fechados en los años 1426, 1431, 1433 y 1438, respectivamente). A los once padrones de cuantías hay que añadir un documento de naturaleza parecida, pero que afecta a toda la población de Alcalá (en el que, con todo, se distinguen también las colaciones). Se trata del nº 228, fechado en 1438, copia del repartimiento donde se deja constancia de la fuerza militar («la gente de cavallo e de pie ballesteros e lanceros») y de las aportaciones materiales («pan cocho», «farina», «vino», «cevada», «carneros») de la localidad «para la entrada e tala [...] en tierra de moros».

recente» (Nunes y Kremer 1999: 4), que no es otra cosa, en realidad, que una terminología menos comprometedora: los elementos onomásticos son denominados según la posición que ocupan en la cadena, así que habla de «prenome», «segundo nome», «terceiro nome» y «quarto nome». Al mismo tiempo, no pudiendo permanecer ajena a la heterogeneidad que se da en el interior de cada una de estas, creo yo, falsas categorías[2], recurre a un criterio morfológico según el cual habría que distinguir tres tipos de «antropónimos» (¿lo son realmente?): primero, «os prenomes (e patronímicos, formados a partir dos prenomes)», segundo, «os nomes de origem» (o sea, «nomes de lugares») y, tercero, «os nomes delexicais», nombres estos que, como «são tirados do léxico geral», representan el grupo más diverso (Nunes y Kremer 1999: 5).

No encuentro en la obra ninguna alusión al «apelido», término muy utilizado, pero que, dados los problemas que ocasiona, simplemente se evita mediante su sustitución por el inocuo «segundo nome» (Nunes y Kremer 1999: 4). Con el apellido suele confundirse habitualmente el *nombre de familia*; ¿qué tratamiento se hace de este? Si no se elude, sí es cierto que se lo margina. De la misma manera que, según Nunes (Nunes y Kremer 1999: 5), la diferencia entre «os prenomes» –antropónimo en que ella incluye a los patronímicos– y los «nomes delexicais» estriba en que aquellos «identificam uma pessoa na família» y estos «identificam e qualificam uma pessoa socialmente»,

> os nomes de origem geográfica ou toponímica indicam a naturalidade ou residencia dos indivíduos. Na segunda metade do século XV, muitos nomes geográficos, que inicialmente indicavam proveniencia geográfica, teriam já sido fixados como *nomes de família* (Nunes y Kremer 1999: 43; la cursiva es mía).

O sea, nombres familiares –cuya definición, dicho sea de paso, no se nos proporciona– solo pueden ser los giros con *de* más topónimo y desde finales de la Edad Media. De hecho, apenas se menciona la posibilidad de que los «nomes delexicais» puedan convertirse en nombres de familia –solo se dice que «as alcunhas […] podem tornar-se fixos e hereditários», (Nunes y Kremer 1999: 45)– ni se insiste en el valor probatorio de la feminización de los apodos. Sobre el particular nada más se reconoce que «as formas femininas das alcunhas, geralmente, são nomes feminizados que resultam da adaptação das alcunhas dos maridos que são atribuidas à mulheres» (Nunes y Kremer 1999: 47).

Aunque, según creo, constituye uno de los aspectos más destacados de Viejo (1998), tampoco me parece enteramente satisfactoria la consideración metodoló-

---

2. Ella misma reconoce (Nunes y Kremer 1999: 5, 40) que «os segundos, terceiros e quartos nomes podem ser constituídos por: patronímicos, nomes geográficos ou nomes de origem, nomes étnicos, alcunhas e nomes de profissão».

gica que allí se hace de la categoría de marras. Cierto es, con todo, que Viejo (1998), frente a Nunes y Kremer (1999), desarrolla con más detalle lo relativo al nombre de familia.

Viejo (1998) parte de que en la Baja Edad Media el único nombre propio como tal era el individual o de pila; las demás unidades del sistema onomástico asturiano se suponen parcialmente connotativas, al menos en un principio. Así, los patronímicos –derivados, como sabemos, de los nombres de pila– indicaban filiación y los sobrenombres –originarios apelativos o topónimos y, por ello, más variados intrínsecamente– podían hacer, entre otras, referencia a la profesión (p. ej. *Gonçalo Alfonso çapatero*), a algún rasgo físico (p. ej. *Juan Martínez luengo*) o moral (p. ej. *Juan Sánchez complido*), o a la procedencia geográfica (p. ej. *Diego Álvarez de Torre de Humos, Alfonso Sánchez aragonés*) de un individuo determinado (Viejo 1998: 30).

A lo largo de los siglos XIII-XV, todos estos nombres «caracterizadores», connotativos en grado variable, van perdiendo poco a poco su capacidad referencial hasta acabar confluyendo desde el punto de vista funcional en una categoría única, la del apellido tal como hoy lo entendemos. Durante esa época, si atendemos al plano sintagmático, al nombre de pila se yuxtapone un patronímico y a ambos los complementa un sobrenombre (Viejo 1998: 204-206). Al principio esa complementación era ocasional porque las dos primeras unidades de la cadena (nombre de pila y patronímico) se bastaban para identificar a cualquier persona, pero, más tarde, con la reducción del repertorio de antropónimos y la cristalización del patronímico, el sobrenombre ganó protagonismo: era más transparente y, además, no variaba formalmente de generación en generación como le ocurría al patronímico, de tal manera que aseguraba la continuidad familiar (Viejo 1998: 229). De ser una marca individual, el sobrenombre pasa a designar al grupo de personas relacionadas entre sí por parentesco, de ahí que pueda denominarse *nombre de familia* en el transcurso de esa conversión (Viejo 1998: 190, 202).

Ahora bien, Viejo afirma que

> la función específica del *sobrenombre*, en tanto que *nombre de familia* […] únicamente se verifica en la medida en que se transmite, por encima de este, más allá de la segunda generación, pues entonces, plenamente deslexicalizado, ya hace alusión no solo a la filiación o a la contigüidad de dos generaciones coexistentes de padres a hijos, sino a una línea de descendencia plenamente consolidada (Viejo 1998: 202)[3],

---

3. Asimismo, en su definición del *nombre de familia* puede leerse que este concepto «se aplicará a aquellos antropónimos que se transmiten a través de más de dos generaciones de una misma descendencia» (Viejo 1998: 34). En otro pasaje vuelve a decir que «una transmisión limitada a dos generaciones coexistentes resultaría por sí misma insuficiente para la fijación plena, pues únicamente conferiría al sobrenombre el valor de marca de filiación» (Viejo 1998: 201).

condición que también alcanza el patronímico una vez inmovilizado:

> cuando ambas formas, primero el sobrenombre y luego el patronímico, se hacen here-
> ditarios y *se transmiten a través de más de una generación* y al conjunto de los individuos
> de cada una de las generaciones posibles, se convierten ambos en *nombres de familia*
> (Viejo 1998: 34; la cursiva es mía).

Si Viejo reconoce que el patronímico no era suficientemente distintivo (por su
escasez y por su falta de transparencia, se recurría al sobrenombre como más identificador), ¿no es paradójico que se lo denomine también como *nombre de familia*?
Solo se me ocurre que Viejo esté equiparando este término con apellido, porque,
de hecho, cuando el patronímico se inmoviliza, se transforma en un apellido.

Pero no queda aquí la cosa: en el momento en que estas dos categorías
–patronímico y sobrenombre– neutralizan sus diferencias, el término resultante
de la antigua oposición (el apellido moderno) complementa ahora «directa y
exclusivamente» al nombre individual (Viejo 1998: 35, 222-223). Pues bien, el apellido, según Viejo (1998: 33), se define como «el nombre de familia de transmisión intergeneracional o, como término más preciso, plurigeneracional (es decir,
a través de al menos más de dos generaciones) a partir de los siglos XV o XVI hasta
nuestros días».

La única diferencia entre el apellido moderno y el *nombre de familia* bajomedieval consiste, pues, en que el primero es más homogéneo paradigmáticamente
y en que sintagmáticamente es la única categoría que complementa al nombre
individual (deduzco esto de que el apellido se define como «nombre de familia»
y también se transmite más allá de la segunda generación). No puedo compartir
con Viejo (1998) que se caracterice metodológicamente una categoría y, al mismo
tiempo, se le exijan los mismos requisitos que a otra, salvo que se consideren como
una única, solo distintas por la época en que estaban activas. ¿Para qué nos sirve
metodológicamente una etiqueta como *nombre de familia* a la que no se le da un
contenido específico?

Y, por último, ¿por qué se restringe el *nombre de familia* a la transmisión antroponímica padre-hijo y, solo someramente, se reconoce que hay otros indicios
de fijación como antropónimos en formas originariamente supranominales? Estoy
pensando, por ejemplo, en las formas femeninas de oficios que difícilmente podían desempeñar las mujeres: ¿cómo se las estudia? ¿como designaciones profesionales? Según Viejo (1998), quedarían fuera del *nombre de familia* dado que no se
constata su transmisión «plurigeneracional».

Si nos basamos en otro tipo de corpus, creo que puede esbozarse un concepto
de *nombre de familia* algo más amplio que el presentado por Viejo (1998). Mi pro-
puesta prefiere, frente a Viejo (1998) y Nunes y Kremer (1999), el análisis de unos

mismos listados realizados en una única localidad durante un período de solo dieciocho años. Consigo, de esta manera, conocer la población que habitaba de manera regular en la localidad. Es el caso que, en cierta ocasión, el propio Kremer apuntó que investigaciones de este tipo

> a partir de las listas de vecinos o de moradores de poblaciones ya establecidas *ofrecen una plataforma todavía más significatica para investigaciones onomásticas*, dado que cabe presuponer una cierta continuidad de sus habitantes habituales (Kremer 1988: 1586; la cursiva es mía).

La tarea previa a la investigación propiamente dicha fue el contraste de los censos, colación por colación, para extraer de ellos todas las identidades: el resultado supera las 1050 fichas. Gracias a la tupida red de atestiguaciones, constato la continuidad de la mayoría de los alcalareños, esto es, las identidades respectivas suelen repetirse sin cambio reseñable alguno. Cuando se dan modificaciones, estas consisten comúnmente en la abreviación, en la simplificación de la secuencia antroponímica, tendencia que, según creo, se debería a que «cuando los oficiales de Sevilla tenían que efectuar un repartimiento para cobrar un pedido u otro tipo de pecho […] *como punto de arranque, requerían los últimos padrones confeccionados*» (Collantes de Terán 1984: 22-23; la cursiva es mía).

Se simplifica lo que se entiende como menos significativo a los efectos de la identificación de los vecinos de la localidad o, dicho de otra manera, se mantienen los elementos onomásticos (o casi onomásticos) que se consideran más útiles. Entre ellos, no es casual, abundan los nombres que sirven para adscribir a los individuos a un grupo (familiar) determinado.

La tendencia a la simplificación se concreta de este modo: en los padrones[4] solo aparecían las referencias, bastante breves, por cierto, de los titulares de alguna cuantía[5]. Cuando los hijos se emancipaban y constituían su propio «fuego» –así lo indica el que aparezcan en asiento aparte–, lo normal es que mantengan en su primera documentación, como mínimo, la referencia completa a la identidad del padre (yuxtapuesta tras la expresión *fijo de* 'hijo de') para, con posterioridad, quedarse nada más con el sobrenombre paterno. La elisión del giro abonaría, según creo, el mayor peso identificador de este elemento onomástico, independientemente de que ese nombre estuviera indicando filiación como quiere Viejo (1998):

---

4. «Los padrones de cuantía […] nos da[n] solo el número de vecinos» (Collantes de Terán 1984: 146) y estos, lo mismo que los «moradores» de nuestros documentos, tienen el sentido de «jefe de hogar, cabeza de familia» (Collantes de Terán 1984: 31).

5. «Cuantía» era, según Collantes de Terán (1984: 20), «la cantidad de maravedíes en razón al valor de su hacienda» según la cual «se reparte, posteriormente, la cantidad que ha de pagar cada vecino».

(1) Alfonso Martínez fijo de Juan Martínez *de Alanís* > Alfonso Martínez *de Alanís*
(2) Alfonso Martínez fijo de Domingo Martínez *de Cantalejos* > Alfonso Martínez *de Cantalejos*
(3) Juan Sánchez fijo de Juan Sánchez *de Madrigal* > Juan Sánchez *de Madrigal*

Es cierto, en cualquier caso, que la coincidencia entre padre e hijo no se da solo en el sobrenombre, sino de manera complementaria, en el patronímico, de ahí que me parece más razonable pensar que la transmisión afectaba conjuntamente a ambos elementos. La escasez en el corpus de ejemplos en los que el patronímico aún funcionara –apenas contamos con *Gonçalo Martínez fijo de Martín Fernández de Cantillana* > *Gonçalo Martínez de Cantillana*– pudiera demostrar que este, cristalizado, se subordinaba al *nombre de familia* ¿para marcar la filiación? u otro lazo de parentesco[6].

Más relevante, sin embargo, es que el cabeza de familia –titular de la cuantía– dejara de aparecer en los censos, ya fuera por su fallecimiento o simplemente porque estuviera ausente, puesto que, en tales casos, era su esposa la que ostentaba la titularidad[7].

Estoy de acuerdo con Viejo (1998: 94) en que entre las mujeres se observa «una mayor resistencia al empleo de un tercer nombre»[8]. Afirmo, además, que en algunos de los casos en los que aparece su función estriba en indicar de manera implícita la relación matrimonial, esto es, representar una suerte de *nombre de familia*. A esta conclusión he llegado observando la presencia de una misma mujer en todas sus apariciones: en la primera constatación, a su nombre y apellido se añade la fórmula *muger de* y la identidad del marido. Análogamente a lo que hemos visto que ocurría entre padres e hijos, las esposas adoptan en las apariciones posteriores el sobrenombre que pertenecía al marido, elidiéndose la fórmula referida.

Los casos de presuntas «denominaciones de procedencia» con la función referida son los más abundantes –como, en su sentido originario, lo son entre los hombres:

---

6. Situación que, dicho sea de paso, no se cuenta entre las que contempla teóricamente Viejo (1998: 204 y sigs.).

7. Cuando las mujeres aparecen en los documentos estudiados con su nombre y su oficio, según Collantes de Terán, «podemos pensar que se trata de mujeres solteras o que viven solas» (Collantes de Terán 1984: 150). Frente a estas, las «que están o han estado casadas [...] [son] aquellas a las que los empadronadores, a continuación de su nombre, indican que *es muger de*… En estos casos puede tratarse de mujeres de maridos enfermos o fuera de la ciudad en el momento de la confección del padrón; pero, también, pudiera tratarse de viudas» (Collantes de Terán 1984: 151).

8. Compartimos la idea de que «la relajación de los medios denominativos femeninos ante una necesidad menos sentida de identificación precisa de la persona, parece que debe verse en evidente relación con la relegación efectiva de las mujeres en la vida social y en la toma de decisiones, y debe insertarse en una tendencia más amplia, común a otras zonas europeas» (Viejo 1998: 94).

(4) María Gonçález muger de Alfonso Martínez *de la Viga* > María Gonçález *de la Viga*
(5) Catalina Sánchez muger de Alfonso Martínez *de Jaén* > Catalina Sánchez *de Jaén*
(6) Marina Sánchez muger de Juan Pérez *de Palencia* > Marina Sánchez *de Palencia*

Ejemplo híbrido, particularmente interesante al respecto por documentar el estadio intermedio, es:

(7) Juana Martínez muger de Juan Sánchez *de Carmona* > Juana Martínez *de Carmona* muger de Juan Sánchez

El gentilicio serviría, análogamente, para señalar la procedencia de cualquier individuo. Sin embargo, cuando la mujer del titular de una cuantía adoptaba este sobrenombre –con el consiguiente cambio de género gramatical–, ya queda clara su condición de marca familiar:

(8) Marina García muger de Pero Martínez *gallego* > Marina García *gallega*

Frente a la transmisión de un nombre de oficio del padre al hijo[9], si es la esposa quien, previa feminización, lo adopta, como vemos en:

(9) Marina Fernández muger de Fernando Martínez *carnicero* > Marina *la carnicera*

¿Hasta qué punto puede afirmarse que estemos ante una designación profesional, de manera semejante al caso de *la candelera*, mujer de un candelero «preso en poder de los moros», aducido por Martínez Meléndez (1995: 806) para demostrar que ese oficio «a veces estaba ejercido por mujeres»? Más bien, siguiendo a Viejo (1998: 167), se trata de una denominación familiar:

precisamente por el carácter eminentemente masculino del nombre de oficio, su posible variación de género, en ocasiones, no solo no prueba su no fijación, sino que incluso puede estar demostrándola […] [o, dicho de otra manera, estos casos] hacen suponer un cierto grado de consolidación como nombre de familia, una vez extendida la profesión del marido, padre o cabeza del grupo como sobrenombre del resto de la familia.

---

9. Según Viejo (1998: 168), «nada tiene de excepcional en el contexto de la sociedad de la época el hecho de que los miembros de una misma familia compartan una misma profesión, que es, en definitiva, una realidad hereditaria como puede serlo la tierra en el caso de los campesinos, u otros bienes inmuebles. De hecho, en su mayoría, los nombres de oficio lo son de profesiones artesanales y, por tanto, objetos de transmisión como el mismo concepto al que designan, de acuerdo con la propia organización gremial de los profesionales medievales».

Consecuentemente, podrá comprenderse la posterior transmisión de este nombre entre madre e hijo:

(10) Juan Fernández *calero* es el hijo de Leonor García *(la) calera*

Puesto que los padrones recogerían la denominación «oficial» de las personas, correspondiente a un registro formal (Kremer 1988: 1590), se entiende que los apodos con que los alcalareños se conocían en lo cotidiano no se citen nada más que marginalmente (a lo más, en combinación con la denominación «administrativa»). Pese a ello, he encontrado un caso relacionado con la posibilidad de que el mismo apodo designase a un matrimonio. Aparece un tal *Pero Fernández* en dos ocasiones: en una como *yerno de la sotila* y en otra como *yerno del sotil*. Admitiendo que esa identidad se refiriese a una misma persona (no hay nada, en principio, que se oponga a esta interpretación, salvo que haya que pensar en un error del escribiente)[10], podría deducirse que sus suegros compartían el apodo (con moción de género en el caso de la mujer).

Si bien no es demasiado frecuente, un nombre de pila (femenino, en nuestro ejemplo) y un apellido precedido por la preposición *de* también puede darse en la tercera posición de la secuencia. La función de este giro preposicional en algunas identidades no habría de ser unívoca ni siquiera en aquella época. Puesto que la relación que se establece entre las dos identidades que se combinan en la denominación del individuo aparece elidida, desconocemos si indica parentesco o si es de cualquier otra índole, por ejemplo, profesional. Si admitimos la primera posibilidad, se trataría de un «matronímico perifrástico» (Viejo 1998: 67-69).

Indicara la relación que indicara, lo cierto es que este sobrenombre, como todos los otros tipos revisados, podría transmitirse convertido en un *nombre de familia*. Si, en su origen, indicaba quién era la madre del individuo en cuestión (de ahí lo de «matronímico»), una vez que se aplicaba a sus hijos o, *a fortiori*, a su mujer quedaba claro que la motivación que lo había generado ya no existía:

(11) Alfonso Martínez fijo de Pero Martínez *de María Serrana* > Alfonso Martínez *de María Serrana*
(12) Isabel Fernández muger de Pero Martínez *de María Serrana* > Isabel Fernández *de María Serrana*

---

10. Según Collantes de Terán (1984: 37), «los padrones de cuantías […] son dignos de fe, pues el método seguido en su confección […] permiten considerarlos como fuentes bastante completas y válidas para el estudio de la población sevillana. Ello no quiere decir que no estén exentos de errores. Era frecuente que se produjesen repeticiones».

Contamos, por último, con *nombres de familia* que consisten en la feminización, no del sobrenombre del marido sino del apellido de este:

(13) Marina Sánchez muger *de Juan Toribio* > Marina Sánchez *la Toribia*

La anteposición del artículo determinado demostraría, creo, que era esta la denominación habitual con la que en la localidad se conocía a esta mujer, demostración de que en los censos se recogía la denominación personal «administrativa» mientras que la denominación popular solo se daba en combinación con esta.

Las madres, a su vez, garantizarían el paso de este *nombre de familia* –que ellas habían tomado de sus maridos fallecidos– a los hijos, prueba de lo cual es:

(14) Alfonso Martínez *Tomé* es el hijo de Juana Fernández *(la) Tomena*

También son ejemplos de *nombre de familia* los dos casos recogidos de nuestros censos en que el sobrenombre se transmite de suegro a yerno. Este, gracias al matrimonio con la hija de aquel, ha quedado integrado en su familia:

(15) Juan López yerno de Juan García *bondano* > Juan López *bondano*
(16) Andrés Sánchez yerno de Juan Pérez *de Palencia* > Andrés Sánchez *de Palencia*

Aunque lo pueda parecer en un principio, el problema que nos ha ocupado no es meramente terminológico (en él aparecen implicadas cuestiones bastante más complejas en las que no he podido detenerme, por ejemplo, el concepto mismo de nombre propio), sino que, muy al contrario, en su fundamento se encuentra la necesidad de explicar las funciones y los valores de los antropónimos (o casi antropónimos) que conformaban el sistema medieval.

Las discrepancias y divergencias con los estudios que me han servido como punto de partida se deben, en primer lugar, a que no había un único sistema onomástico en la época y, en segundo lugar, a que el período de tiempo que tomo como objeto de observación es bastante más breve. Dada la irregularidad reinante entonces, será más difícil definir cualquier categoría a partir de un período de tres siglos como hace Viejo (1998) que como se ha propuesto aquí.

Me reitero en la idea de que un estudio de la antroponimia centrado en una localidad durante un corto intervalo temporal también da sus frutos en lo que se refiere al *nombre de familia*. Aunque no se constate la «transmisión multigeneracional», en la categoría medieval susodicha considero conveniente incluir las expresiones de relaciones matrimoniales implícitas (mediante la feminización de nombres de oficios, apodos o gentilicios). Lo creo así porque son, en sentido estricto, *nombres de familia* lo mismo que las transmisiones del sobrenombre a los yernos.

En definitiva, creo que cabría hablar de *nombre de familia* cuando, por una parte, pueda interpretarse que el sobrenombre, a partir del cual se ha generado aquel, ha perdido la motivación que lo originó y cuando, simultáneamente, en esa inmovilización está implícita una relación de parentesco. No importa –tampoco podemos verificarlo dado el corto de intervalo temporal en que nos movemos– si el antropónimo (¿?) en cuestión se transmite más allá de la segunda generación.

Asimismo, los datos de que dispongo no me permiten considerar dentro de esta categoría al patronímico como hace Viejo (1998). Este aparece cristalizado, pero no por ello es indicativo de grupo familiar alguno: hay que entender que su cantidad es muy baja en relación con el número de vecinos. Así *Sánchez, Martínez* y *Fernández* eran compartidos por más del 70% de la población, luego es poco probable que, por sí solos, sirvieran para indicar alguna relación de parentesco (lo que, en suma, atribuimos al *nombre de familia* supranominal). Con todo, admito que el patronímico pudiera transmitirse entre padres e hijos junto al sobrenombre conformando un bloque.

Capítulo 2

Sobre antroponimia femenina bajomedieval*

Un reciente estudio sobre la antroponimia asturiana de los siglos XIII al XV –Viejo (1998)– nos ha vuelto a recordar, por si alguien lo había olvidado, que los nombres propios de persona gozan de un estatus especial en la lengua y que, como tales, no deben ser analizados prescindiendo de la combinación de variados factores «externos» (históricos, sociales, culturales…). Así, se entiende que su autor explique las transformaciones que afectan al sistema denominativo de Asturias considerando no solo lo interno a este, sino, en especial, «otro tipo de causas enraizadas en las propias estructuras sociales y parentales» (Viejo 1998: 230), o que, en la segunda parte del libro, al análisis estrictamente lingüístico de los nombres de pila (variantes formales, problemas etimológicos…), añada los datos acerca del culto a determinados santos para justificar de esta manera la imposición de esos mismos antropónimos.

Si bien es cierto que no nos encontramos ante un hallazgo extraordinario, la obra de Viejo tiene para mí el mérito de relativizar el alcance de las declaraciones con que algunos especialistas se lamentan del escaso desarrollo de la antroponimia, y es que, como opina M. Ariza, la investigación en este campo «requiere un esfuerzo muy grande y sus frutos la mayoría de las veces son muy limitados» (Ariza 2002: 18). A ello se sumaría, según D. Kremer, la circunstancia de que la onomástica «sigue siendo una ocupación que se considera más bien extravagante» (Kremer 1988: 1604).

Así las cosas, la pregunta que cabría plantearse sería si un cambio de orientación que insistiera en aspectos externos –y, al mismo tiempo, implícitos– a los nombres propios de persona podría mejorar la situación de esta «hermana pobre» de la lingüística histórica. Una reflexión al respecto –que no debe ser entendida en ningún caso como una solución al problema– constituye el presente trabajo; a tal fin, se me ocurre que una *constante* histórica como la postergación social de la mujer constituiría un excelente pretexto para que la antroponimia superara su

---

* Publicado en *Rivista Italiana di Onomástica*, 10 (1), 2004, 73-84 [ISSN: 1124-8890].

aparente ensimismamiento y prestara alguna atención a los variados contenidos que estos signos sin «significado» transmiten[11]. Dos circunstancias tomadas al azar parecen fundamentar mi hipótesis de partida:

— Salvo en un ambiente familiar, las romanas no tenían *praenomen* (el equivalente del *nombre de pila* para que nos entendamos), sino que se identificaban mediante la feminización del *nomen* de la *gens* a la que pertenecían (esto es, el *apellido*). Al casarse, además, debía quedar constancia del nombre del esposo en su denominación.

— Frente a la casi totalidad de los países del mundo, en España tenemos un segundo apellido, correspondiente hasta hace muy poco al de la madre.

En la Edad Media la menor relevancia de las mujeres se refleja, de manera particular, en su escasa atestiguación en los textos. Dice Mendoza al respecto que «contamos con muy pocos nombres femeninos, pues la mujer ni ocupa cargos públicos, ni suele intervenir con asiduidad en contratos de compras, ventas, arrendamientos, etc., por lo que no es frecuente su presencia en documentos» (1996: 189). A esta dificultad insalvable se añade, según creo, la exagerada importancia que los estudiosos de la antroponimia conceden a los aspectos cuantitativos (qué nombres de pila, qué apellidos son los más repetidos, cómo se transmiten normalmente estos elementos, etc.), de manera tal que los nombres de las mujeres resultan ser, por menos numerosos, los grandes «sacrificados». En este sentido, las conclusiones a que pretendamos llegar siempre serán de menor calado frente a si, desde la preferencia por las cantidades, por los índices de frecuencia, analizáramos nombres masculinos. Tenemos, pues, dos alternativas: o bien lamentarnos por la escasez de antropónimos femeninos o bien, cambiando la perspectiva con una visión que me atrevería a etiquetar como *cualitativa*, fijarnos en los resquicios por los que pudieran vislumbrarse otros datos, seguramente interesantes, con el objetivo de conseguir un mejor conocimiento del sistema denominativo de las mujeres de otros tiempos. Doce padrones de entre 1426 y 1444 procedentes de Alcalá de Guadaíra (Sevilla) me ayudarán en el intento[12].

Ahora bien, aunque constituyan «la fuente demográfica más importante» para conocer «la población y su estructura», los censos del tipo de los estudiados solo recogen «el número de vecinos que pechaban y no el de la totalidad de la población» (Franco 1974: 55); teniendo en cuenta, asimismo, que los titulares de las «cuantías» solían ser hombres por razones sociales, económicas e históricas bien

---

11. Pues, tal como Mendoza afirma, «el papel secundario que desde siempre ha jugado la mujer (excepto en culturas matriarcales) se refleja evidentemente también en el campo de la onomástica, como un hecho social más» (Mendoza 1996: 189).

12. Para el corpus de investigación, cf. la nota n° 1.

conocidas de todos, se entenderá que el número de mujeres en ellos documentados es bastante bajo: son solo doscientas sesenta y tres frente a, como poco[13], ochocientos noventa hombres.

Por otra parte, el testimonio de una identidad femenina no siempre supone la aparición efectiva de su nombre. En los estudios de la antroponimia medieval estos casos se engloban bajo la etiqueta de *denominación indirecta* (o *indenominación*), pues los individuos no son identificados con sus nombres y «apellidos», sino mediante la alusión a otra persona con la que aquellos mantenían algún tipo de relación familiar. La motivación última de esta modalidad denominativa, frecuentísima entre mujeres, hay que buscarla en la naturaleza de unos padrones que, como se ha dicho, tenían un objetivo recaudatorio, de tal modo que solo interesaría anotar con precisión a quienes pagaban. Así, de entre las doscientas sesenta y tres alcalareñas, treinta y cinco se mencionan como *la muger de Andrés Martínez hortelano, su muger de Antón Martínez de la Cañada*, etc., de lo que se deduce que, frente a ochocientos ochenta y tres hombres, solo sabemos el nombre «propio» de doscientas veintiocho mujeres. Precisamente en el estudio de sus nombres (*de pila, apellido* y *sobrenombre*) me centraré a partir de este punto.

2.1. El nombre de pila

El primer nombre, el *de pila*, no diferencia a hombres y mujeres en un aspecto importante, puesto que, independientemente de cuál sea su origen lingüístico (latino, griego o hebreo), los dos sexos –un poco más, eso sí, las mujeres (81 %) que los hombres (67,5 %)– tienen en común la preferencia por nombres «cristianos», algo que no sorprende por tratarse de una característica de la onomástica peninsular desde el siglo XI (Kremer 1988: 1587-1590):

a) Hombres

— Nombres prerromanos o autóctonos (2 casos, 5,4 %): *García* (con su hipocorístico *Garci*) y *Ximeno*.
— Nombres latino-romances (13, 35,1 %): *Antón, Apariscio*[14]*, Asensio, Benito, Lope, Lorenço, Lloreynte*[15]*, Marcos, Martín, Pascual, Pero, Salvador* y *Sancho.*

---

13. Porque en seis asientos se lee «los menores fijos de…» sin que se especifique el número de estos (ciertamente tampoco se indica su sexo).

14. La *-s* antietimológica, tan habitual en castellano medieval, es semiculta.

15. Esta debía de ser la forma «normal» de *Llorente* en el XV (aún a finales de siglo puede leerse «lloreinte nombre de varon» en el *Vocabulario* de Nebrija).

— Nombres greco-latinos (5, 13,5 %): *Andrés, Cristóval, Estevan, Grigorio* y *Niculás*.
— Nombres hebreos o bíblicos (7, 18,9 %): *Bartolomé, Graviel*[16], *Juan*[17], *Lázaro, Manuel, Mateos*[18] y *Miguel*.
— Nombres germánicos (6, 16,2 %): *Alfonso,* Álvaro (y *Alvar*)[19], *Fernando, Gómez, Gonçalo* y *Rodrigo* (además de su variante *Rui*)[20].
— Nombres «europeos» bajomedievales[21] (3, 8,1 %): *Francisco, Gil* y *Guillén*.
— Nombres de origen no establecido (1, 2,7 %): *Diego*.

b) Mujeres

— Nombres latino-romances (7 casos, 31,8 %): *Antona, Beatriz, Benita, Cecilia, Clara, Pasquala*[22] y *Sancha*.
— Nombres greco-latinos (6, 27,2 %): *Águeda, Estevanina, Inés, Lozía* y *Olalla*.
— Nombres hebreos o bíblicos (5, 22,7 %): *Ana*[23], *Isabel, Juana*[24]*, María* (con su variante hipocorística *Mari*) y *Marina*[25].
— Nombres germánicos (1, 4,5 %): *Elvira*.

---

16. Con metátesis de la vibrante.

17. Y sus variantes latinizantes *Iohan, Johan* (Viejo 1988: 418).

18. O *Matheos* con *h* etimológica. Por otra parte, la *-s* final que aparece en todos los casos habría sido restaurada «por influência culta ou literária por oposição ás formas vulgares ou populares sem *-s*» (Nunes y Kremer 1999: 29).

19. La diferencia entre la forma apocopada, más frecuente, y la plena pudiera estar causada por razones acentuales: la vocal final queda entre dos acentos principales –el del nombre de pila y el del apellido, pronunciados de una vez–, de ahí que desaparezca. La etimología de este nombre, por otro lado, no es nada clara: para un resumen de las teorías sobre esta, Viejo (1998: 285).

20. La aparición de *Rodrigo* o de *Ruy* parece estar condicionada fonéticamente por el sonido inicial del apellido: la primera de las variantes ante vocal *a-*, la segunda, ante cualquier otra vocal y ante todas las consonantes. Es el caso que, como sugieren Nunes y Kremer (1999: 27) que ocurre con *Rodrigo-Ruy*, «os prenomes apresentam diferentes formas conforme surgem isolados ou em determinadas ligações sintácticas».

21. Kremer (1990: 14-15) incluye entre estos a Martín, Pascual, Mateos y Miguel, «nombres [todos ellos] importados por inmigrados "francos" que atravesaron los Pirineos por motivo de Reconquista, de las reformas monacales, Camino de Santiago, etc.».

22. Según Nunes y Kremer (1999: 27), corresponde a un nombre masculino «que não terminam em *-o*» cuya forma femenina añade «o morfema flexional de [dicho] género».

23. Es muy abundante bajo la forma *Agna* (<hebreo HANNA).

24. Como su correspondiente masculino, cuenta con variantes formales latinizantes: *Iohana, Johana* (Viejo 1998: 421). Por otra parte, la abundancia de este nombre entre las mujeres podría estar relacionado con el hecho de que resulta «da adaptação morfológica» (Nunes y Kremer 1999: 27) del nombre masculino más frecuente en Alcalá.

25. Boullón (2000: 131) cree que *Marina* no debe ser tenida «as a form derived from the noun *mar* ('sea') or as the female form of *Marinus*, but rather as a derived form of *María*».

— Nombres «europeos» bajomedievales (1, 4,5 %): *Leonor*[26].
— Nombres de origen no establecido (2, 9 %): *Mencía*[27], *Teresa*[28].

Las similitudes entre nombres masculinos y nombres femeninos acaban, no obstante, en este punto. La menor cantidad de *nombres de pila* femeninos antes denunciada impide, primero, que conozcamos adecuadamente si estos coincidían con los que portaban sus coetáneas en otras localidades de Andalucía (o, incluso, de otras zonas geográficas más distantes) y, segundo, el grado de fidelidad en la transmisión de este nombre entre generaciones sucesivas. En contraste con los setenta y dos en los que se verifica este particular para los nombres masculinos (por cierto, en cuarenta y siete casos de ellos no es coincidente) solo hay un ejemplo de nombre femenino (de no coincidencia, por lo demás):

> *María Gonçález fija de Teresa Díaz*

Con ser menos numerosos que los de los hombres, los nombres de ellas parecen ser, sin embargo, más variados atendiendo a que la ratio *nombre / número de individuos* es inferior (hombres, 22,5 % / mujeres, 10,3 %).

2.2. El apellido

En cuanto al *apellido*, las mujeres no muestran en los censos un comportamiento distinto al de los varones dado que suelen poseer los mismos y, aunque tenga pocos elementos de juicio (dos únicos casos frente a sesenta y siete), parecen heredarlos de sus padres de igual modo que hacían sus hermanos:

> *Mencía Fernández fija de Alfonso Fernández*
> *María García fija de Juan García cavallero*

Entonces, como casi siempre, era más raro que el apellido de la madre se transmitiera a los hijos: dos casos de concordancia frente a nueve de discordancia

---

26. Según Boullón (2000: 132), este nombre entró en la Península a través del provenzal «relatively later than most of the Germanic names».

27. ¿De origen hebreo? Boullón (2000: 131).

28. Y *Theresa* con -*h*- intercalada por pseudocultismo (en palabras de Boullón [2000: 124], «some times an unetymological *h*, probably due to the scribe's cultist intention»). ¿Sería este nombre de origen griego? Boullón (2000: 130).

sirven para demostrarlo. Este nombre, excepción hecha de seis ejemplos (cuatro de padre a hijo, dos de padre a hija), se transmitía, asimismo, sin la modificación formal del *patronímico*, característica de los siglos anteriores. Son excepcionales, por lo tanto:

Olalla Fernández fija de Fernando Martínez de la Fuenllana
Catalina Gonçález fija de Gonçalo Fernández del Alcáçar

Lo más llamativo al respecto es la variación genérica que se da en *Isabel Cara* (frente a, pongo por caso, *Fernando Caro*), probable demostración de que este apellido se sentía en la época como lo que había sido originariamente, como un *apodo*; dicho de otro modo, en las conciencias seguía pesando aún el «significado» de la voz *cara*. Téngase en cuenta que los apellidos como este, que no proceden de un nombre de pila (tipo *Sánchez* con sufijación, tipo *Alfonso* sin sufijación) o de un topónimo, son minoritarios en los censos analizados:

— Antiguos patronímicos, procedentes de nombres de pila (34 casos, 73,8 %):
   a) Añaden a la *base* el sufijo *patronímico* (21, 45,6 %): *Álvarez, Benítez, Díaz, Domínguez, Fernández, Gómez, Gonçález, Íñiguez, López, Martínez, Muñoz, Núñez, Pérez, Ramírez, Rodríguez, Ruiz, Sánchez, Vázquez, Velázquez, Ximénez* y *Yáñez*.
   b) Sin sufijación, yuxtapuestos al nombre individual (13, 28,2 %): *Alfonso, Bartolomé, Bernal, Estevan, García, Guillén, Lucas, Manuel, Mateos, Miguel, Pascual, Toribios* y *Velasco*.
— Topónimos precedidos por la preposición *de* (3, 6,5 %): *Córdova, Mérida* y *Valles*.
— Antiguos apelativos (5, 10,8 %): *Caro/Cara, Chamorro, Gallego, Ramos* y *Romero*.
— Otros, apellidos sin origen establecido (4, 8,6 %): *(de) Dios, Galván, Marín* y *(de) Ortega*.

Todo parece indicar que, si bien ocupan la posición habitual del apellido –la segunda, tras el nombre de pila–, para los originarios apelativos no habría culminado todavía el proceso de *denotativización* por el que se convertirían en un nombre propio.

También es significativa, pese a su escasísima atestiguación, un caso de transmisión del apellido dentro del matrimonio: así, la esposa de *Juan Toribio* era conocida como *la Toribia*. Este ejemplo resulta tanto más valioso por cuanto incorpora una perspectiva apenas explorada en onomástica. Si los censos eran documentos oficiales, en ellos se recogería la denominación «formal» de las personas. Ahora bien, la mención a *la Toribia* no corresponde al *registro* apropiado a esa «situación comunicativa», sino que nos enfrenta con el nombre popular, con el nombre con que, en realidad, era conocida esa mujer por sus convecinos[29]. A este extremo me refería cuando al principio afirmaba que de los datos de la antroponimia femenina se podrían extraer informaciones *cualitativamente* importantes, que compensaran su menor presencia en los documentos.

2.3. El sobrenombre

De cualquier manera, en el *sistema onomástico* que subyace a los censos analizados el elemento denominativo sin duda alguna más interesante –y particularmente relevante en el asunto que nos trae aquí– es el que ocupaba la tercera posición de la identidad personal, el llamado por algunos autores *sobrenombre*[30]. En pocos casos de los estudiados puede considerarse nombre propio, de ahí que no me parezca conveniente que nos refiramos a él como *segundo apellido*. Es cierto que con el tiempo los sobrenombres se han convertido en apellidos, pero en la documentación objeto de estudio esto raramente ocurre.

El empobrecimiento del repertorio de los nombres de pila (y, por ende, de sus derivados directos, los patronímicos, ya cristalizados en el siglo XV) junto con el aumento demográfico habrían propiciado que en la Baja Edad Media los antropónimos requirieran la complementación de diversas marcas de identidad, en un principio ocasionales, con que se aludía a ciertas situaciones o condiciones del sujeto en cuestión: fundamentalmente la profesión (por ejemplo *Gonçalo Alfonso çapatero*), algún rasgo físico (por ejemplo *Juan Martínez luengo*) o moral (por ejemplo *Juan Sánchez complido*) y, en especial, quizá por la notable movilidad de entonces (recuérdese que en la Andalucía del siglo XV se vive una situación muy parecida a la del siglo XIII), la procedencia geográfica mediante topónimos precedidos por la preposición *de* (por ejemplo *Diego Álvarez de Torre de Humos*) o mediante gentilicios (por ejemplo *Alfonso Sánchez aragonés*).

Aunque, como ya he dicho, no sean nombres propios en la práctica totalidad de sus apariciones, ello no obsta para que con el tiempo los sobrenombres se revelaran como los elementos de mayor potencial identificador, valor este que se manifiesta en su función básica, la complementación de la estructura *nombre de pila + apellido*, dada la ineficacia de esta para individualizar a todos los integrantes de la comunidad. Así, se entiende que la concurrencia del sobrenombre se hiciera imprescindible en las frecuentes ocasiones en que podía originarse una confusión

---

29. Y es que, como advierte Kremer (1988: 1590), «de ninguna manera [...] parece aconsejable que se identifiquen las prácticas administrativas con el uso real de los nombres de persona».

30. Me parecen particularmente interesantes (y por eso las sigo de cerca) las consideraciones recogidas al respecto en Viejo (1998).

entre dos o más vecinos llamados de la misma manera (cf., por ejemplo, los abundantes *Juan Sánchez* o *Alfonso Martínez* documentados entonces en Alcalá).

Entre las mujeres, sin embargo, se observa «una mayor resistencia al empleo de un tercer nombre»[31] que complementara al de pila y al apellido; a estos se yuxtapone normalmente la expresión *muger de* y la identidad completa del marido, siendo mucho menos frecuente el que portaran alguno de los tipos de sobrenombres revisados. Este es, sin duda, el más claro reflejo de la subordinación social de las mujeres respecto de los hombres y, al mismo tiempo, lo que particularizaría su *subsistema* onomástico. Pero, yendo más lejos, no estoy seguro de que en los casos en que aparecen sobrenombres femeninos, estos hagan referencia a ellas y no consistan, más bien, en un mero trasunto del sobrenombre del marido adoptado por el matrimonio.

Digo esto, porque haber cotejado censos que contienen en la práctica la misma población durante un período relativamente breve de tiempo me ha permitido comprobar que, frente a la primera documentación de una mujer en que a su identidad se yuxtapone la del marido mediante el giro de marras, por ejemplo

> *Marina García muger de Pero Martínez gallego*
> *María González muger de Alfonso Martínez de la Viga*
> *Catalina Sánchez muger de Alfonso Martínez de Jahén*

en las ocasiones posteriores figura tan solo el sobrenombre de ellos, respectivamente

> *Marina García gallega*
> *María González de la Viga*
> *Catalina Sánchez de Jahén*

Estas expresiones indicativas de la procedencia geográfica podían ser connotativas cuando se aplicaban a los hombres (ellos mismos o sus antepasados inmediatos eran originarios de los lugares aludidos), pero cuando las portaban las mujeres se habían transformado en una suerte de *nombre de familia* que, de manera implícita, indicaba la relación matrimonial.

En las ocasiones en que el sobrenombre es un apodo o un gentilicio encuentro otra particularidad nada desdeñable. De manera significativa, creo yo, estos

---

31. Comparto la idea de que «la relajación de los medios denominativos femeninos ante una necesidad menos sentida de identificación precisa de la persona, parece que debe verse en evidente relación con la relegación efectiva de las mujeres en la vida social y en la toma de decisiones, y debe insertarse en una tendencia más amplia, común a otras zonas europeas» (Viejo 1998: 94). En cuanto a los paralelismos con otras comunidades humanas, cf. como ilustrativo, Bastardas y Piquer (2000).

elementos aparecen precedidos por el artículo determinado en contraste con lo excepcional que es esto entre los hombres:

García Fernández almizcado / Marina García el almizcada
Gonçalo Martínez delgado / Catalina Martínez la delgada
Martín Fernández gascón / Marina Sánchez la gascona
Martín Sánchez ligero / Juana Rodríguez la ligera
Juan Sánchez luengo / Juana Fernández la luenga
Andrés Martínez caxcarro / Catalina Sánchez la caxcarra…

¿Qué pone de relieve la actualización en estos ejemplos? Se me ocurren dos posibles respuestas, no excluyentes de cualquier modo entre sí. En primer lugar, dado que yuxtaponer al nombre y apellido de la mujer una expresión que no fuera la identidad del marido era poco frecuente, el artículo serviría para marcarlo expresamente[32]. No es extraño, en este sentido, que muchas mujeres solo se documenten la primera vez con el artículo y en las ulteriores ocasiones ese elemento se omita. En segundo lugar, que ese apodo no se refiriera a ellas, sino que como afirman Nunes y Kremer (1999: 47), «as formas femininas das alcunhas, geralmente, sao nomes feminizados que resultam da adaptação das alcunhas dos maridos que sao atribuídas às mulheres», lo que confirmaría mi sospecha.

El contraste actualización / no actualización del sobrenombre afecta también a las designaciones profesionales, pero las implicaciones que de ello se extraen me parecen de otra índole, sobre todo, porque en los hombres no encuentro excepción alguna. Ejemplos como *Catalina Martínez la gallinera* o *Juana Fernández la cantarera*, ¿qué demuestran?, ¿lo extraño que era que una mujer desempeñara un oficio cualquiera? ¿que realmente no lo desempeñaba pero que estaba casada con alguien que sí lo hacía? ¿es significativo a este respecto que a *Marina Fernández*, la mujer de *Fernando Martínez carnicero* la conocieran en Alcalá como *Marina la carnicera*?[33]

Como puede comprenderse, dependerá más que nada de la profesión de que se trate: en unos casos, porque algunas ordenanzas gremiales de la época aluden explícitamente a mujeres –por ejemplo las *texedoras*, Collantes de Terán (1984: 316, 323) –, en otros, por la naturaleza misma del «oficio» (el de *partera* o el de *beata*, por ejemplo, excluyen la posibilidad de que un hombre los ejerciera). Precisamente,

---

32. Según Álvarez, Ariza y Mendoza (2000a: 160), «el carácter de apodo es claro cuando el apelativo viene precedido del artículo».

33. Dice Viejo (1998: 167) que «precisamente por el carácter eminentemente masculino del nombre de oficio, su posible variación de género, en ocasiones, no solo no prueba su no fijación, sino que incluso puede estar demostrándola».

estos nombres profesionales son los que en los censos estudiados no aparecen precedidos por el artículo.

El hecho de que el hijo heredara del padre uno de estos sobrenombres, como sabemos, era normal en la Edad Media, pues los oficios designados, especialmente los artesanales, se transmitían dentro de la familia[34]. Pero ¿y si es de la madre de quien el hijo toma una designación de este tipo, pongo por caso, *Juan Fernández calero* hijo de *Leonor García la calera*? ¿Puede pensarse en la posibilidad de que la madre actuara de mera transmisora de un nombre previamente tomado de su marido y que, en realidad, no realizara dicho oficio?

Por último, contamos también entre los sobrenombres con lo que algún autor ha llamado el *matronímico perifrástico* (Viejo 1998: 67-69). Lo más frecuente, ya se ha dicho, es que las mujeres sean conocidas por la referencia al marido, pero hay casos –y no son tan pocos– en que algunos hombres a su nombre y apellido añaden la preposición *de* y un apodo femenino o la preposición *de* y el nombre y apellido de una mujer (probablemente la madre) como en *Antón, Fernando* y *Martín Sánchez de la Gruesa, Pero Martínez de Mari Serrana, Pero Martínez de la Bermeja*, cuyos hijos y esposas (*Isabel Fernández de María Serrana* era mujer de *Pero Martínez de María Serrana*), a su vez, se apodan igualmente así. Se trataría de mujeres, según es fácil deducir, suficientemente conocidas en la comunidad para agrupar con su identidad a sus descendientes hasta, al menos, finales del siglo XV. El hecho de que no se documenten por separado indica que ya habrían fallecido en los años de la documentación.

Conclusión

Como se ha podido comprobar, es en los sobrenombres donde se acentúan las diferencias onomásticas (¿como reflejo social?) de las mujeres. En ellas predomina la indicación de la identidad del marido mediante el giro *muger de*. La feminización de su sobrenombre en ejemplos del tipo de *Marina García muger de Pero Martínez gallego* > *Marina García gallega* pudiera interpretarse como un procedimiento similar que sustituye por elipsis al habitual.

---

34. Según Viejo (1998: 168), «nada tiene de excepcional en el contexto de la sociedad de la época el hecho de que los miembros de una misma familia compartan una misma profesión, que es, en definitiva, una realidad hereditaria como puede serlo la tierra en el caso de los campesinos, u otros bienes inmuebles. De hecho, en su mayoría, los nombres de oficio lo son de profesiones artesanales y, por tanto, objetos de transmisión como el mismo concepto al que designan, de acuerdo con la propia organización gremial de los profesionales medievales».

Salvo en estos casos, sin embargo, resulta muy comprometedor definirse: ¿qué valor tiene la actualización del artículo en apodos o gentilicios aplicados a ellas? ¿que en realidad no hacen referencia directa a sus portadoras y sí indirectamente al hombre con que habían estado casadas? Probablemente sí; sin embargo, los testimonios no siempre nos permiten comprobarlo. En lo que se refiere a las designaciones profesionales, se debe tener en cuenta el oficio de que se trata y si en la época las mujeres podían desempeñarlo, extremo que sin duda representaría una ayuda.

De todas maneras, no todos los sobrenombres indican la desfavorable situación de las mujeres. Piénsese si no en lo que se ha dado en llamar *matronímico perifrástico* en que, como procedimiento identificativo, es la alusión a una mujer la que agrupaba familiarmente a todos sus descendientes (incluyendo, cómo no, a las esposas de estos).

En definitiva, la situación social de las mujeres en épocas pretéritas, conocida gracias a otras disciplinas, encuentra un reflejo fiable en el *sistema denominativo* que se desprende de documentación como la analizada. La dificultad principal estribará en aquilatar unos datos normalmente parcos si se comparan con los provenientes de los varones, de ahí que la menor presencia de mujeres en los testimonios deberá ser compensada con análisis que no se fijen tanto en aspectos cuantitativos, pues actuando así no obtendríamos el resultado apetecido.

Capítulo 3

Consideraciones en torno al estudio de los antropónimos sevillanos del siglo xv*

Hace algunos años, precisamente en este foro, Dieter Kremer –Kremer (1988)– trató del proceso histórico de adición de diversas marcas al único nombre propio que bastaba en la Alta Edad Media, al menos en sus documentos, para identificar a los individuos. Porque si antes del siglo x lo normal era poseer un solo antropónimo, desde esa época, por la disminución del repertorio de nombres y el aumento de la población, predominará la estructura onomástica compuesta, en la que al *nombre de pila* se añade un patronímico (indicativo de filiación), un topónimo (indicativo de procedencia), un nombre de oficio (indicativo del estatus sociolaboral) o un apodo.

Todavía durante gran parte de la Baja Edad Media existieron dos clases distintas de elementos denominativos: por un lado, los nombres individuales o *prenombres*, que serían denotativos y, por otro, los *apellidos* en sentido lato[35], también llamados *nombres caracterizadores*, que serían connotativos, siquiera parcialmente. Así como los problemas que plantea el estudio de los elementos denotativos solo pueden ser abordados teniendo en cuenta toda una serie de factores «extrasistemáticos» implicados en su atribución (advocaciones religiosas, preferencias familiares, modas…)[36], el desenvolvimiento de los *apellidos* debería encontrar una explicación dentro del mismo sistema onomástico.

Entre otros aspectos estudiados de la onomástica asturiana medieval, Viejo (1998) ha demostrado cómo, en un proceso calificable de *denotativización*, los

---

* Publicado en *Actas del VI Congreso Internacional de Historia de la Lengua Española*, II. Madrid: Arco Libros, 2006, 1653-1660 [ISBN: 84-7635-637-4].

35. Esto es, en el sentido que al término atribuye Ariza (1997: 585): «en la onomástica histórica, cuando hablamos de "apellido" lo hacemos con una acepción muy amplia, es decir, como sinónimo de 'elemento que se integra en los rasgos denominativos, individualizadores, de una persona', sin que con ello queramos decir que estos elementos denominativos sean ya auténticos nombres propios».

36. Nunes y Kremer (1999: 26) han reconocido la influencia de tres tradiciones, religiosa, literaria e histórica, en la elección de los nombres de pila. Cf., asimismo, Ariza (1997: 583) y Viejo (1998: 26).

nombres caracterizadores perdieron entre los siglos XIII y XV su capacidad referencial hasta confluir en una categoría antroponímica nueva, el *apellido*, entendido este en un sentido menos amplio que el que le concede Ariza[37]. Según esto, el final de la Edad Media fue trascendental para la onomástica de Asturias, puesto que la distinción que con anterioridad existía entre nombres denotativos y nombres connotativos quedó arrumbada. Si esta relevante transformación pudiera confirmarse mediante el análisis de la antroponimia de otras zonas de la Península, nos hallaríamos ante una verdadera «revolución» que coincidiría en el tiempo con la que afectó a la lengua española en su conjunto. En este sentido, los numerosos censos realizados entre los siglos XV y XVI en el antiguo Reino de Sevilla, documentos que se conservan en el Archivo Municipal de su capital, constituyen un corpus idóneo para dicha comprobación. Pretendo demostrarlo centrándome en los listados de nombres personales de una única localidad, Alcalá de Guadaíra, fechados de 1426 a 1533[38].

A partir de esta documentación, efectivamente, es posible deducir un sistema onomástico relativamente coherente en el que, conforme avanza el siglo XV, comienzan a apuntar importantes cambios. Hasta la primera mitad la secuencia onomástica estaba formada por tres elementos, un nombre de pila, un apellido y un *sobrenombre*. En contraste con la poca variedad del apellido, que suele ser un patronímico, la naturaleza del sobrenombre es más compleja: son sobrenombres los topónimos, los gentilicios, los nombres de oficio y los apodos, así respectivamente, *Juan Sánchez de Madrigal* (años 1438-1444), *Alfonso Sánchez navarro* (años 1438-1444), *García Martínez ollero* (años 1438 y 1444) y *Pero Martínez cano* (años 1431-1442)[39].

El primer indicio de los cambios en ese sistema es la inmovilización del patronímico, procedimiento que en los siglos anteriores había mostrado una notable vitalidad[40]. Hasta el año 1456 registro solo siete casos en los que un hijo adopta como

---

37. El *apellido* para Viejo (1998: 33) es «el nombre de familia de transmisión intergeneracional o, como término más preciso, plurigeneracional (es decir, a través de al menos más de dos generaciones) a partir de los siglos XV o XVI hasta nuestros días».

38. Para el corpus de investigación, cf. la nota n° 1. Además de los censos allí enumerados, se han analizado en el presente trabajo los años (y documentos) siguientes: 1456 (n° 330), 1484 (n° 456), 1493 (n° 635), s.a. (n° 830), 1512 (n° 1071), 1519 (n° 24) y 1533 (n° 19). Forman parte, como es bien sabido, de la sección 16ª del Archivo Municipal de Sevilla (cf. Collantes de Terán 1977, de donde tomo la numeración de los padrones), excepción hecha de los documentos de 1519 y 1533, que están catalogados aparte, como *Diversos*. Si en lo que sigue los casos citados se sitúan en un censo concreto, al ejemplo en cuestión se le adjuntará entre paréntesis el número de folio (f.) y v si el folio es vuelto.

39. También en Asturias, durante la Baja Edad Media, la estructura «normal», conformada por el nombre individual y el patronímico o indicador de filiación, habría requerido un tercer elemento denominativo, el *sobrenombre*.

40. Coincido, pues, con Viejo en certificar la franca decadencia de este procedimiento en el siglo XV (Viejo 1998: 115).

apellido el nombre de pila del padre, ya sea modificado mediante el sufijo -ez, ya sea sin modificación, meramente yuxtapuesto a su nombre:

> *Gonzalo Martínez*, hijo de *Martín Fernández de Cantillana* (años 1438 y 1442)
> *Catalina González*, hija de *Gonzalo Fernández del Alcázar* (año 1438)
> *Juan Alfonso*, hijo de *Alfonso Fernández* (años 1438 y 1442)

En la segunda mitad del XV es general la cristalización de esta función. Lo habitual entonces, como ya ocurría en la primera mitad del siglo, era la transmisión entre generaciones sucesivas del patronímico (ya convertido en apellido): *Fernando Alfonso* es el hijo de *Diego Alfonso* (años 1438-1444), *Mencía Fernández* es hija de *Alfonso Fernández* (año 1444), *Alfonso Ximénez* es el hijo de *Fernando Ximénez* (años 1431-1442).

Durante los primeros años del siglo, como ya he dicho, predomina la aparición de patronímicos «fosilizados» tras el nombre de pila, así tenemos, por ejemplo, a *Gonçalo Alfonso* (años 1438 y 1442), *Diego Martínez de Herrera* (año 1444), *Juan Sánchez alfayate* (año 1431)… Apenas veinte personas de un total de mil cuarenta –esto es, el 1,9%– poseen un apellido distinto a esos, caso, entre otros, de *Pero Caro* (año 1433) o *Isabel Cara* (año 1426), *Juan Chamorro* (año 1431), *Diego Gallego* (año 1431), *Juan Galván* (año 1431), *Fernando Marín* (años 1438 y 1442), *Bartolomé Ramos* (año 1442), *Miguel Romero* (años 1431-1444) y, precedidos de la preposición *de*, *Juan de Córdoba* (año 1438), *Juan de Dios* (años 1431-1442), *Juan de Mérida* (año 1438), *Juan de Ortega* (años 1431-1438) y *Alfonso de Valles* (año 1438)[41]. Se trata, como vemos, de originarios apelativos o de topónimos los elementos denominativos que aparecen en la segunda posición de la secuencia antroponímica.

Me parece muy significativo que, salvo en algún caso aislado como el de *Juan de Ortega texedor*, las personas que portan estos apellidos carezcan de un tercer nombre. En el sistema onomástico de este período, dominado por secuencias ternarias con un orden fijo de apellido y sobrenombre, la estructura de la denominación con un apellido tan diferente del normal resultaba demasiado inusual como para que el individuo en cuestión necesitara de otra marca de identificación.

Los documentos muestran, sin embargo, que desde finales del siglo XV es bastante más frecuente la yuxtaposición al nombre de pila de los elementos que anteriormente ocupaban la tercera posición de la secuencia antroponímica. El documento 830 (sin año) contiene los nombres de seiscientas sesenta y cinco personas, de las cuales sesenta y una –es decir, el 10%– tienen un apelativo o un topónimo como apellido: *Fernando Corço* (f. 10v), *Alfonso Delgado* (f. 14v), *Juan*

---

41. A los que podría añadirse *Juan de Aguilar* y *Bartolomé de Cantalejos,* que en otros censos se documentan como *Juan García de Aguilar* o *Bartolomé Martínez de Cantalejos.*

Galán (f. 8v), *Juan de Tarifa* (f. 14v), *Juan de Toledo* (f. 15)… Los apelativos no solo son más abundantes, sino también más variados, pues encontramos nombres de oficio como *Estevan Cantero* (f. 14), *Francisco Espartero* (f. 8v) o *Alfonso Çapatero* (f. 12v), posibilidad antes no documentada. Asimismo, hay topónimos no introducidos por la preposición *de* como *Diego Castroverde* (f. 8) o *Juan León* (f. 14v). Pero tal vez lo más significativo es que tras estos apellidos ya es más habitual que aparezca un tercer elemento, particularmente un nombre de oficio: *Juan de Guzmán cañero* (f. 14v), *Bartolomé de Martos çapatero* (f. 7v), *Juan Serrano vaquero* (f. 14v)…

A principios del siglo XVI estos cambios se consolidan. El documento 1071 (del año 1512) recoge las identidades de ochocientas seis personas, de las que ciento diez –esto es, el 13,6 %– se apellidan con estos nombres: *Martín Calvo* (f. 46v), *Antón Delicado* (f. 41v), *Alonso Navarro* (f. 33), *Juan de Ayala* (f. 48v), *Blas de Sosa* (f. 12v)…, siendo aún más numerosa la cantidad de personas que poseen como apellido un nombre de oficio (o similar), *Pero Hidalgo* (f. 53), *Diego Santero* (f. 9v), *Diego Verdugo* (f. 45). Hay también nombres de oficio añadidos, en la tercera posición de la secuencia, a antiguos apelativos y topónimos: *Juan Morzillo platero* (f. 3), *Juan Serrano mesonero* (f. 7), *Juan de Guadayra sastre* (f. 2)…

La transmisión entre generaciones sucesivas de apellido y sobrenombre también varía considerablemente a lo largo del siglo estudiado. Durante la primera mitad, apellido y sobrenombre se traspasan de padre a hijo conjuntamente, sin apenas modificación reseñable: *Diego Alfonso de la Cuesta, el moço* (año 1444) es el hijo de *Diego Alfonso de la Cuesta* (años 1438-1444), *Martín Fernández de Dios* (años 1442 y 1444) es el hijo de *Martín Fernández de Dios, el viejo* (años 1431-1444), *Antón García albañi, el moço* (años 1431-1442) es el hijo de *Antón García albañi, el viejo* (años 1431-1442). En los otros dos grupos de documentos (de finales del XV, de primeros del XVI) se recogen casos de transmisión que inciden en la disociación de los dos elementos, apellido y sobrenombre, anteriormente considerados en bloque:

Padre >>	Hijo
Fernando Gutiérrez de Olvera >>	Alonso de Olvera (año 1484)
Ruy Martín Caro >>	Pero Caro (año 1484)
Alfonso Martínez de la Vaquera >>	Fernando de la Vaquera (años 1484 y 1493)
Martín Hernández de Ledesma >>	Antón de Ledesma (año 1519)
Alonso Martín Cuadrado >>	Juan Quadrado (año 1519)

El aspecto más importante de todo este fenómeno es el relativo a la transmisión del sobrenombre, elemento denotativo que se significa en la segunda y tercera serie de censos como un verdadero *nombre de familia*. Aun así, no documento ni en los censos más modernos su transmisión directa de padres a hijos: no se dan casos como *Pero Caro hijo de Martín Caro o *Martín de Ledesma hijo de Antón de Ledesma.

La observación de seis clanes de la localidad –los de María Serrana, los Algarín, los Cantalejo, los Zorro, los de la Gruesa y los Bondano– a lo largo del período analizado puede ser de gran utilidad para entender el protagonismo que adquiere el sobrenombre y, al mismo tiempo, el papel secundario del apellido que o se transmite en bloque con él, se modifica o, incluso, se omite.

De este modo, no puede ser fruto de la casualidad que casi todas las personas de Alcalá apodadas de Mari Serrana (o de María Serrana) entre 1431 y 1533 se apelliden invariablemente Martínez. Entre dos generaciones inmediatas demuestra que se heredaban juntos el apellido –patronímico cristalizado– y el sobrenombre: los hijos de Pero Martínez de Mari Serrana (año 1431) son, como sería esperable, Pero (años 1438, 1442, 1444 y 1456), Alfonso (años 1431-1456), Bartolomé (1431, 1438 y 1442) y Diego (1438-1444) Martínez de Mari Serrana. Lo notable es que a principios del siglo XVI documento Bartolomé (año 1533), Catalina (años 1512 y 1519), Juan (años 1512 y 1533), Diego (año 1519) o Pero (1533), todos ellos, Martínez de Mari Serrana.

Las únicas excepciones son, en mi opinión, fáciles de explicar. En la primera mitad del siglo XV aparece una mujer llamada Isabel Fernández de Mari Serrana (años 1433, 1438 y 1442), que no es otra que la esposa del primer Pero Martínez de Mari Serrana, esto es, se trata de una transmisión «horizontal» del sobrenombre (es una manera de señalar la pertenencia de esta a la familia, una vez desaparecido el cabeza de familia, que solo se documenta en 1431). Además, hay cuatro ejemplos (dos en 1493, dos en 1519) en los que el sobrenombre de Mari Serrana aparece yuxtapuesto al nombre de pila directamente, sin mediación del apellido: son Bartolomé de María Serrana y Pero de María Serrana, por un lado, y Alonso y Juan de María Serrana. Ahora bien, tanto Pero como Juan se apellidaban con seguridad, según se desprende de los cotejos entre documentos, Martínez de María Serrana (hay un Pero Martínez de Mari Serrana en 1484, y un Juan Martínez de Mari Serrana en 1512 y 1533), en los otros dos casos no puedo afirmarlo con rotundidad, aunque lo creo bastante posible. Es decir, el apellido, menos identificador, se omite por mera economía expresiva como ocurriría en el día a día en que estos individuos eran conocidos más por el apodo que por el apellido o el apellido y el apodo conjuntamente. Es, como veremos, la conocida tendencia ya apuntada en la primera mitad del XV que desde fines del XV se presenta con mayor claridad.

Algo muy parecido ocurre con los Algarín, apellidados siempre Fernández. Hasta 1456 documento cuatro individuos llamados Fernández Algarín, Martín (años 1431-1456), Antón (año 1444), padre del anterior, Bartolomé (años 1431-1456) y Alfonso (año 1456). A fines del XV tenemos a Bartolomé, Antón su padre, Alfonso o

Martín Fernández Algarín y a comienzos del XVI, *Alfonso, Antón, Andrés, Bartolomé, Juan* y *Martín* (1512 y 1519) y *Alfonso, Antón* o *Juan* (año 1533), todos los cuales son *Fernández Algarín*. Las únicas excepciones las constituyen de nuevo una mujer llamada *María Sánchez (de) Algarín* que, de manera significativa, también aparece como *María Sánchez la Algarina* (en 1512), y que con muchas posibilidades es la esposa de alguno de los *Fernández Algarín* –es decir, estamos ante otro ejemplo de transmisión «horizontal» del marido a su mujer mediante el matrimonio. Los casos de *Bartolomé Algarín* o *Juan Algarín* por omisión de un *Fernández* poco identificador son análogos a los anteriormente analizados.

Los *(de) Cantalejo(s)*[42] son, asimismo, siempre *Martínez*: *Alfonso Martínez (de) Cantalejo(s)* el hijo de *Domingo Martínez de Cantalejos*, que documento en todos los censos de 1431 a 1456, el ya citado *Bartolomé Martínez de Cantalejos* (años 1433-1456), que en una ocasión testimonio como *Bartolomé de Cantalejos*, y *Juan Martínez de Cantalejos* (años 1431-1442) por lo que se refiere a la primera mitad del siglo; *Alonso* –además de un *Alonso Martínez de Cantalejos el moço* seguramente emparentado con él–, *Antón* y *Bartolomé Martínez de Cantalejos* a fines del XV y *Alonso, Antón, Bartolomé, Juan* e *Isabel* a inicios del XVI.

Los *Zorro* se apellidan todos *Sánchez* hasta la mitad del XV: *Alfonso* (años 1431-1456) y su hijo también así llamado (año 1444), *Benito* (años 1431-1444), *Juan* (años 1431-1456) y *Pero* (años 1431-1442) *Sánchez Zorro*. Hay una mujer emparentada, no sé si políticamente, que se llama *María (o Marina) Sánchez la zorra* (años 1431-1444) con variación de género y con artículo determinado, procedimiento más normal entre ellas. En los tres censos de finales del siglo ya aparece un individuo que no se apellida *Sánchez* (*Pero Martínez Zorro*) frente a tres que sí (*Alonso Sánchez Zorro el viejo, Alonso Sánchez Zorro el moço* y *Juan Sánchez Zorro*). Pero a principios del XVI el número de *Martínez Zorro* y *Sánchez Zorro* es el mismo (*Alonso, Antón, Isabel* y *Juana Sánchez Zorro* frente a *Andrés, Catalina, Isabel*[43] y *Pero Martínez Zorro*), y, lo más relevante, sospecho que, a pesar del diferente apellido, están relacionados familiarmente, pues se adjunta la noticia de que *Pero Martínez Zorro* tiene a su cuidado a los hijos menores de edad de *Alonso Sánchez Zorro*.

Como en casos anteriores también encuentro en los años finales (en concreto, en 1533) un caso en el que *Zorro*, desplazando al apellido, ocupa la posición tras

---

42. No creo, por cierto, que carezca de valor la alternancia en una misma identidad, ya documentada desde los primeros censos analizados, entre *Alfonso Martínez de Cantalejos* y *Alfonso Martínez Cantalejos*. Si la *de* que precede a los topónimos comenzó, como dice Díez Melcón (1957: 231), indicando la relación que el individuo guardaba con el lugar de origen o de residencia, su elisión –y consecuente yuxtaposición del nombre de lugar al apellido– probaría, según es fácil suponer, su pérdida de contenido como expresión locativa.

43. Esta es *la zorra* por ser esposa de *Juan Sánchez Zorro* según el documento número 1071.

el nombre individual, además de complementarlo un nombre de oficio, algo que hasta la mitad del XV no se da: *Juan Zorro carpintero*.

Con respecto a los *de la Gruesa* predomina siempre el apellido *Sánchez*: hasta 1456 contamos con *Fernando* (años 1431-1444), *Juan* (años 1433-1456)[44], *Martín* (año 1444), *Antón* (años 1438 y 1444) y *Alfonso* (año 1456) frente a *Juan* (años 1431-1444) y *Pero* (año 1444) *Martínez de la Gruesa*. En la segunda mitad del XV, aun predominando *Sánchez* (*Antón, Juan, Francisco*), se observa que el patronímico que precede al sobrenombre se diversifica (*Pero* y *Juan Martínez de la Gruesa, Juan* y *Pero Muñoz de la Gruesa*, e *Isabel Ruiz de la Gruesa*), hasta que en el siglo XVI el apellido *Sánchez* (*Francisco* y *Juan Sánchez de la Gruesa*) es menos frecuente con *de la Gruesa* que *Muñoz* (*Bartolomé, Francisco* y *Pero Muñoz de la Gruesa*) y de igual cantidad que *Martínez* (*Alonso* y *Juan Martínez de la Gruesa*).

El caso de los *Bondano*, por fin, es algo más complejo: antes de la mitad del siglo ya documento dos individuos denominados *García Bondano, Diego* (año 1442) y *Juan* (año 1433) –¿relacionados entre sí?, el apellido común parece indicar que sí–, uno *Sánchez Bondano, Pero* (años 1431-1444), y otro *López Bondano, Juan* (años 1431-1444). Así como sobre el parentesco entre *Pero Sánchez* y los demás solo puede conjeturarse, entre *Juan López* y *Juan García*, en cambio, es seguro que existía relación, pues *Juan López* era el yerno de *Juan García Bondano*.

Lo más frecuente también en la segunda mitad del XV fue la combinación *García Bondano* (*Diego García Bondano el viejo, Diego García Bondano el moço* en 1484, 1493 y en el documento s.a.; y *Juan García Bondano* en los años 1484 y 1493). Persisten entonces y aún a primeros del XVI los *López Bondano* con *Antón* (años 1484-1519) y surgen los *Martínez Bondano* (*Pero*, años 1493 y 1512, *Gonzalo*, año 1519).

Pero quizá el interés del apodo *Bondano* reside en su capacidad para identificar de manera «vicaria»:

— Como en otros casos ya señalados, *Bondano* sustituye al apellido con que se combina por ser más identificador: así *Diego Bondano* (año 1519) es el hijo de *Pero Martínez Bondano*, ya citado[45].

— No es infrecuente que sustituya a la identidad completa: *Gonzalo Díaz yerno del Bondano* (año 1493), *Juan Román yerno de Bondano* (año 1484) y *Martín Sánchez criado del Bondano* (1431).

— El plural de *los menores Bondanos* (año 1493) refuerza la certidumbre de que existía una familia así denominada.

Según dejan ver los documentos analizados, el siglo XV es un período fundamental para la onomástica de Alcalá de Guadaíra (Sevilla), no tanto por el número

---

44. Al que hay que añadir un tal *Juan Sánchez de la Gruesa el moço* en 1456.

45. ¿Y *Gonzalo Bondano* de 1512 es *Gonzalo Martínez Bondano* de 1519?

de unidades de la estructura de denominación, que suelen ser tres a lo largo de todo el siglo, como por las transformaciones que afectaron a sus elementos segundo y tercero. En la segunda posición de la secuencia menudeaba el patronímico, indicador de filiación, en la tercera aparecía un topónimo o un apodo que, en un principio, tendría la función de complementar ocasionalmente a aquél. Sin embargo, cuando el patronímico quedó fijado y perdió de esta manera su capacidad para connotar la continuidad familiar, fue el sobrenombre, por su mayor transparencia, el elemento que garantizó, al menos durante un siglo, la identidad de grupos de personas emparentadas, como demuestran en especial los casos en los que se observa su desplazamiento de la tercera a la segunda posición de la denominación[46].

---

46. Cf., para Asturias, Viejo (1998: 229).

Capítulo 4

La antroponimia del Reino de Sevilla.
Collacion de Sant Lloreynte (1408-1488)*

Las fuentes fundamentales para conocer la onomástica de los habitantes de Andalucía durante la Baja Edad Media son los *libros de repartimiento*[47] y los *padrones*, si bien los datos de que nos proveen estas dos clases de documentos merecen una consideración dispar. Porque, en efecto, a pesar de que en los repartimientos habría quedado testimoniada «la base del estado actual de los antropónimos» de nuestra región, la interpretación de estos textos no resulta sencilla dada «la procedencia heterogénea y la movilidad de los pobladores» que contienen (Kremer 1988: 1585)[48]. Los *padrones*, por el contrario, en tanto que recogen «listas de vecinos o de moradores de poblaciones ya establecidas», «ofrecen una plataforma todavía más significativa para investigaciones onomásticas» (Kremer 1988: 1586)[49].

La abundancia de padrones del Reino de Sevilla confeccionados durante el siglo XV invita a que, precisamente a partir del segundo tipo de fuente documental señalado, se investigue el sistema antroponímico entonces vigente en la ciudad y su «tierra»[50]. La naturaleza de estos documentos también redundaría en la validez de su análisis, puesto que, habida cuenta la finalidad recaudatoria que perseguían (se trata de censos en su mayoría *fiscales*), son bastante fidedignos. Y es que

---

* Publicado en *Nouvelle Revue d'Onomastique*, 49-50, 2008, 195-221 [ISSN: 0755-7752].

47. «Son documentos en los que se consignaron los repartos de bienes inmuebles (casas, tierras y edificios anejos a las explotaciones agrícolas) efectuados por el rey o por sus delegados –los "partidores" de algunos documentos– entre los que habían participado en la conquista de un territorio o habían acudido a él para repoblarlo» (González Jiménez 1988: 9).

48. Se centran en *libros de repartimiento* de Andalucía, entre otros, Álvarez, Ariza, Mendoza y Ramos (1992); Ariza (1997); Ramos (1998); Álvarez, Ariza y Mendoza (2000b); o Mendoza y Palet (2003).

49. Han estudiado algunos de estos documentos, entre otros, García Cornejo (1998); Rodríguez Toro (1999); Álvarez, Ariza y Mendoza (2001); García Cornejo (2001); Rodríguez Toro (2002)…

50. El corpus al que hago referencia pertenece a la sección 16ª del Archivo Municipal de Sevilla; véase Collantes de Terán (1977).

tanto los padrones de *cuantías* como los padrones de *bienes*, las dos clases principales de padrones del corpus sevillano, implican la relación detallada de «vezinos e moradores»[51].

Ahora bien, salvo el primero y el último de la serie de censos fiscales de Sevilla, fechados en los años 1384[52] y 1533, respectivamente, se trata de cuadernos en los que solo se recogía la población de una colación o parroquia, no la de la totalidad de la ciudad (Collantes de Terán 1984: 22). Esta circunstancia ha determinado que en la fase actual de la investigación, en vista de la dispersión de datos que podría conllevar un estudio de la onomástica de toda Sevilla en el siglo XV, hoy por hoy algo retrasada, haya sido preferible tomar como muestra una única colación –la de *Sant Lloreynte* (moderna San Lorenzo) –, lo que no quita para que ocasionalmente se aprovechen las referencias a documentos de otras colaciones ya analizados[53]. Quede pendiente para una ocasión futura completar el panorama.

En la elección de San Lorenzo han pesado sobre todo dos razones: por una parte, la relativa continuidad de sus censos durante la primera mitad del siglo XV –documentos nº 42 (año 1408), 76 (año 1426), 142 (año 1433), 209 (año 1438) y 252 (año 1442), todos ellos padrones de cuantías– así como la posibilidad que permite el contraste, cuarenta años después, con tres padrones de bienes fechados en apenas cinco años –documentos nº 423 (año 1483), 503 (año 1486) y 543 (año 1488)[54]. A ello se añade la estabilidad demográfica denunciada por casi toda la serie: las listas de la población de San Lorenzo registran entre 285 y 293 vecinos en el período comprendido de 1408 a 1442, y entre 385 y 395 en la década de 1480 (Collantes de Terán 1984: 24-25, 176)[55]. Contamos además con un padrón militar de la colación (nº 48), sin fecha, pero con seguridad de la primera década del siglo, documento muy detallado si lo comparamos con los de su clase (Collantes de Terán 1984: 16). Eso sí, puesto que en este último listado, como es fácil suponer, no aparecen anotadas mujeres, y dadas las notables coincidencias que mantiene con el documento nº 42, prácticamente coetáneo, se han estudiado aquí de manera conjunta.

---

51. Collantes de Terán (1977); Collantes de Terán (1984: 20-29, 31, 37, 146-147); Álvarez, Ariza y Mendoza (2000a: 156).

52. El más antiguo fue objeto de un estudio exhaustivo: Álvarez, Ariza y Mendoza (2001).

53. Como ya se ha indicado, catalogados por Collantes de Terán (1977). Se mantiene en lo que sigue la numeración que allí se les da a todos estos textos.

54. Boullón (1999: 5) postula, análogamente, «máis apropiado empregar preferentemente coleccións documentais completas, dado que, ó tratárense de conxuntos homogéneos nun determinado lugar e seguindo unha continuidade cronolóxica, permitirían trazar con máis fidelidade o sistema de nominación da época».

55. El menor número de vecinos registrado en 1433 (nº 142) se debe a que se trata de un censo incompleto (Collantes de Terán 1984: 176).

Para presentar ordenadamente los resultados del análisis realizado, se distribuyen los datos en cuatro apartados diferentes, a saber, *nombre de pila, patronímico, nombre toponímico* y *sobrenombre*, términos estos que, gracias a su difusión y aceptación entre los especialistas en la onomástica medieval hispánica, eximen al presente trabajo de una introducción teórica[56].

4.1. El nombre de pila[57]

El *nombre de pila* es el antropónimo que figura de modo invariable en la primera posición de la secuencia onomástica. Se trata de un nombre *individual* por cuanto que permite la identificación de los sujetos de ambos sexos que comparten un mismo nombre segundo. Los nombres masculinos y femeninos documentados en la colación de San Lorenzo durante el siglo XV son, por orden alfabético, los siguientes[58]:

> ADEUA (adeua al[f]onso: 42-7), A[L]BERTO (aberto cortidor: 209-5), ALEXOS (alexos martín[ez] cauador: 42-9v), AL[F]ONSO (al[f]onso díaz tavernero: 42-7, 48-6v), ÁLUAR[O] (aluar rodríguez de osorio: 42-3v), ANA (ana martín[ez] de benacaçón: 76-8v), ANBROSIO[59] (anbrosio [márquez] perayle[60]: 423-7v, 503-3, 543-15v), ANDRÉS (andrés díaz: 42-10), ANTÓN (antón al[f]onso: 42-12v, 48-5v), ANTONA (antona lópez muger de juan martín cabeça cómitre: 42-14), APARICIO (aparicio martínez çapatero: 543-3v), ARABEL (arabel de argüello: 209-10v[61]), ASENSIO (asensio gil de las cunbres: 42-7v), BALTRASAR (baltrasar ladrón: 543-17), BARTOLOMÉ (bartolomé bernal: 42-11), BÁRUOLA (báruola garcía: 423-12v), BEATRIZ (beatriz alonso muger de domingo ferrández echarrebuelve: 42-13v), BENITO

---

56. Cf. Viejo (1998), Nunes y Kremer (1999), Boullón (1999)… En lugar de *apellido*, empleo *nombre segundo*, menos problemático, de acuerdo con Nunes y Kremer (1999: 4), «o termo *segundo nome*, em vez de apelido, [sirve] para designar a unidades antroponímica que segue o prenome». Cf., al respecto, Ariza (1997: 585), Boullón (1999: 16), Kremer (2004: 14-15)…

57. Según Kremer (1992: 458), «für den *Vorname* existiert keine einheitliche Terminologie (*nombre, nombre propio, nombre de pila / nombre de bautismo* 'Tufname', oder, nach fremdem Muster, *prenombre*)». Así, por ejemplo, Nunes y Kremer (1999: 4) o Boullón (1999: 16) prefieren la denominación de *prenombre*.

58. Adjunto entre paréntesis solo un ejemplo del nombre y su correspondiente localización (número de documento y número de folio; además, *v* para el folio vuelto). En los casos en que disponemos de más de un ejemplo, adopto un criterio cronológico (el caso escogido procede del documento más antiguo de los estudiados) y otro alfabético (dentro de ese documento elijo el que aparece en primer lugar). Utilizo las letras versalitas para destacar los nombres registrados; con corchetes señalo las variantes formales encontradas. Solo se ha añadido la acentuación allí donde correspondiera.

59. Por confusión de sibilantes, ANBROCIO.

60. O *cardador*.

61. Que aparece como *arabel vezino* en 252-7v.

(benito martínez arrendador: 42-6), BERENGELA (berengela gómez: 252-9v), BERNABÉ (bernabé garcía alhonbrero: 543-13v[62]), BERNAL[DO] (bernal martínez de carreno: 42-9v), BERNALDA (bernalda gonçález: 423-12v, 543-14v), BLANCA (blanca gonçález: 142-3), CATALINA (catalina sánchez de alcalá: 76-6), CLARA (clara valaresa: 543-15v), COSTANÇA (costança lópez: 142-4v), CRISTÓUAL (cristóual martínez azemilero: 142-5), DIEGO (diego al[f]onso frutero: 42-8, 48-4), DOMINGO (domingo al[f]onso de sanlúcar: 42-6, 48-3v), ELENA (doña elena dueña: 423-5v, 503-11), ELUIRA (eluira guillén de salteras: 42-6, 76-7), ENRIQUE (don enrique maestre de santiago: 76-3), ESTEUAN (esteuan pérez de ferrera: 76-4v), ESTEUANIA (esteuanía ferrández: 209-4v), FERRAND[O] (ferrando díaz de unbrete: 42-5, 48-3v), FRANCISCA (francisca ferrández: 423-5), FRANCISCO (francisco ferrández salinero: 42-7, 48-3), GARCI[A] (garcía ferrández maestro mayor: 42-14, 48-4v), GIL (gil díaz: 42-8), GILLEMONA (gillemona mateos: 76-6), GINESA (ginesa rodríguez: 543-12), GIRÓNIMO (girónimo alonso calderero: 423-6, 543-8v), GÓMEZ (gómez ferrández [cardador]: 76-3, 142-2, 209-11), GONÇALO (gonçalo díaz: 42-13, 48-4v), GRACIANO (graciano tauernero: 209-6v), GRAUIEL (grauiel gonçález de montoya: 42-3v, 76-4v), GRIGORIO (grigorio melines: 543-12), GUILLÉN (guillén ruyz texedor de paños: 543-11v), GUIOMAR (guiomar sánchez beata: 423-9v), GUTIERRE (gutierre martínez alfamel: 42-6, 48-3v, 76-7v), JORGE (jorge de medina: 209-8, 252-4), JUAN (juan al[f]onso de mançanilla: 42-8v, 48-4), JUANA (juana ferrández tendera: 42-4v), JULLIÁN (jullián martínez carpentero: 76-5), LÁZARO (lázaro garcía de villanueva: 42-5v, 48-3, 76-7), LEONOR (leonor díaz muger de juan alfonso: 42-4v), LIANDRE (liandre martín texedor de paños: 503-2v[63], 543-3), LLOREYNTE (lloreynte ferrández: 42-13v, 76-10, 142-6v), LOPE (lope díaz partidor: 42-11v, 48-5v, 76-10, 142-7), LORENÇO (lorenço alonso de benacaçón: 76-7v), LOZÍA (lozía martínez de costantina: 42-9), LUYS (luys lópez marinero: 42-10), MADALENA (madalena sánchez: 543-15), MANUEL (manuel al[f]onso albani: 42-7v, 48-3), MARCOS (marcos díaz: 42-13v), MARÍ[A] (maría garcía de caçalla: 42-6v), MARÍN (marín perez fijo de juan marín: 42-8v), MARINA (marina sánchez de haznalcáçar: 42-5), MARTÍN (martín al[f]onso: 42-13), MAT[H]EOS (mateos sánchez calderero: 42-11v), MAYOR (mayor álvarez muger del alcalde: 42-4), MENCÍA (mencía sánchez viuda: 209-7v), MIGUEL (miguel ferrández alfajeme: 42-9v), NICULÁS (niculás martín de oluera: 42-9v), NUÑO (nuño caro pescador: 252-3), OLALLA (olalla sánchez de contreras: 252-9v), ORO (oro benítez: 76-4), PABLOS (pablos lópez criado del licenciado manuel de vergara: 209-3), PASQUAL (pasqual garcía de la corredera: 42-5, 48-2v), PELAYO (pelayo de ferrera: 252-2v), PE[D]RO (pero díaz escriuano de la tabla: 42-11v, 48-5v), RAMIR (ramir garcía: 76-4v, 142-6, 209-5r, 252-4), REMÓN (remón blanque: 42-8, 48-3), RODRIGO [RUY] (rodrigo esteuan: 42-14, 48-4v), ROMÁN (román pérez: 42-10), SANCHO (sancho garcía escriuano publico: 42-11v, 48-5v), SANTOS (santos garcía: 252-10v), SAUASTIÁN (sauastián rodríguez pescador: 252-8), SUER (suer del valle: 42-11), T[H]ERESA (theresa al[f]onso muger de antón gonçález de haznalcáçar: 42-5), TOMÁS (tomás de pedraza: 503-9, 543-14v), TORIBIO (toribio ferrández carbonero: 42-5v, 48-2v), V[EL]ASCO (velasco ferrández: 42-5v), VIOLANTE (violante de montoya: 209-6, 252-4v[64]), XIMENO (ximeno

---

62. Y el más que seguro foráneo *bernabo donato frayle*: 252-9v.
63. Repetido en el f. 7.
64. Repetido en el f. 9v.

gonçález buytrero: 42-14, 48-4v), YNÉS (ynés martín[ez] de villanueva de aliscar: 42-6v), YNIGO (ynigo [lópez] de agreda: 142-4v, 209-9, 252-6v), YSABEL (ysabel martín[ez] de villada: 42-7).

Según se desprende de esta relación de nombres, aún se mantiene en vigor durante todo el siglo XV una de las particularidades más conocidas de la antroponimia medieval castellana, cual era la coexistencia en algunos nombres masculinos de dos variantes, una plena y otra apocopada, determinada por el tipo de nombre segundo que a ellos se adjunta. Así se refleja con claridad en ÁLUAR[O], FERRAND[O], PE[D]RO y RODRIGO [RUY]. En efecto, ALUAR, sin vocal final, es la variante documentada ante patronímico (*aluar al[f]onso*: 76-5; *aluar díaz*: 423-9, 503-5, 543-2v; etc.) frente a ÁLUARO, que aparece ante *de* y nombre de lugar (*áluaro de henares*: 209-10v) y ante nombres segundos de tipología diversa (*áluaro bezerra*: 423-7, 503-11, 543-17; *áluaro gallego*: 423-6, 503-10, 543-12), si bien con excepciones (*aluar romero abad*: 503-3v).

FERRAN[D]-FERRAN[T][65], por su parte, es la forma registrada ante todos los patronímicos (*ferrant al[f]onso amo de jº ferrández de nadal*: 42-10; *ferrant gonçález fijo de gil gonçález barquero*: 42-13) descontando DÍAZ (*ferrando díaz de unbrete*: 42-5, 48-3v), ante el que aparece la variante plena FERRANDO, lo mismo que si el individuo carece de nombre segundo (*fernando carnicero*: 503-9v; *fernando trabajador*: 503-7v) o si este es *de* y topónimo (*fernando de auilés*: 503-8v; *fernando de vega*: 423-4v, 503-9…).

En cuanto a PE[D]RO, la variante popular se da delante de cualquier patronímico (*pero díaz*: 42-11v, 48-5v; *pero esteuan*: 42-7v, 48-3; etc.)[66]. Si el nombre de pila aparece solo, se encuentra la variante PEDRO (*maestre pedro albani*: 423-5), así como si sigue al nombre la preposición *de* y un nombre de lugar (*pedro de gelues*: 423-13, 503-2v, 543-4v; *pedro de tormes*: 252-6v). Ante nombres segundos distintos de patronímicos y topónimos precedidos por *de* se prefiere también PERO (*pero lobete*: 42-5v, 48-3; *pero barua*: 76-5, 142-3v; *pero bueno*: 209-16; *pero linero*: 543-17), aunque excepcionalmente pueda darse PEDRO (*pedro camacho*: 423-1v)[67].

La variante plena RODRIGO aparece delante de los patronímicos que comienzan con vocal (*rodrigo alfonso*: 543-3; *rodrigo áluarez*: 76-4v; *rodrigo arias*: 142-4v; *rodrigo esteuan*: 42-14, 48-4v), ante *de* y topónimo (*rodrigo de medina*: 543-12v;

---

65. Se documenta también FERNÁN, lo mismo que FERNANDO, sin asimilación del grupo consonántico, preferentemente en los censos de la década de 1480.

66. Ante ALUÁREZ y ARIAS se registra asimismo la sinalefa (*perálvarez*: 503-7v; *pedrarias*: 543-11v).

67. Los casos de Pº ¿abreviación de PERO o de PEDRO? dificultan la interpretación de muchos otros ejemplos (*pº de carcaxona*: 503-11; *pº de açuaga*: 503-9v, también *pº ferrández*: 503-9v). Kremer (1988: 1586, nota nº 9) o Boullón (1999: 14) han advertido los problemas que acarrea la interpretación de ciertas abreviaturas.

rodrigo de ortega: 543-13v; etc.) y ante nombres segundos de otros orígenes (*rodrigo barroso*: 423-5). RUY, por el contrario, aparece delante de todos los demás patronímicos (*ruy ferrández*: 42-13v, 48-6; *ruy lópez*: 543-6; etc.).

Otros casos especiales son los de RAMIR, SUER y ANTONIO. El único hombre de nuestros censos llamado RAMIR tiene por nombre segundo el patronímico GARCÍA (76-4v, 142-6, 209-5, 252-4), de ahí que, conforme a la tendencia señalada, aparezca la forma apocopada. Sin embargo, tenemos SUER, con apócope, ante el nombre toponímico DEL VALLE (42-11). El nombre ANTONIO, aislado, que documento en alusión a una misma persona en dos censos consecutivos –*antonio pesador de cueros* (209-14) y *micer antonio* (252-9v)– no guarda con ANTÓN, según creo, relación análoga a la señalada[68].

Interesa, en otro orden de cosas, conocer la frecuencia de aparición de los nombres de pila como uno de los aspectos fundamentales para la antroponomástica medieval. En la tabla siguiente (Tabla nº 1) se recogen los datos relativos a los cinco nombres masculinos más veces testimoniados en San Lorenzo durante el siglo XV (número de ejemplos y porcentaje), por orden decreciente, JUAN, AL[F]ONSO, PE[D]RO, ANTÓN y DIEGO[69]. Se adjunta al número de documento, entre paréntesis, la cantidad total de hombres que hay en él:

Tabla nº 1

Documento	JUAN	AL[F]ONSO	PE[D]RO	ANTÓN	DIEGO
42-48 (288)	65 (22,56%)	51 (17,70%)	22 (7,63%)	15 (5,20%)	17 (5,90%)
76 (235)	55 (23,40%)	37 (15,74%)	20 (8,51%)	15 (6,38%)	18 (7,65%)
142 (146)	34 (23,28%)	21 (14,38%)	17 (11,64%)	13 (8,90%)	5 (3,42%)
209 (248)	60 (24,19%)	34 (13,70%)	25 (10,08%)	26 (10,48%)	16 (6,45%)
252 (219)	50 (22,83%)	28 (12,78%)	24 (10,95%)	22 (10,04%)	18 (8,21%)
423 (259)	66 (25,48%)	39 (15,05%)	24 (9,26%)	18 (6,94%)	17 (6,56%)
503 (258)	54 (20,93%)	40 (15,50%)	27 (10,46%)	20 (7,75%)	15 (5,81%)
543 (278)	64 (23,02%)	43 (15,46%)	26 (9,35%)	23 (8,27%)	19 (6,83%)

---

68. La fórmula de tratamiento *micer* indicaría además que el individuo era extranjero (Álvarez, Ariza y Mendoza 2001: 43).

69. Nombres que, desde un punto de vista etimológico, son hebreo o bíblico (JUAN), latino-romances (ANTÓN y PERO), germánico (AL[F]ONSO) y de origen no establecido (DIEGO) (cf. Kremer 1990: 14-17, Viejo 1998: 255-257 y Ramos 1998: 122-126).

Llama nuestra atención, de entrada, la uniformidad en las preferencias de los nombres de pila masculinos más impuestos a lo largo de todo el período analizado: coinciden los mismos cinco tanto en la primera mitad del siglo como en la década de 1480 sin que se evidencie ningún cambio relevante[70]. Con porcentajes que superan el 20 % en todos los censos, predomina siempre JUAN, lo que significa que uno de cada cinco sevillanos de la colación se llamaba así[71].

Tal vez el fenómeno de mayor interés en la onomástica de la colación afecta a FERRAND[O], FRANCISCO y CRISTÓUAL. Mientras que en la primera mitad del siglo XV FERRAND[O] ocupa la sexta posición inmediatamente detrás de los cinco nombres más frecuentes[72], aun manteniendo en los tres últimos censos una cantidad superior a los diez casos, ha sido desplazado de aquella posición por FRANCISCO y CRISTÓUAL, nombres que en el primer grupo de documentos apenas contaban ejemplos[73].

Tabla nº 2

Documento	FERRANDO	FRANCISCO	CRISTÓUAL
423	12 (4,63 %)	15 (5,79 %)	14 (5,40 %)
503	18 (6,97 %)	18 (6,97 %)	13 (5,03 %)
543	12 (4,31 %)	15 (5,39 %)	15 (5,39 %)

Sin llegar a estos índices de frecuencia por documento, hay nombres cuya aparición se documenta de manera constante durante todo el siglo: ÁLUAR[O],

---

70. No hay, por lo tanto, transformaciones de la trascendencia de la ocurrida en el siglo XI, cuando se introdujeron en la Península Ibérica los nombres de santos o cristianos en perjuicio de los preferidos durante la Alta Edad Media: prerromanos, latino-románicos y, a raíz de las invasiones de los pueblos germánicos, hispanogóticos (Kremer 1988: 1587-1588, 1590).

71. Con apenas variaciones, los nombres masculinos más frecuentes coinciden con los preferidos en Andalucía en la segunda mitad del siglo XIV (cf. Álvarez, Ariza, Mendoza y Ramos 1992: 92; Álvarez, Ariza y Mendoza 2001: 21-22), en el siglo XV (cf. Álvarez, Ariza, Mendoza y Ramos, 1992: 93; Ramos 1998: 84-85; Álvarez, Ariza y Mendoza, 2000b: 55; Rodríguez Toro 2002: 76-80) y a principios del siglo XVI (cf. Álvarez, Ariza y Mendoza, 2000a: 156). También vienen a coincidir los nombres más repetidos por entonces en Asturias (cf. Viejo 1997: 103-105), Galicia (cf. Tato 2000: 140-141) e incluso en el archipiélago de Madeira (Portugal) (cf. Nunes y Kremer 1999: 57, 75 y, en especial, el *inventário estatístico*, págs. 125, 155-156 y 176-177).

72. Documentos nº 42-48: 24 casos (8,33 %); nº 76: 14 casos (5,95 %); nº 142: 6 casos (4,10 %); nº 209: 10 casos (4,03 %); y nº 252: 12 casos (5,47 %).

73. De FRANCISCO contamos en la primera mitad del XV 5 casos en los documentos nº 42 y 48, 2 en el nº 76, 1 en el nº 142, 3 en el nº 209 y 2 en el nº 252. En cuanto a CRISTÓUAL, solo encuentro cuatro ejemplos antes de 1450: *cristóual martínez azemilero* (142-5), *cristóual ginoués* (209-8), *cristóual ferrández pescador* (252-5v) y *cristóual martínez albani* (252-6v).

BARTOLOMÉ, GARCÍ[A], GONÇALO, LUYS, MARTÍN, MIGUEL, RODRIGO-RUY y SANCHO. A ellos cabe añadir ANDRÉS, que solo falta en el censo nº 503 (cf. Tabla nº 3). Cinco de estos antropónimos, de frecuencia media o baja, se cuentan sin embargo entre los patronímicos más repetidos (GARCÍA, GONÇÁLEZ, MARTÍN[EZ], RODRÍGUEZ y SÁNCHEZ) (cf. *2. El patronímico*).

Ciertos nombres, en cambio, solo se registran en algunos de los documentos analizados: LOPE (10), NICULÁS y BERNAL[DO] (9 casos cada uno), GIL (8), BENITO, DOMINGO, MANUEL y PASQUAL (7 casos cada uno), MARCOS (6), ESTEUAN y MAT[H]EOS (5 casos cada uno), VELASCO (4) y GÓMEZ (3); casi todos estos pueden ser, además, patronímicos (cf. *2. El patronímico*). Constato, como dato que creo de interés, que los ejemplos de DOMINGO[74], MANUEL, MAT[H]EOS, PASQUAL y V[EL]ASCO solo proceden de los censos de la primera mitad del siglo[75]: no parece descabellado pensar que el declive de MANUEL y MAT[H]EOS, de origen hebreo, se deba al antisemitismo creciente de la época.

La documentación de otros nombres de pila masculinos en los censos de San Lorenzo es meramente testimonial, los poseen como mucho una o dos personas de 1408 a 1488. Dos ejemplos tienen A[L]BERTO, GIRÓNIMO, GRAVIEL, JULLIÁN, LÁZARO, LLOREYNTE, LORENÇO, MARÍN, NUÑO, REMÓN, SAUASTIÁN, TOMÁS y TORIBIO. Casos únicos son los de ALEXOS, ANBROSIO, APARICIO, ARABEL, ASENSIO, BALTRASAR, BERNABÉ, ENRIQUE, GRACIANO, GRIGORIO, GUILLÉN, GUTIERRE, JORGE, LIANDRE, PABLOS, PELAYO, RAMIR, ROMÁN, SANTOS, SUER, XIMENO e YNIGO. Algunos de estos nombres de escasa frecuencia, como veremos más adelante, pueden ser ocasionales patronímicos (ANBROSIO, GUILLÉN, GUTIÉRREZ, LLOREYNTE, LORENÇO, SUÁREZ, XIMÉNEZ e YNIGUEZ).

En cuanto a la frecuencia de aparición en nuestros padrones de nombres de pila femeninos, se constata una notable irregularidad que complica su sistematización, motivo por el que se ha realizado un recuento general[76]. Según los datos obtenidos, una vez cotejados todos los censos y eliminadas las posibles repeticiones, aparecen trescientas veintiocho (328) mujeres con nombre de pila durante el período estudiado. Los nombres más repetidos son CATALINA (46), LEONOR (33), JUANA (31), BEATRIZ, MARÍ[A] e YSABEL (29 casos cada nombre), YNÉS (19), ANA, ELUIRA y MARINA (18 casos cada nombre), T[H]ERESA (12) y ANTONA (10) (para los porcentajes de

---

74. Nombre este que «gozaba de absoluta preferencia en la España» del siglo XIII (Kremer 1988: 1591) pero que escasea en Andalucía durante el siglo XV (Álvarez, Ariza, Mendoza y Ramos 1992: 93).

75. LOPE también es preferido en la primera mitad del XV.

76. Y es que, como dice Mendoza (1996: 189), «el papel secundario que desde siempre ha jugado la mujer (excepto en culturas matriarcales) se refleja evidentemente también en el campo de la onomástica, como un hecho social más». Según la autora citada, «contamos con muy pocos nombres femeninos, pues la mujer ni ocupa cargos públicos, ni suele intervenir con asiduidad en contratos de compras, ventas, arrendamientos, etc., por lo que no es frecuente su presencia en documentos» (*loc. cit.*). Véanse, además, Boullón (1999: 8, 84); Bastardas y Piquer (2000).

Tabla nº 3

Documento	ÁLUAR[O]	ANDRÉS	BARTOLOMÉ	GARC[ÍA]	GONÇALO	LUYS	MARTÍN	MIGUEL	RODRIGO [RUY]	SANCHO
42-48	1	7	8	4	7	2	5	3	5	2
76	1	3	8	4	10	2	8	2	3	2
142	1	3	6	4	8	4	1	1	4	2
209	3	4	5	4	12	4	4	3	5	2
252	1	3	3	6	7	2	4	4	3	1
423	5	2	8	3	6	2	2	2	5	1
503	4	–	10	2	5	3	2	1	7	2
543	7	1	9	1	4	3	1	2	7	1

frecuencia de estos nombres, cf. Tabla nº 4[77]). Menor abundancia presentan MENCÍA (6), FRANCISCA y MAYOR (4 casos cada uno[78]), BÁRUOLA, COSTANÇA, ESTEUANÍA, LOZÍA y VIO-LANTE (2 casos cada uno). Con un único testimonio están ADEUA, BERENGELA, BERNALDA, BLANCA, CLARA, ELENA, GILLEMONA, GINESA, GUIOMAR, MADALENA, OLALLA y ORO[79].

Tabla nº 4

Nombre	Porcentaje
CATALINA	14%
LEONOR	10%
JUANA	9,4%
BEATRIZ	8,8%
MARÍ[A]	8,8%
YSABEL	8,8,%
YNÉS	5,7%
ANA	5,4%
ELUIRA	5,4%
MARINA	5,4%
THERESA	3,6%
ANTONA	3%

4.2. El patronímico

Si atendemos a la posición que ocupa en la secuencia onomástica, el *patronímico* es el nombre segundo por excelencia del corpus sometido a examen. Este elemento

77. Como puede suponerse, son notables las discordancias entre este listado de frecuencia y los obtenidos de censos andaluces contemporáneos (cf. Álvarez, Ariza, Mendoza y Ramos 1992: 105; Ramos 1998: 110-111; Álvarez, Ariza y Mendoza 2000a: 157; Álvarez, Ariza y Mendoza 2000b: 63; Álvarez, Ariza y Mendoza 2001: 38; Rodríguez Toro 2002: 85-89), mucho mayores si comparamos nuestros datos con los de otras regiones (cf. Viejo 1997: 133-135; Nunes y Kremer 1999: 38, 57 y 76; Boullón 2000: 126; Tato 2000: 140...). Los más repetidos, aunque con alternancias, suelen ser MARÍA, JUANA (tal vez como trasunto del predominio de JUAN entre los hombres), CATALINA e ISABEL.

78. Los de FRANCISCA, tal como era de esperar, proceden de los documentos de la década de 1480.

79. Para una clasificación según el origen lingüístico de estos nombres, véanse Viejo (1998: 257-258) y Ramos (1998: 126-128). Cabe considerar muchas de las aclaraciones que hacen Nunes y Kremer (1999: 27) y Boullón (2000: 124, 131-132).

se yuxtapone directamente al nombre de pila con la clara finalidad de su especificación, lo que abunda en la estrecha «relación combinatoria» que parecían mantener estos dos nombres en la onomástica personal de la época: ya ha quedado comprobado cómo algunos nombres de pila conocen una variación formal que depende del patronímico (o de otro tipo de nombre segundo) (cf. *4.1. El nombre de pila*); no es casual, en este mismo sentido, la falta de combinaciones «redundantes» del tipo de *ALUAR[O] ÁLUAREZ o de *FERRAND[O] FERRÁNDEZ, cuyos dos componentes comparten la misma «raíz». Casi todos los nombres de pila masculinos, incluso los de menor índice de frecuencia, son al mismo tiempo patronímicos, no en vano, el origen de estos se encuentra en aquellos, bien sea añadiendo una terminación específica –el sufijo -[E]Z–, bien sea sin modificación formal alguna. Entre los primeros se cuentan, por orden alfabético[80]:

ÁLUAREZ (mayor áluarez muger del alcalde: 42-4), BENÍTEZ (juan benítez el coxo: 42-12, 48-5), ÇUÁREZ (mari çuárez muger que fue de ferrant gonçález: 76-5v), DÍAZ (al[f]onso díaz tauernero: 42-7, 48-6v), DOMÍNGUEZ (pero domínguez de mures: 42-7, 48-3), FE-RRÁNDEZ (al[f]onso ferrández de caçalla: 42-8), GÓMEZ (domingo gómez: 48-6), GONÇÁLEZ (al[f]onso gonçález conuerso: 42-6v, 48-3), GUTIÉRREZ (juan gutiérrez de león: 76-8), LÓ-PEZ (al[f]onso lópez armero: 42-12, 48-5), MÁRQUEZ (juan márquez calderero: 42-14v, 48-4v), MARTÍN[EZ] (alexos martínez cauador: 42-9v), MÉNDEZ (ferrán méndez perayle: 543-4v), MUÑIZ (juan muñiz carbonero: 252-6v[81]), MUÑOZ (bernal muñoz baçinador: 543-17), NÚÑEZ (aluar núñez labrador: 423-5, 543-5), PÁEZ (al[f]onso páez de salteras: 42-5, 48-3v), PELÁEZ (juan peláez ferrador: 423-5v), PÉREZ (al[f]onso pérez vaquerizo: 42-10), RAMÍREZ (juan ramírez: 42-12, 48-5), RODRÍGUEZ (al[f]onso rodríguez: 42-5, 48-3), RUYZ (diego ruyz criado del alcalde diego ferrández: 42-10), SÁNCHEZ (al[f]onso sánchez de montoya: 42-3v), VÁZQUEZ (juan vázquez de santolalla: 76-5), VÉLEZ (pero vélez: 423-3v, 503-10v, 543-10), XIMÉNEZ (françisco ximénez: 42-3v), YÁÑEZ (al[f]onso yáñez çapatero: 42-10), YÑIGUEZ (lope yñiguez criado del capitán: 42-8v)[82].

A la serie de los patronímicos por simple yuxtaposición, sin sufijo específico, pertenecen:

AL[F]ONSO (adeua alfonso: 42-7), ANBROCIO (al[f]onso anbrocio trabajador: 543-13), ARIAS (rodrigo arias portero: 142-4v, 209-9v, 252-7v), BERNAL (bartolomé bernal: 42-11), BERNALDO (al[f]onso bernaldo carbonero: 252-7v), ESTEUAN (al[f]onso esteuan de alanís: 42-8v), GARCÍA (al[f]onso garcía fidalgo: 42-11), GIL (antón gil de mançanilla: 42-3, 48-2),

---

80. Para los criterios seguidos en la presentación de las dos listas de patronímicos, véase nota n° 62.

81. Repetido en 10v.

82. Cabría añadir a la lista ORTIZ (*diego ortiz*: 423-7); también precedido de *de*: *al[f]onso de ortiz*: 503-9v; alterna sin *de*: 543-17.

G[U]ILLÉN (eluira gillén de salteras: 42-6, 76-7), LORENÇO (leonor lorenço de benacaçón: 42-7), MAT[H]EOS (ferrant mateos de mures: 42-7v, 48-3), MIGUEL (juan miguel: 42-13v), NI-CULÁS (pero niculás: 42-12v, 48-5v), PONCE (cristóual ponce: 503-10, 543-15v).

Como es bien sabido, la función originaria de este nombre consistía en con-notar la filiación (*Rodríguez* era el hijo de *Rodrigo*, *Sánchez* era el hijo de *Sancho*…), pero en los censos estudiados el patronímico se transmite «cristalizado» entre ge-neraciones sucesivas:

> al[f]onso *díaz* fijo de al[f]onso *díaz* (42-12); al[f]onso *ferrández* fijo de al[f]onso *ferrández* de caçalla (76v-7v); bartolomé *garcía* fijo de al[f]onso *garcía* de carmona (76-7v); al[f]onso *lópez* fijo de diego *lópez* de castilleja (76-8)…

Y es que a lo largo de los ochenta años analizados solo hay dos casos en San Lo-renzo en que se puede vislumbrar la característica variación medieval: si bien no consta de manera explícita, *ferrant áluarez de osorio* (76-6v, 142-4v) debió de ser hijo de *aluar rodríguez de osorio* (42-3v) y *al[f]onso ferrández de medina* (142-6), de *ferrant martínez de medina* (42-3)[83]. Esta escasez de ejemplos se corresponde con la de la mayoría de las colaciones de la ciudad de Sevilla en las tres primeras déca-das del siglo. En efecto, no hay caso alguno ni en Omnium Sanctorum (documento nº 19), ni en San Esteban (documento nº 24), ni en San Andrés (documentos nº 61 y nº 74) ni en Santiago (documentos nº 72 y nº 80); apenas contamos con uno se-guro de la colación de San Vicente (*bartolomé alonso fijo de alonso gómez tinajero*: 49-2) y dos de La Magdalena (*ruy gonçález fijo de gonçalo ferrández*: 57-4; *alfonso ro-dríguez escriuano fijo de ruy martínez*: 71-7). Caben serias dudas sobre el caso, tam-bién procedente de San Vicente, de *teresa alonso* (43-3) hija de *alonso gómez* y de *mayor alonso*: aquélla puede haber heredado tanto el nombre de pila del padre como el nombre segundo de la madre. De cualquier modo, la función originaria del patronímico ya acusaba el retroceso a finales del siglo XIV entre los vecinos de Sevi-lla: en el padrón del año 1384 solo se recogen once casos frente a los sesenta y siete en que el patronímico se transmite inmovilizado, como nombre segundo, de padre a hijo (Álvarez, Ariza y Mendoza 2001: 47).

Aun siendo asimismo casos aislados si se compara con la transmisión inmovi-lizada de este tipo de nombres, parece que el procedimiento se conservó por más tiempo en los alrededores de Sevilla, según se desprende de la documentación de la función patronímica todavía hasta bien entrado el siglo XV: en Alcalá de Guadaíra se registran ejemplos hasta el año 1456 (Rodríguez Toro 2002: 97). Se antoja nece-saria una comprobación al respecto.

---

83. Cuya mujer se llamaba, es cierto, *juana ferrández* (76-4v).

En lo que se refiere a la cantidad por censo de los patronímicos, su número oscila entre veinticinco (documentos nº 76 y nº 142) y treinta y uno (documento nº 543). Se trata, pues, de una cantidad bastante regular si la comparamos con la combinación formada por *de* –preposición a veces omitida– y topónimo, en progresión constante a lo largo del período analizado (cf. *4.3. El nombre toponímico*). Ahora bien, mientras que los nombres toponímicos suelen contarse como casos únicos, raramente los comparten más de dos personas, los patronímicos son siempre los nombres segundos más repetidos entre los vecinos de la colación (en ello estribaría precisamente la causa de su eliminación), en especial, FERRÁNDEZ, GONÇÁLEZ, MARTÍN[EZ], RODRÍGUEZ O SÁNCHEZ, a los que se añaden AL[F]ONSO[84] y, sobre todo, GARCÍA, sin sufijo (cf. Tabla nº 5 con la cantidad de casos por documento de estos nombres). MARTÍN[EZ] destaca sobre todos los patronímicos: es el más frecuente en la totalidad de los censos salvo en los dos últimos de la serie (nº 503 y nº 543), en los que se le adelantan RODRÍGUEZ y SÁNCHEZ. La evolución de este último patronímico merece un comentario particular, pues si en las tres primeras décadas del siglo XV su frecuencia es inferior a la de MARTÍN[EZ], FERRÁNDEZ O GONÇÁLEZ, incluso a la de GARCÍA, a partir de 1438 (nº 209) solo es superado por MARTÍN[EZ], con el que comparte *ex aequo* la primera posición del censo nº 423 y al que supera por muy poco en los dos censos restantes.

Tabla nº 5

Documento	FERRÁNDEZ	GARCÍA	GONÇÁLEZ	MARTÍN[EZ]	RODRÍGUEZ	SÁNCHEZ
42-48	37	26	34	58	19	27
76	43	26	28	47	21	23
142	23	15	17	35	10	14
209	27	24	31	41	12	38
252	22	19	30	38	24	37
423	11	21	16	28	19	28
503	14	13	6	22	25	25
543	22	29	23	31	37	32

---

84. Con 29 ejemplos ocupa la tercera posición de los patronímicos en el documento nº 76.

4.3. El nombre toponímico[85]

Según queda reflejado en nuestro corpus, en un principio los topónimos precedidos por la preposición *de* aparecían en la tercera posición de la secuencia onomástica, indefectiblemente a continuación de un patronímico, pero conforme
avanza el siglo xv esta posibilidad combinatoria se vio sustituida por la cada vez
más frecuente adjunción inmediata del nombre toponímico al nombre de pila[86].
Esta transformación no se reduce, sin embargo, a la mera anteposición del topónimo, sino que conlleva la pérdida del valor que a la combinación de *de* más nombre de lugar correspondía originariamente, cual era el de indicar la procedencia
geográfica del individuo que lo portaba[87]. En los censos de principios del xv son,
por ejemplo, muy frecuentes las denominaciones de localidades del Reino de Sevilla, en especial del Aljarafe, como prueba de la emigración a la capital de aquellos
años (Collantes de Terán 1984: 143-146)[88]:

> ALCALÁ DEL RÍO (sancho ximénez de alcalá del río: 42-6), ALGAUA, EL (juan al[f]onso
> del algaua: 48-5), ALJUBÉN (antón garcía de aljubén: 76-3, 142-2, 209-2v), ANDÚJAR (diego
> al[f]onso de andújar: 76-4v), ARNEDO (diego royz de arnedo: 209-12), BÉJAR (juan sán-
> chez de béjar: 42-6v, 48-2v), BENACAÇÓN (ferrant al[f]onso de benacaçón: 76-8), BENAFI-
> QUE (antón martín[ez] de benafique: 42-7v, 48-3), BOLLULLOS (gil gonçález de bollullos:
> 48-3), BREUIESCA [BRIUIESCA] (juan ferrández de breuiesca: 42-5v, 48-3), CABEÇAS, LAS (juº
> ferrández de las cabeças: 543-10v), CABREJAS (juº gonçález de cabrejas: 252-3), CAÇA-
> LLA (alfonso ferrández de caçalla: 42-8), CALDELISOS (bartolomé martín[ez] de caldelisos:
> 48-4), CANTILLANA (diego ferrández de cantillana: 48-6v), CANTO, EL (juan martín[ez] del

---

85. Han quedado excluidos de consideración los giros con la preposición *de* que no parecen
ser expresiones toponímicas –BALLESTEROS (francisco de ballesteros: 423-7v, 503-8, 543-8), LA BARBUDA
(diego de la barbuda: 423-8, 503-5, 543-14v), LINPIAS (juan de linpias carpintero: 423-6, 503-10), MALCAYDA
(juº de malcayda pobre: 423-4v), LA MERCED (juº de la merced: 423-10, 503-5v, 543-4), LA PAJA (juº de la
paja atahonero: 423-2v), PAZ (xristóual de paz albani: 543-13v), LA PLATA (fernando de la plata: 423-11,
503-6)…–, en los que quieren ver algunos denominaciones profesionales «indirectas» o de otra índole
no fácil siempre de precisar (cf. Viejo 1998: 185; Álvarez, Ariza y Mendoza 2001: 29-30; Rodríguez Toro
2002: 113-114…).

86. Proceso análogo describe Boullón (1999: 57) para Galicia.

87. Cf. González Jiménez (1988: 62-63): «[…] tal vez la única forma de determinar la procedencia de los pobladores esté en el análisis de los apellidos de lugar, sobre cuyo valor informativo llamó la
atención el profesor Julio González con ocasión de su estudio sobre el repartimiento de Sevilla. Efectivamente, los apellidos toponímicos, tan abundantes por cierto en la documentación andaluza del
siglo xiii, parecen –y sobre esta hipótesis trabajamos– indicar en la mayoría de los casos el lugar inme-
diato de procedencia de los repobladores de Andalucía. Y parece natural que así fuese, ya que los in-
migrantes, venidos de puntos muy diversos, necesitaron recurrir al uso normal del "toponímico" como
elemento de identificación personal, más individualizado que el "patronímico", en un mundo de "recién
llegados" que acababan de conocerse y de establecer relaciones de vecindad».

88. Mantengo los criterios expuestos para la presentación de esta lista.

canto: 48-5), CARDEÑOSA (juan garcía de cardeñosa: 42-5, 48-3v), CARRENO (bernal martín[ez] de carreno: 42-9v), CASA DEL LIMÓN, LA (al[f]onso ferrández de la casa del limón: 76-4[89]), CASTILLEJA (gil gonçález de castilleja: 42-8v, 48-4), CASTILLEJA DE ALCÁNTARA (juᵒ al[f]onso de castilleja de alcántara: 76-6), CASTILLEJA DEL CANPO (leonor martínez de castilleja del canpo: 252-6v), CHUÇENA (miguel pérez de chuçena: 42-5v), CASTILLO, EL (al[f]onso garcía del castillo: 252-2v), CORREDERA, LA (pascual garcía de la corredera: 42-5, 48-2v), COSTANTINA (benito martín[ez] de costantina: 42-8), CUENCA (juan sánchez de cuenca: 209-5v), CUNBRES, LAS (asensio gil de las cunbres: 42-7v), ERENA, EL (juᵒ ferrández del erena: 252-10), ESCAÇENA (diego ferrández de escaçena: 76-7), ESTERCOLINAS (gonçalo pérez de estercolinas: 42-6), FER[R]IA, LA (juᵒ al[f]onso de la ferria: 252-2v), FUMILLOS (diego fernández de fumillos: 503-3v), GATOS (antón martín[ez] de gatos: 42-3v, 48-2), GELO (al[f]onso gonçález de gelo: 42-8v, 48-3), GERENA (al[f]onso martín[ez] de gerena: 76-5v), GILLENA (al[f]onso pérez de gillena: 142-2v), GINES (ferrant rodríguez de gines: 76-5), HAZNALCÁCAR (marina sánchez de haznalcáçar: 42-5), HUÉUAR (juan gil de huéuar: 42-8v), LEBRIXA (al[f]onso rodríguez de lebrixa: 76-5v), LEPE (pero esteuan de lepe: 42-7v, 48-3), LOGROÑO (ferrant garcía de logroño: 42-11), LORA (catalina ferrández de lora: 76-3), MANÇANILLA (juan al[f]onso de mançanilla: 42-8v, 48-4), MARTOS (ferrant gonçález de martos: 42-13v), MAYA (al[f]onso mateos de maya: 142-5), MAYRENA (juan gonçález de mayrena: 42-7), MOGER (juᵒ rodríguez de moger: 76-6v, 209-2v), MORÓN (ferrand sánchez de morón: 209-16v), MURES (pero domínguez de mures: 42-7, 48-3), NIEBLA (diego martín[ez] de niebla: 42-3v, 48-2v), OCAÑA (garcía gonçález de ocaña: 252-2), OLMILLOS, LOS (pero gonçález de los olmillos: 142-2v), OLUERA (niculás martín de oluera: 42-9v), PALMA, LA (pasqual martín[ez] de la palma: 76-6), PÁRRAGA (al[f]onso rodríguez de párraga: 252-6), PASTRANA (juᵒ rodríguez de pastrana: 543-9v), PATERNA (pascual garcía de paterna: 42-5), PEDROSO, EL (gómez de sarria del pedroso: 76-5v)[90], PENALANDA (juᵒ díaz de penalanda: 76-4v), PILARES, LOS (matehos gonçález de los pilares: 142-6, 209-16v, 252-9v y 10v), PILAS (al[f]onso garcía de pilas: 42-5, 48-3v), PLAÇA, LA (al[f]onso martín[ez] de la plaça: 42-6v, 48-3), PONFERRADA (andrés lópez de ponferrada: 142-5, 252-2), PUENTE, LA (bartolomé sánchez de la puente: 76-6v), PUÑANA (gonçalo ferrández de puñana: 42-6v, 48-2v), RENCONADA, LA (juᵒ al[f]onso de la renconada: 142-3), REYNOSO (pero ruyz de reynoso: 252-2v), RIANÇUELA (al[f]onso martín[ez] de riançuela: 42-9, 48-4), RIUAS (pero lópez de riuas: 209-8), ROTA (anton martín[ez] de rota: 76-3v, 142-6, 209-16v, 252-10v), SALDOUAL [SANDOUAL] (pero díaz de saldoual: 423-1v, 503-11, 543-17), SALTERAS (elvira guillén de salteras: 42-6), SANLÚCAR [SOLÚCAR] (domingo al[f]onso de sanlúcar: 42-6, 48-3v), SANT GIL (domingo martín[ez] de sant gil: 209-3v), SANTIPONCE (al[f]onso gonçález de santiponce: 76-4), SANT JUAN (garcía gonçález de sant juan: 42-12v), SANTOLALLA (juᵒ garcía de santolalla: 76-5v), TOMARES (garcía sánchez de tomares: 252-3), TORO (ferrand gonçález de toro: 209-4), TORREBLANCA (juan ferrández de torreblanca: 42-5, 48-4), TRAS SIERRA (al[f]onso pérez de tras sierra: 503-2), UNBRETE (ferrando díaz de unbrete: 42-5, 48-3v), URREA (diego gonçález de urrea: 76-11), VALER (antón rodríguez

---

89. También documentado como *al[f]onso ferrandez del limon* (142-2v).

90. Único caso de esta lista que tiene un nombre segundo que no es un patronímico.

de valer: 423-5, 503-9v, 543-1v), VALLADOLID (ju° rodríguez de valladolid: 543-8v), VALLE-JUELA (pero ferrández de vallejuela: 543-3v), VILLADA (ysabel martín[ez] de villada: 42-7), VILLALÓN (pero ferrández de villalón: 76-4), VILLANUEUA (lázaro garcía de villanueva: 42-5v), VILLANUEUA DE ALISCAR (ynés martín[ez] de villanueua de aliscar: 42-6v), VILLARREAL (gonçalo díaz de villarreal: 76-9v, 142-6v), YEDRA, LA (gonçalo garcía de la yedra: 76-5), YEPES (diego al[f]onso de yepes: 543-16), YNOJOS (lope yniguez de ynojos: 76-8v).

Algunos de estos nombres (CALDELISOS, CASA DEL LIMÓN, LA FERIA, LA PLAÇA…) aluden a lugares de la misma ciudad de Sevilla. Se trataría entonces de microtopónimos, esto es, de denominaciones de colaciones o parroquias, de conventos, de calles… En estos casos podríamos estar, por lo tanto, más que ante expresiones de procedencia geográfica, ante expresiones de residencia o de otro tipo distinto (posesiones, bienes)[91].

Pero, como ya se ha dicho, la combinación *de* y nombre de lugar va ganando en frecuencia a lo largo del siglo XV en la segunda posición de la secuencia onomástica, yuxtapuesta directamente al nombre de pila. Así, en algunos casos alternan las dos posiciones (generalmente aparecen en la tercera posición en los censos más antiguos para pasar a la segunda con posterioridad). Aunque intuyamos la existencia de algún tipo de relación de parentesco entre estos individuos, no nos es posible demostrarlo habida cuenta el carácter escueto de los censos que estudiamos[92]:

> ALANÍS (al[f]onso esteuan de alanís: 42-8v // al[f]onso de alanís fijo de ju° ferrández: 252-7v)
>
> ALCALÁ (diego ferrández de alcalá: 42-6v, 48-3v // al[f]onso de alcalá: 76-10, diego de alcalá especiero: 423-8v)
>
> ALMENARA (juan ferrández de almenara: 42-3v) // francisco de almenara pobre escudero: 423-5v)
>
> ÇAMORA (al[f]onso garcía de çamora: 76-6v // al[f]onso de çamora perayle: 423-8)
>
> CARMONA (al[f]onso garcía de carmona: 76-8v // al[f]onso de carmona: 423-2v, 503-6v)
>
> ÇARÇA, LA (diego martín[ez] de la çarça: 252-5v // diego de la çarça cardador: 543-12v)
>
> CASTRO (ju° martín[ez] de castro: 76-7 // gonçalo de castro escudero de luys de monsalue: 252-3v, juan de castro escudero del coronista: 423-7v, 503-2v)
>
> CELADA (diego lópez de celada: 423-6 // al[f]onso de celada: 423-6v, 503-2v)

---

91. Viejo (1998: 128-129 y 133) ha sugerido que la «desemantización» de los microtopónimos –índices de residencia– es menos probable que la de los demás topónimos. Véase, asimismo, Boullón (1999: 55).

92. En esta relación adjunto dos ejemplos de nombre toponímico en la segunda posición de la secuencia si se ha documentado ya en la primera mitad del XV.

CONTRERAS (olalla sánchez de contreras: 209-2v, 252-9v // rodrigo de contreras: 209-14, ju° de contreras astillero: 423-13, 503-8)

CÓRDOUA (pero ferrández de córdoua: 423-1v, 503-11, 543-17 // ju° de córdoua el viejo: 423-12v, 503-7v, 543-13v)

ESCOBAR (pero sánchez de escobar: 42-3v, 48-2 // al[f]onso descobar escudero criado del conde de niebla: 209-14, catalina descobar beata: 543-12v)

FERRERA (rodrigo áluarez de ferrera: 76-4v // pelayo de ferrera: 252-2v, diego de ferrera: 423-8v, 543-12)

JA[H]ÉN (pero sánchez de jahén: 42-5 // al[f]onso de jaén: 503-11)

LEÓN (ju° gutiérrez de león: 76-8 // antón de león: 503-7, 543-15v)

MEDINA (ferrand martín[ez] de medina: 42-3 // ferrando de medina: 142-3, ana de medina perayla: 423-7)

MONTOYA (alfonso sánchez de montoya: 42-3v // violante de montoya: 209-6, 252-4v (rep. 9v), leonor de montoya: 423-7)

MORALES (diego garcía de morales: 42-12v // al[f]onso de morales: 423-4v, 543-12v)

MORILLO (ju° rodríguez de morillo: 142-2 // ju° de morillo: 252-6v, áluaro de morillo: 423-6, 543-13v)

OSORIO (aluar rodríguez de osorio: 42-3v // fernando de osorio: 423-1v, 503-11, 543-17)

PALMA (antón garcía de palma: 423-11v // al[f]onso de palma: 503-10v)

PLADO, EL (bartolomé lópez del plado: 76-5v // bartolomé del plado abad: 423-10)

PORRAS (juana ferrández de porras: 42-4 // garcía de porras: 76-4v, 142-4, rodrigo de porras escudero: 423-4v)

QUIRÓS (antón bernal de quirós: 142-2, 209-3, 252-7v // antón de quirós escudero: 423-7)

RIUERA [RIBERA] (ju° vásquez de riuera: 142-3v, 209-6v // andrés de ribera: 543-11)

ROELAS, LAS (pero ximénez de las roelas: 142-5, 209-10v, 252-8 // pedro de las roelas: 423-1v, 503-11)

SALTO, EL (ju° sánchez del salto: 142-3v, 209-7, 252-5v // diego del salto: 423-9v, 503-6, 543-9)

SANTA CLARA (juan garcía de santa clara: 42-13v, 48-4v // juan de santa clara: 48-6v)

SEUILLA (diego ferrández de seuilla: 76-9v // diego de seuilla guarda: 423-7)

TOLEDO (garcía gonçález de toledo: 42-9 // al[f]onso de toledo portero: 503-9, 543-12v)

TORRES (antón martínez de torres: 142-6v // juan de torres: 503-7v)

TRIANA (pero martínez de triana: 423-2 // ju° de triana marinero: 423-11v)

VAENA (ferrand pérez de vaena: 142-2 // pedro de vaena: 252-6, al[f]onso de vaena: 423-4v, 503-9)

VALDÉS (pero gonçález de valdés: 42-10 // beatriz de valdés: 423-12v)

VILLAFRANCA (juan ferrández de villafranca: 42-3 // diego de villafranca: 209-3v, 252-3, villafranca abad: 503-4)

VILLALOBOS (juan ruyz de villalobos: 42-3v // diego de villalobos: 252-6)

XEREZ (juan martín[ez] de xerez: 209-4 // juan de xerez: 209-11, juan de xerez: 423-3, 503-8)

Resulta bastante significativa de esta tendencia la alternancia (con y sin patronímico) en unas mismas identidades documentadas en padrones consecutivos:

ynigo lópez de AGREDA (142-4v, 252-6v) // ynigo de AGREDA (209-9)
juº sánchez de AREUALO (543-5) // juº de AREUALO pescador (423-3)
al[f]onso martín[ez] de RIOJA (423-9v, 543-11v) // al[f]onso de RIOJA (503-5)
juº ferrández de SANT CLEMEYNTE (76-10v) // juan de SANT CLEMEYNTE (42-13)

Únicamente testimoniados como nombres segundos, se adjuntan al nombre de pila los siguientes topónimos:

AÇUAGA (pº de açuaga: 503-9v), ALCÁÇAR, EL (francisco del alcáçar: 543-14v), ALFARO (diego de alfaro: 423-12), ALMONTE (ysabel de almonte dueña: 423-4v), ANASCO (al[f]onso de anasco: 423-2), ARANDA (al[f]onso de aranda xastre pobre: 423-6), ARGÜELLO (arabel de argüello: 209-10v), ARMIJO (al[f]onso de armijo tendero: 423-8v[93]), ARROYO (sancho de arroyo: 503-8), ARTIAGA (artiaga: 503-8v), ÁUILA (marina de áuila corredera: 423-7v), AUILÉS (fernando de auilés trabajador: 503-8v), AYALA (diego de ayala: 423-12v, 503-7v, 543-11), AYUSO (gonçalo de ayuso corredor: 423-5), BAÑOS, LOS (juº de los vaños texedor: 423-5), BARCELONA (juan de barcelona: 503-2v), BERRIO (al[f]onso de berrio: 209-9v), BURGOS (pedro de burgos despensero del licenciado de flores: 543-15), CABRERA (francisco de cabrera: 423-9), CÁÇERES (al[f]onso de *cáçeres* trabajador: 503-2), CALAMANCA (al[f]onso de calamanca: 543-10), ÇAMUDIO (juº de *çamudio* escudero del coronista: 423-7v, 503-3), CANPO, EL (al[f]onso del canpo: 76-6v, 142-3), CARCAXONA (pº de carcaxona: 503-11[94]), CASAS, LAS (juan de las casas: 42-3, 48-2, 76-5), CASO (marina de caso: 543-12), CHAUES (áluaro de chaues trabajador: 543-13), CUEUA, LA (mencía de la cueua: 423-8v, ynés cueua biuda: 543-12v), CUÉLLAR (gyl de cuéllar beneficiado abad: 423-4v), EREDO, EL (niculás del eredo: 503-9), ESQUIUEL (juan desquiuel: 423-8), ESTRADA (leonor destrada: 543-14v), FLORES (diego de flores açacán: 76-7v, 252-6, catalina de flores: 423-12), FOGEDA (vernaldo de fogeda astillero: 423-3), FRÍAS (al[f]onso de frías: 423-4v, 503-9, 543-16v), GELUES (pedro de gelues azeytero: 423-13, 503-2v, 543-4v), GUADALUPE (juº de guadalupe cortidor: 543-7), GUZMÁN (fernando de guzmán: 423-1v, 503-11, 543-17), HENARES (áluaro de henares: 209-10v), LORIA (manuel de loria: 142-3v, 209-6, 252-4v), LUNA (juº de luna escudero: 423-3v, 503-10v, 543-2v), MARMOLEJO (francisco marmolejo: 209-10, andrés marmolejo: 423-11), MAYORGA (juan de mayorga trabajador: 503-2v[95]), MELGAREJO (juan melgarejo: 142-3, 209-6, 252-4v, fernando de melgarejo: 503-11[96]), MESA (juº de mesa: 76-8, 142-5, 252-2, fernando de mesa perayle: 423-12v), MONROE (monroe: 503-8v), MONSALUE (luys de monsalue: 142-2v, 209-4v, 252-3), MONTEMAYOR (fernando de montemayor: 543-15), OLÍAS (ferrando dolías: 42-6, 48-3v), OLMEDO (juº de olmedo: 503-2v, 543-11v),

---

93. Como *armijo tendero* en 503-4.
94. Como *carcaxona* en 543-17.
95. Repetido en el f. 7 como *mayorga*.
96. Solo *melgarejo* en 543-17.

ORANTES (diego de orantes: 503-4v, 543-15), ORTEGA (juan dortega: 42-14, 48-4v, antón de ortega trabajador: 503-10), PADYLLA (cristóual de padylla: 423-6v), PALENCIA (al[f]onso de palencia coronista: 423-7v), PANTOJA (pedro de pantoja familiar del obispo don fadrique: 543-17[97]), PEDRAZA (juº de pedraza partidor: 423-6), PINEDA (al[f]onso de pineda escudero: 209-5v, ynés de pineda: 423-7), PUERTO CARRERO (miguel puerto carrero: 423-1v), QUEXO (juº de quexo escudero: 209-14v, 252-8v, ynés de quexo: 423-8), RÍOS (diego de los ríos escudero: 423-5v), ROBLEDILLO (diego de robledillo: 423-8[98]), ROSA, LA (juº de la rosa: 423-12v), ROJAS (gonçalo de rojas: 209-14v, 252-9v), RUEDA (ferrando de rueda escudero de jorge de medina: 209-14v), SANTAGOSTÍN (juan de santagostín: 423-6v), SARRIA (gómez de sarria del pedroso: 76-5v), SEGURA (diego segura: 42-9v, fernando de segura: 503-9v), SEPÚLBEDA (antón de sepúlbeda: 503-9v, 543-6v), SORIA (pedro de soria trabajador: 503-9v), SOSA (catalina de sosa: 423-5v, 503-2), SOTO (francisco de soto: 423-9, 503-4v, 543-14), TORMES (pedro de tormes hermano del ama: 252-6v), TRUXILLO (juº de trogillo: 252-9v, marina de truxillo: 423-7, 503-2, 543-7), UZEDA (bartolomé de uzeda: 423-2v, 543-11v), VALBEREDA (pº de valbereda: 503-10v), VALDERRAMA (beatriz de valderrama: 543-14v), VALLE, EL (suer del valle: 42-11), VARGAS (juan de vargas barquero: 423-9v), VEGA (fernando de vega trabajador: 423-4v, 503-9), VELGARA (juº de velgara escudero: 423-13[99]), VILLAGÓMEZ (juan de villagómez çapatero: 209-9), ZURITA (diego de zurita guarda del rey: 252-8).

El hecho es que los topónimos en la segunda posición de la secuencia onomástica, a continuación del nombre de pila, son muy escasos hasta el documento 142 (año 1433), inclusive, en el que solo se registran diecisiete nombres de esta clase (ALCALÁ, EL CANPO, LAS CASAS, FLORES, LORIA, MEDINA, MELGAREJO, MESA, MONSALUE, OLÍAS, ORTEGA, PORRAS, SARRIA, SANT CLEMEYNTE, SANTA CLARA, SEGURA y EL VALLE), pero solo en los dos censos siguientes (nº 209 y nº 252) pasan a ser veinticuatro (ÁGREDA, ALANÍS, ARGÜELLO, BERRIO, CASTRO, CONTRERAS, ESCOBAR, FERRERA, HENARES, MARMOLEJO, MONTOYA, MORILLO, PINEDA, QUEXO, ROJAS, RUEDA, TORMES, TROGILLO, VAENA, VILLAFRANCA, VILLAGÓMEZ, VILLALOBOS, XEREZ y ZURITA). La cantidad se incrementa de modo considerable en la década de 1480 con ciento cuatro nombres distintos, de los que solo veintiuno (ÁGREDA, ALCALÁ, CASTRO, CONTRERAS, ESCOBAR, FERRERA, FLORES, MARMOLEJO, MEDINA, MELGAREJO, MESA, MONTOYA, MORILLO, ORTEGA, PORRAS, QUEXO, SEGURA, TRUXILLO, VAENA, VILLAFRANCA y XEREZ) ya se habían documentado con anterioridad.

La anteposición del topónimo en la secuencia onomástica (o, lo que es lo mismo, la elisión del patronímico) debe de estar relacionada de algún modo con que muchos de los apellidos de la oligarquía de la Sevilla de la época pertenecían a este tipo. En efecto, nombres como LAS CASAS, CASTRO, MARMOLEJO, MEDINA, MELGAREJO, MONSALVE, MORILLO, PINEDA o VILLAFRANCA correspondían a algunos de los linajes

---

97. Como *pantoja escudero del señor osuispo don fadrique* en 503-2.
98. Como *robledillo mayordomo del señor roelas* en 503-3.
99. Como *vergara escudero* en 503-3.

nobiliarios dominantes en la ciudad durante la Baja Edad Media (Sánchez Saus 1991). Lo que comenzó siendo un rasgo de identidad y, por qué no, de distinción para los miembros de estos clanes, acabó convertido con el avance del siglo XV en una moda que individuos no pertenecientes a estas familias imitarían por el prestigio que poseer en Sevilla un apellido no patronímico supondría.

Ahora bien, al tiempo que actuaría esa causa «externa», social, debe considerarse el alto grado de identificación que se conseguía mediante el cambio, como demuestra el hecho de que, frente a la abundancia de personas que compartían un patronímico (cf. *4.2. El patronímico*), raramente un topónimo se repita en alusión a más de un vecino en un mismo documento. Es cierto que en la década de 1480 ya hay algunos casos de repetición en un mismo censo (AYALA, CABRERA, ÇAMORA, ESCOBAR, FERRERA, LEÓN, MARMOLEJO, MELGAREJO / A[100], MESA, ORTEGA, OSORIO, PALMA, PORRAS, QUIRÓS, RIBERA, SEPÚLBEDA, VALDÉS), pero solo excepcionalmente superan la cantidad de dos (tres alcanzan ALFARO, ANASCO, CÓRDOUA, GUZMÁN y VARGAS; cuatro casos solo presentan MORALES y EL SALTO).

Tal vez el aspecto que más diferencia a esta clase de nombres respecto de los patronímicos sea su transmisión entre generaciones sucesivas y, una vez que se hubieran convertido en verdaderos «nombres de familia», su adopción por parte de esposas y de otros familiares políticos. Si, en un principio, el toponímico había de trasladarse de padres a hijos de manera conjunta con el patronímico –*antón lópez de aljubén* (209-9, 252-7) es el hijo de *diego lópez de aljubén* (142-4v)[101] y *catalina martínez de benafique* (76-3v, 142-2v, 209-4, 252-3) es hija de *antón martínez de benafique* (42-7v, 48-3) así como, muy probablemente, hermana de otro vecino llamado *antón martínez de benafique* (142-2v, 209-4, 252-3v), etc.–, hay casos que revelan la mayor capacidad al respecto de esta clase de nombre. Así, por ejemplo, *teresa gonçález* (76-3v, 142-2v, 209-3v), la mujer de *juan ferrández de villafranca* (42-3), se documenta también como *teresa gonçález de villafranca* (252-3v), *juana garcía muger de domingo gil del fierro* (42-6) como *juana garcía del fierro* (76-8v) y *maría gonçález muger de alonso gonçález de seuilla* (42-4) como *mari gonçález de seuilla* (76-6). Los hijos del matrimonio integrado por *juan ferrández de villafranca* y *teresa gonçález [de villafranca]* son, por un lado, *beatriz gonçález* (209-4) y, lo más relevante, *diego de villafranca* (209-3v, 252-3). Otro caso tan significativo como el comentado es el de *juan de mesa* (76-8, 142-5), hijo de *catalina gonçález muger de ferrand gonçález de mesa* (252-2). Más aún, *al[f]onso sánchez* (76-9v), el cuñado de *gonçalo díaz de villarreal* (76-9v, 142-6v), aparece asimismo como *al[f]onso sánchez de villarreal* (142-6v).

---

100. Las feminizaciones de los nombres toponímicos también eran posibles como demuestran esta *melgareja doña leonor* (503-11) o, mediante la variación del artículo definido, *la padilla* (503-7).

101. No consigo conocer la relación que mantienen con *anton garcía de aljubén* (76-3, 142-2, 209-2v, 252-2).

4.4. El sobrenombre

En contraste con todos los elementos denominativos ya analizados (nombre de pila, patronímico y nombre toponímico), el *sobrenombre* se caracteriza por pertenecer al léxico general de la lengua: aunque representa uno de los orígenes fundamentales de los apellidos españoles, no son en época medieval antropónimos salvo contadas excepciones[102], lo que no quita para que reconozcamos en los padrones su notable capacidad de identificación. Porque, efectivamente, la función básica del sobrenombre consistía en la complementación de la secuencia compuesta por un nombre de pila y un patronímico, dado que esta estructura resultaba insuficiente para individualizar a todos los integrantes de la colación. La aparición del sobrenombre se hacía imprescindible en las frecuentes ocasiones en que convendría evitar la confusión entre dos o más vecinos llamados de la misma manera (cf., p. ej., los casos muy repetidos de JUAN SÁNCHEZ O AL[F]ONSO MARTÍNEZ). Pero, además, el sobrenombre puede aparecer en lugar de la identidad completa de un individuo, especialmente si se trata de una mujer (Kremer, 1988: 1596, Álvarez, Ariza y Mendoza 2000b: 63).

Tres son los tipos de sobrenombre que se documentan en los censos de San Lorenzo: el nombre de oficio, el apodo y el gentilicio.

4.4.1. Con el *nombre de oficio* se designaba la función socioeconómica –oficios artesanales, cargos de la administración local y dignidades militares o eclesiásticas– que en cualquier comunidad medieval desempeñaran sus integrantes (Díez Melcón 1957: 254; Viejo 1998: 121)[103].

Salvo JURADO, siempre antepuesto a la secuencia onomástica (*el jurado al[f] onso márquez*: 423-1v, 503-11), la posición del nombre de oficio en la secuencia onomástica es regularmente la tercera, a continuación de nombre de pila y patronímico. En los padrones de la década de 1480 se pospone, además, a nombre de pila y nombre toponímico[104]:

> ABAD (bartolomé vernal abad: 423-6v, 503-3), ABOGADO (al[f]onso sánchez abogado: 48-5v), AÇACÁN (pero ferrández açacán: 42-5v), AÇOLERO (pero ferrández açolero: 252-2v), AFANADOR (juº al[f]onso afanador: 76-4v), ALBAÑI (manuel al[f]onso albañi: 42-7v, 48-3), ALCALDE (luys gonçález alcalde: 252-2v), ALCALDE DEL ALMIRANTE (luys gonçález alcalde del almirante: 76-3), ALCALDE DE LOS PESCADORES (juº rodríguez alcalde de

---

102. Como dice Viejo (1998: 33, 121), los sobrenombres son «marcas preantroponímicas».

103. Su trascendencia para la antroponomástica ha quedado más que demostrada por Kremer (cf. Kremer 1976-1977, Kremer 1980, Kremer 1981-1982).

104. Sigo los mismos criterios para la presentación de este listado.

los pescadores: 76-10v), ALFAJEME (miguel ferrández alfajeme: 42-9v), ALFAMEL (gutierre martín[ez] alfamel: 42-6, 48-3v), ALFAYATE (juan gonçález alfayate: 42-9v), ALGUAZIL (alonso ferrández alguazil: 48-6), ALGUAZIL DE CABALLO (anton gómez alguazil de caballo: 543-11v), ALGUAZIL DE LA CÁMARA (juan gonçález alguazil de la cámara: 48-3), ALGUAZIL DE LOS PESCADORES (juº lorenço alguazil de los pescadores: 252-5), ALGUAZIL DE LOS VEYNTE (antón bernal alguazil de los veynte: 503-2v), ALHONBRERA (leonor garcía alhonbrera: 142-2v), ARMADOR (juº de la merced armador: 543-4), ARMERO (juan dortega armero: 42-14), ARRENDADOR (benito martín[ez] arrendador: 42-6), ASTILLERO (antón garcía astillero: 76-4v), ATAHONERA (eluira gutiérrez atahonera: 252-6), AZEMILERO (pero ferrández azemilero: 76-7v), AZEMILERO DE AZEITE (juº rodríguez azemilero de azeite: 543-14v), AZEYTERO (antón garcía azeytero: 209-6), BACINADOR (juº márquez bacinador: 503-6, 543-16v), BALLESTERO DE MAÇA (juan sánchez ballestero de maça: 42-14, 48-4v), BARQUERO (gil gonçález barquero: 42-13, 48-4v), BARRERO (diego garcía barrero: 42-6v), BARUERO (andrés lópez baruero: 142-3), BEATA (catalina descobar beata: 543-12v), BENEFICIADO (al[f]onso gonçález beneficiado: 252-10), BORÇERO (anton garcía borçero: 42-12v, 48-6v), BUYTRERO (ximeno gonçález buytrero: 42-14, 48-4v), CABRERIZO (juan ferrández cabrerizo: 209-7), CABRERO (juº ferrández cabrero: 252-5v), CALAFATE (ferrant sánchez calafate: 42-14, 48-4v), CALDERERO (juan márquez calderero: 42-14v, 48-4v), CALDERERO FUNDIDOR (al[f]onso garcía calderero fundidor: 209-16v), CAMPANERO (pero fernández campanero: 503-10), CANDELERO (pero ferrández candelero: 209-6), CANÓNIGO (diego ferrández canónigo: 252-10), ÇAPATERO (domingo ferrández çapatero: 42-7), CARBONERO (toribio ferrández carbonero: 42-5v, 48-2v), CARDADOR (gómez ferrández cardador: 209-11), CARNICERO (pero ximénez carnicero: 209-5v), CARPENTERO (rodrigo esteuan carpintero: 42-14, 48-4v), CAUADOR (alexos martín cauador: 42-9v), CEDACERA (catalina gonçález cedacera: 423-4v), ÇENADERO (al[f]onso martín çenadero: 42-11), CHAPINERO (anton martín[ez] chapinero: 42-7, 48-3), CÓMITRE (juan garcía cómitre: 423-4v, 503-9), CONPANERO DE BARCO (antón garcía conpanero de barco: 543-12v), CORDONERO (juan sánchez cordonero: 209-11v), CORONISTA (al[f]onso de palencia coronista: 423-7v, 503-11), CORREDOR (alonso ferrández corredor: 48-2v), CORREDOR DE BESTIAS (nicolás ferrández corredor de bestias: 209-14v), CORREDOR DE CALDERAS (juº sánchez corredor de calderas: 423-11v), CORREDOR DE LONJA (pero díaz corredor de lonja: 543-12), CORREDOR DE LONJA DE PESCADO (juº rodríguez corredor de lonja de pescado: 543-6), CORREERO (francisco ferrández correero: 423-7, 503-2v), CORTIDOR (ramir garcía cortidor: 76-4v), CURANDERO (juº garcía curandero: 543-14v), ÇURGIANO (miguel ruyz çurgiano: 142-5), ÇURRADOR (al[f]onso martín de toro çurrador: 543-3v), DESPENSERO (pedro de burgos despensero del licenciado de flores: 543-15), DONZEL (ferrant pérez doncel: 42-3v), DOTOR (ferrant pérez dotor: 42-11v), ESCRIUANO (pero ferrández escriuano: 42-12, 48-5), ESCRIUANO DE LOS ALARIFES (al[f]onso ferrández escriuano de los alarifes: 76-6v), ESCRIUANO DEL CONSISTORIO (manuel lópez escriuano del consistorio: 142-7), ESCRIUANO PÚBLICO (sancho garcía escriuano público: 42-11v, 48-5v), ESCRIUANO DE LA QUADRA (garcía lópez escriuano de la cuadra: 42-3), ESCRIUANO DE LA TABLA (pero díaz escriuano de la tabla: 42-11v, 48-5v), ESCUDERO (juan descobar escudero: 209-3), ESPADADOR (juº ruyz espadador: 209-4v), ESPEÇIERO (ruy martín[ez] espeçiero: 42-12, 48-5), FATAQUERO (al[f]onso ferrández fataquero: 76-3), FERRADOR (andrés lópez ferrador: 209-11v), FIDALGO (al[f]onso garcía fidalgo: 42-11), FORNERO (juan gómez fornero: 42-6v, 48-3), FREYLE (juº mexía el viejo freyle de san juº: 543-10v), FRUTERO (diego al[f]onso frutero: 42-8, 48-4), GRATILERO (ruy martín[ez] gratilero: 42-13v, 48-4v), GUANTERO (francisco de aponte guantero: 543-11v), GUARDA (áluaro de morillo guarda: 543-13v), GUARDA DEL AZEYTE (miguel de mesa guarda del azeyte: 423-4v), GUARDA DE LA PUERTA (garcía gonçález guarda de la puerta: 209-14v), GUARDA DEL REY (diego de zurita guarda del rey: 252-8), GUERRERO (al[f]onso martín[ez] guerrero: 543-8v), HEBRERO (al[f]onso sánchez hebrero: 503-5v), INUMINADOR (juº de vargas inuminador: 543-13v), JORNALERO (al[f]onso de vaena jornalero: 423-4v), JUBETERO (ferrand martínez jubetero: 252-8), LABRADOR (juº martín[ez] labrador: 76-4), LABRANDERA (ysabel rodríguez labrandera: 543-13v), LADRILLERO (al[f]onso ferrández ladrillero: 76-4), LAMINADOR (bartolomé ramírez laminador: 423-4v, 503-9), LAUANDERA (maría al[f]onso lauandera vieja: 209-7v), LECHERA (juana gonçález lechera: 142-5), LENADOR (domingo garcía lenador: 76-8), LINERO (pero al[f]onso linero: 543-11), MAESTRE SALA (antón rodríguez maestre sala de don al[f]onso: 252-7v), MAESTRO DE LA BALANÇA (sancho garcía maestro de la balança: 209-16v), MAESTRO MAYOR (garcía ferrández maestro mayor: 42-14, 48-4v), MANTERO (xristóual ponce mantero: 543-15v), MARINERO (luys lópez marinero: 42-10), MAYORAL (bartolomé sánchez mayoral: 543-9v), MAYORDOMO (al[f]onso martín[ez] mayordomo: 42-6, 48-3), MERCHANTE (ferrand martínez merchante: 252-2v), MESONERO (luys al[f]onso mesonero: 423-8), MOÇO DE CALDERERO (antón sánchez moço de calderero: 42-10), MOLEDOR (andrés gonçález moledor: 42-10), MOLINERO (alfonso ferrández molinero: 42-7v, 48-3v), NAYPERO (diego garcía naypero: 423-3), OLLERO (cristóual rodríguez ollero: 423-11v), OREBZE (pero lobete orebze: 42-5v, 48-3), ORTELANO (diego lópez hortelano: 48-6), PANADERA (catalina rodríguez panadera: 76-4), PARTERA (juana rodríguez la partera: 209-12), PARTIDOR (lope díaz partidor: 42-11v, 48-5v), PASTOR (al[f]onso garcía pastor: 48-2v), PEÓN DE ALBANI (juº de olmedo peón de albani: 543-11v), PERAYLE (juº garcía perayle: 76-4v), PESCADOR (al[f]onso martín pescador: 48-5v), PINTOR (diego lópez pintor: 48-5), PODADOR (diego sánchez podador: 252-3), PORTERO (juan martín[ez] portero: 42-4v, 48-3), PORTERO DE LOS JURADOS (pero sánchez portero de los jurados: 209-14), PORTERO DE SEUILLA (al[f]onso de toledo portero de seuilla: 543-12v), PROCURADOR (juº ferrández procurador: 76-6), RABADÁN (juan ramos rabadán del señor don al[f]onso: 503-3v), RECUERO (juan lópez recuero: 42-5v, 48-2v), REDERA (ana garcía de siete años redera: 543-12v), RELOGERO (francisco sánchez relogero: 423-6), REMOLAR (juº garcía remolar: 76-9v), ROBALERO (antón ferrández robalero: 42-13, 48-5v), SALINERO (francisco ferrández salinero: 42-7, 48-3), SASTRE [XASTRE] (áluaro gallego xastre: 423-6, 503-10, 543-12), SOLADOR (lope martínez solador: 42-8, 48-4), SOTA JURADO (andrés sánchez sota jurado: 423-5v), TAUERNERO (al[f]onso díaz tauernero: 42-7, 48-6v), TEJERO (diego sánchez tejero: 42-13, 48-4v), TENDERO (juan ferrández tendero: 48-2v), TEXEDOR (pero lópez texedor: 42-9), TEXEDOR DE PAÑOS (al[f]onso sánchez texedor de paños: 209-2), TEXEDOR DE VELAS (al[f]onso martín[ez] texedor de velas: 76-9v), TOQUERA (juana gonçález toquera: 142-3v), TRABAJADOR (juº garcía trabajador: 142-2), TRIPERO (juº martínez tripero: 142-2v), VAQUERIZO (juan lópez vaquerizo: 42-7v, 48-3), VAQUERO (antón garcía vaquero: 543-7), VEYNTE E QUATRO (don al[f]onso pérez veynte e quatro de seuilla: 423-1v, 503-11), VICARIO (anton martín[ez] vicario de sant lúcar: 76-10), VINERO (ferrán lópez vinero: 543-6v).

Alguna vez el nombre de oficio puede darse tras el nombre de pila:

> francisco camarero (252-7), bartolomé correero tauernero (423-4v), al[f]onso gerrero el moço (76-10v), juan maestro (48-6), jullián mercador (252-4), antonio pesador de cueros (209-14), bartolomé remero conpanero de barco (503-6), francisco sayalero manco (503-9v).

Con excepción de GERRERO, no parece que pueda hablarse de nombre denotativo (no común o apelativo) en ninguno de los casos recogidos.

Si bien no es fácil testimoniar la transformación, un nombre de oficio puede acabar convertido en un apodo[105]. En efecto, las mujeres registradas como *la relojera* (503-10) o *la mayorala* (423-8v, 503-4) seguramente no desempeñaban este trabajo, sino que habían adoptado la designación profesional del marido o del padre (cf., pongamos por caso, *francisco sánchez relogero*: 423-6 o *bartolomé sánchez mayoral*: 543-9v).

4.4.2. Los *apodos* constituyen sin ninguna duda el grupo de sobrenombres más interesante de la antroponimia medieval, pues pueden reflejar modalidades lingüísticas del castellano medieval inaccesibles de otro modo para el historiador de la lengua (Kremer 1988: 1596), pero son al mismo tiempo los de más difícil interpretación (Díez Melcón 1957: 264; Kremer, *loc. cit.*; Viejo 1998: 171 y 179; Boullón 1999: 72; Nunes y Kremer 1999: 45…). Al igual que los demás sobrenombres, suelen figurar en la tercera posición de la secuencia onomástica, a continuación del patronímico[106]:

> BENEFIÇIO (juan ferrández benefiçio: 42-3v, 48-2v), BOCANEGRA (antón rodríguez bocanegra: 209-10v), BOTEJÓN (juº martín[ez] botejón: 423-11), CABEÇA (pero ruyz cabeça: 503-10, 543-16v), CAMARINAS (pero al[f]onso camarinas: 423-3v), CANO (antón pérez cano de mançanilla: 76-4v), CARRASCO (anton garcía carrasco: 209-8v), ÇEÇEOSO (al[f]onso martín[ez] çeçeoso: 42-12v, 48-6v), CEJUDO (anton martínez cejudo: 209-16v), CHAMIZO (al[f]onso sánchez chamizo: 209-4), ÇIEGO (gil gonçález çiego: 76-10v), COLMILLO (pero ferrández colmillo: 42-13v), LIGERA (marina díaz ligera: 423-3), LOBILLO (juan ruyz lobillo: 48-2), MALCASADO (al[f]onso sánchez malcasado: 209-10, 252-4), MALPALO (al[f]onso martín[ez] malpalo: 423-9, 543-8), MENACHO (juº martín[ez] menacho: 543-10v), MOXÓN (al[f]onso ferrández moxón: 209-11), NEGRETE (diego rodríguez negrete: 503-5, 503-5), OJOS (al[f]onso ferrández ojos: 423-10v, 503-6, 543-5), ORO POTABLE (pero garcía oro potable: 252-7v), PARDO (juan al[f]onso pardo: 42-13, 48-4v, 76-7), PATAS (ferrán rodríguez patas: 503-5v, 543-4), PATILLA (juan martín[ez] patilla el viejo: 42-8), PONPAS (al[f]onso martínez

---

105. Y es que, como dice Boullón (1999: 74), «en ocasións é moi difícil diferenciar se estamos ante unha profesión realmente exercida ou un alcume auténtico».

106. Los criterios para realizar la lista que sigue ya han sido expuestos con anterioridad.

ponpas: 209-11, 252-8v), RAMOTOCADO (al[f]onso gonçález ramotocado: 423-11, 503-8), TESTA (gonçalo martín[ez] testa: 42-12, 48-5), TOÇINILLO (juan ferrández toçinillo: 209-9v), SARNA (pero al[f]onso sarna: 76-7v), SENAGALLA (pero lópez senagalla: 209-10v, 252-8)[107].

Los apodos más claros son los que aparecen precedidos de artículo definido (Álvarez, Ariza y Mendoza 2000a: 160). Casi todos los recogidos de los censos de San Lorenzo aludirían a rasgos físicos de los individuos que los portan:

> CHAMORRA, LA (ceruera la chamorra: 503-10), COXO, EL (juan benítez el coxo: 42-12, 48-5: 76-7), DONOSA, LA (mari martínez la donosa: 142-5), LINDA, LA (beatriz gonçález la linda: 209-10), LUENGO, EL (lope garcía el luengo: 42-13), MANCO, EL (diego gonçález el manco: 48-5), NEGRO, EL (al[f]onso de medina el negro: 503-2v[108]), ZORRO, EL (juan garcía el zorro: 209-3v).

Lo notable es que un apodo con artículo constituya ocasionalmente una identidad personal: por ejemplo, *la quemada freyla de san francisco* (423-8) o *el crespo barquero* (503-10v). Más representativo aún es el caso de *ana cara* (423-3v) documentada también como *la cara* (503-10v). Asimismo, la viuda de un individuo que se habría apodado *el lobo*, de edad avanzada según se deduce de que está inscrita junto a sus nietos (*la muger del lobo e sus nietos*: 423-9), aparece en el censo siguiente como *la loba vieja* (503-4v). Pudiera identificarse con *antona mateos la loba* (543-9v), madre de otra vecina de la colación (*leonor gonçález fija de la loba*: 543-9v)[109].

Si contrastamos los censos de la primera mitad del siglo con los de la segunda, se constata la tendencia, análoga a la de los nombres toponímicos (cf. *4.3. El nombre toponímico*), a adelantar en la secuencia onomástica la posición del apodo. Alternan la tercera y la segunda posición algunos de estos sobrenombres:

> BERMEJO (pero rodríguez bermejo: 42-12v, 48-6v // juº bermejo cortidor pobre: 423-2v)
> CABELLO (diego martínez cabello: 209-14v // antón cabello guantero: 543-13v)
> CAMACHO (juº ximénez camacho: 142-4v, 209-2[110] // el jurado pedro camacho: 423-1v)[111]

---

107. De manera «indirecta» documento asimismo CARA DE ANGEL (*ana martín[ez] muger de juº al[f]onso cara de angel*: 76-7v).

108. Como *alfonso de medina negro* en 543-11v.

109. Se ha destacado en repetidas ocasiones cómo el apodo en las mujeres puede haber sido adoptado. Así, como defienden Nunes y Kremer (1999: 47), «as formas femininas das alcunhas, geralmente, são nomes feminizados que resultam da adaptação das alcunhas dos maridos que são atribuídas às mulheres».

110. Repetido en 9v.

111. Como *el jurado camacho* en 503-11.

CHAPINETE (antón sánchez chapinete: 209-7v // marcos chapinete: 503-6, 543-13)
PRIETO (antón prieto: 42-13v // antón sánchez prieto: 209-16)

En una misma persona, pero en dos censos seguidos, puede testimoniarse esta alternancia (con y sin patronímico):

pero sánchez ALEGRE (543-8v) // pero ALEGRE (503-6v)
pero al[f]onso BUENO: (142-6v) // pero BUENO (209-16)
juan rodríguez FAUELA (543-9v) // juan FABELA (423-4, 503-11)

Algunos apodos solo se dan en la segunda posición de la secuencia onomástica desde los primeros censos, si bien es cierto que su frecuencia experimenta un aumento considerable en la década de 1480. A ellos se yuxtapone en bastantes ocasiones un nombre de oficio:

BARROSO (rodrigo barroso çapatero: 423-5[112]), BAXO (cristóual baxo pescador: 423-10, 503-5v), BARUA (juan barua: 42-11v, 48-5), BEZERRA (áluaro bezerra: 423-7, 503-11, 543-17), CALDERA (francisco caldera calderero: 423-6), CARO (nuno caro pescador: 252-3), CARRILLO (juan carrillo: 503-11), CEREZO (antón cerezo astillero: 423-13[113]), CRESPO (juan crespo: 503-8v), CUADRADO (juan cuadrado labrador: 543-10v), DELGADO (martín delgado: 42-7v, 48-3v), LOBETE (pero lobete orebze: 42-5v, 48-3), LOBO (juan lobo: 42-13, 48-4v), LOÇANO (al[f]onso loçano pescador: 42-13, 48-5v), MORENO (diego moreno calderero: 543-12), RAMOS (pero ramos afanador: 252-3), ROMERO (juan romero fijo de leonor martínez de castilleja: 76-6v), ROMO (al[f]onso romo: 503-10), VALIENTE (juan valiente escudero: 423-6v).

Pudiéramos encontrarnos ya ante nombres que, transformados en elementos denotativos, habían perdido su significado originario, pero no siempre es posible afirmar esto con rotundidad. En cualquier caso, solo contamos con testimonios de la transmisión entre generaciones de uno de ellos: *pero BARUA fijo de ruy BARUA*: 76-5, 142-3[114].

4.4.3. En tanto que derivan de nombres de lugar, los adjetivos *gentilicios* comparten contenido con los nombres toponímicos: pueden, por este motivo, expresar la procedencia geográfica del individuo en cuestión (cf. *4.3. El nombre toponímico*).

---

112. Como *barroso çapatero* en 503-4.
113. También en 503-8 pero sin *astillero*. ¿Identificable con *antón çereço azeytero* (543-16)?
114. No por casualidad corresponde a uno de los linajes nobiliarios de Sevilla en la Edad Media (Sánchez Saus 1991).

Los gentilicios suelen aparecer en la tercera posición de la secuencia onomástica, a continuación del nombre de pila y del patronímico:

> ESTURIANO (pero ferrández esturiano: 42-13v), FARFÁN (antón martín farfán: 423-2v, 503-6v), FLAMENCO (bartolomé vanogas flamenco: 543-10v), GINOUESA (catalina rodríguez ginouesa: 252-2v), ROMANO (bartolomé sánchez romano: 76-7v), VIZCAYNO (ruy sánchez vizcayno: 252-11).

Pero pueden también adjuntarse directamente al nombre de pila:

> FARFÁN (juan farfán escudero de ferrand peraça: 252-4), FRANCÉS (juan francés trabajador: 503-8), GALLEGO (áluaro gallego sastre: 423-6, 503-10, 543-12), GINOUÉS (xristóual ginoués: 209-8), PISANO (antón pisano: 543-10).

Se antoja difícil decidir sobre si estos nombres segundos –atendiendo a su posición en la secuencia– siguen siendo apelativos, connotativos, o si se han transformado en propios.

Los gentilicios pueden hasta aparecer solos, aislados, precedidos de artículo definido (*los hermanos franceses*: 423-11). Con los de género femenino ocurriría lo mismo que hemos comprobado en los demás tipos de sobrenombres: es probable que *la pisana* (503-8v) no fuera una mujer originaria de Pisa, sino la esposa o la hija de un individuo llamado *pisano* (cf., por ejemplo, *antón pisano*: 543-10 o *francisco pisano abad*: 423-12, 503-9).

Conclusión

De la documentación de San Lorenzo (Sevilla) examinada, se deduce, en primer lugar, cierto conservadurismo en el nombre de pila. Por una parte, porque se mantiene vigente la alternancia medieval entre variantes plenas y apocopadas de algunos de estos antropónimos masculinos (FERRAND frente a FERRANDO, RODRIGO frente a RUY, etc.). Más significativa aún resulta la homogeneidad en su imposición: JUAN es, en todos los censos y siempre por encima del 20 %, el nombre más empleado. Con él se cuentan, en este mismo orden, AL[F]ONSO, PE[D]RO, ANTÓN y DIEGO como los preferidos. No cabe considerar, por lo tanto, la actuación de modas que hubieran modificado los gustos al respecto.

Sin duda alguna, los cambios más relevantes en la antroponimia sevillana del siglo XV afectaron a la naturaleza del nombre segundo. Para empezar, porque este puesto en la secuencia onomástica dejó de ser ocupado solo y mayoritariamente por un patronímico. La pérdida de su predominio coincide con su fijación, pues se transmite cristalizado entre generaciones sucesivas (*al[f]onso* LÓPEZ *fijo de diego* LÓPEZ).

Las marcas no antroponímicas más o menos ocasionales que se adjuntaban en un principio a la secuencia constituida por el nombre de pila y el patronímico, consistían en la indicación de origen geográfico (*sancho ximenez de* ALCALÁ DEL RÍO; *pero ferrández* ESTURIANO), de estatus socioeconómico o laboral (*al[f]onso sánchez* ABOGADO) y de rasgos físicos o morales (*al[f]onso martínez* ÇEÇEOSO), fundamentalmente. A lo largo del período estudiado se observa la pérdida de contenido en estos elementos, en mayor medida en los nombres toponímicos, como evidencia la adjunción inmediata al nombre de pila: los nuevos nombres segundos habían de identificar al individuo de modo más inequívoco.

Un lugar especial corresponde a la antroponimia femenina. Si bien es cierto que la irregularidad con la que aparecen las mujeres en los censos de la época dificulta el análisis de sus nombres de pila, de los datos aislados que es posible extraer de las adopciones de los nombres toponímicos (*maría gonçález muger de alonso gonçález de* SEUILLA>>*maría gonçález de* SEUILLA) así como de las feminizaciones de los sobrenombres (*la muger del* LOBO>>*la* LOBA) conocemos mejor el funcionamiento de la onomástica medieval.

Capítulo 5

Los nombres de pila españoles en época preclásica (según el padrón general de Sevilla, año 1533)*

Los padrones son, con seguridad, los documentos que mejor reflejan la antroponimia bajomedieval del Reino de Sevilla. Estos textos constan de «listas de vecinos o de moradores de poblaciones ya establecidas» (Kremer 1988: 1586) y, dada la finalidad recaudatoria que perseguían, se caracterizan por su exhaustividad (Collantes de Terán 1984: 37). Pero en los padrones realizados entonces en la çibdad se anotaban los pecheros de sus colaciones o parroquias por separado, no los de su vecindario completo, de ahí el valor que para la investigación de la onomástica personal de la época debe reconocérsele al censo de 1384, el *Libro de cuantías de los vecinos y moradores de los barrios y colaciones de Sevilla*, «único del período medieval que abarca todas las circunscripciones administrativas, con excepción de la Judería» (Álvarez, Ariza y Mendoza 2001: 11).

Efectivamente, según parece, no se volvió a realizar otro padrón global de Sevilla hasta principios del siglo XVI. Se trata del efectuado entre los meses de mayo y junio de 1533[115], extenso documento cuyos datos demográficos o socioeconómicos

* Publicado en *Nouvelle Revue d'Onomastique*, 52, 2010, 221-235 [ISSN: 0755-7752].

115. Folios 17 a 248v del documento 109, carpeta 125, de la Sección 1ª del Archivo Municipal de Sevilla –fotogramas 439 a 671 (rollo 1715). Comprende los listados de pecheros de las colaciones de Santa Ana de Triana (ff. 17-31v), Santa María la Mayor (barrios de la Mar [31v-45v], de Génova [45v-49v], de Francos [49v-56], Nuevo [56-58v] y de Castellanos [58v-66v]), la Madalena (66v-80), Sant Viçente (80v-91v), Sant Lorenço (91v-103v), Sant Miguel (103v-107v), Sant Andrés (107v-112v), Sant Martín (112v-119), San Juan de la Palma (119-126), Santa Catalina (126-136), Omnium Sanctorum (136-147), San Pedro (147-152), Santa Cruz (152v-157), Santa María la Blanca (157v-162), San Bartolomé el Nuevo (162v-164v), San Bartolomé el Viejo (164v-168v), Sant Niculás (168v-173v), Sant Isidro (174-179v), San Salvador (179v-200v), San Estevan (200v-205v), San Alfonso (205v-210v), Santiago (210v-214v), San Román (215-220v), Santa Lozía (220v-225), San Julián (225v-229), San Marcos (229v-235v), Santa Marina (235v-241) y San Gil (241-248v). En la copia de que dispongo, se distingue con claridad la intervención de seis

aprovecharon hace tiempo algunos historiadores (Collantes de Terán 1984: 29), pero cuyos antropónimos, en particular los *nombres de pila*[116], no han merecido aún la atención de los investigadores. A completar –en lo relativo a este aspecto concreto– nuestro conocimiento de dicho repertorio, dedico la presente contribución. Y es que el incremento de la población que en el censo de 1533 se constata si se compara con el de 1384, así como la fecha misma de ejecución en la primera mitad del siglo, aseguran el interés de su análisis, pues ello permitiría conocer la evolución de la onomástica personal de Sevilla en los ciento cincuenta años que separan ambos padrones. Yendo más allá, se pretende confirmar (o, por qué no, desmentir) la «liquidación» de los nombres característicos de la Edad Media presuntamente acaecida entre 1480 y 1550, fenómeno que, de acuerdo con Menéndez Pidal, guardaría relación con las transformaciones sociales favorecidas por las «extensas relaciones internacionales que emprenden los españoles» y que se consumaría en las ciudades antes que en el campo, de onomástica más conservadora (Menéndez Pidal 2005: 851-853). Los resultados obtenidos por este trabajo deben de ser representativos para los nombres de pila españoles en general, dado que Sevilla fue la ciudad más importante del país en el siglo XVI[117].

Pero ¿cómo puede analizarse la antroponimia del documento sin discernir previamente qué nombres serán objeto de atención? Toda vez que el aspecto más llamativo del padrón –normal, no hay que insistir en ello, en los textos manuscritos de la época– es la notable variación que presentan las formas, conviene empezar por su aclaración. Ahora bien, no se confunda la variación de índole meramente gráfica (sin implicación fónica, aunque pueda tener una motivación etimológica) con la variación antroponímica propiamente dicha (la de HERNÁN / HERNANDO

---

escribientes –17-48v, 49-88v, 89-132v, 133-172v, 173-192v y 193-248v–, lo que puede explicar algunas diferencias gráficas del texto (véase más adelante).

116. El *nombre de pila* es el antropónimo que figura de modo invariable en la primera posición de la secuencia onomástica. Se trata de un nombre *individual* por cuanto que permite la identificación de los sujetos de ambos sexos que comparten un mismo segundo nombre. Según Kremer (1992: 458), «für den "Vorname" existiert keine einheitliche Terminologie (*nombre, nombre propio, nombre de pila / nombre de bautismo* "Tufname", oder, nach fremdem Muster, *prenombre*)». Así, por ejemplo, Nunes y Kremer (1999: 4) prefieren la denominación de *prenombre*: «o termo *prenome* designa o primeiro nome, uma vez que o termo nome próprio não nos parece adequado por não ser um termo específico, podendo apresentar un valor genérico não apelativo».

117. Reconquistada a mediados del siglo XIII, Sevilla desempeñó durante toda la Baja Edad Media un papel destacado en la recuperación (y posterior repoblación) del Reino de Granada. La Corte castellana se estableció largas temporadas en ella (por ejemplo, en el reinado de Pedro I). En su reino se fraguó el proyecto de Cristóbal Colón y allí se fundó en 1502 la Casa de Contratación, lo que supuso la ostentación del monopolio en las relaciones comerciales con América hasta bien entrado el siglo XVIII. En el siglo XVI Sevilla se convierte en la capital económica del país, en una de las ciudades más pobladas de Europa Occidental. La mayoría de los historiadores del español ha reconocido en esta prosperidad el caldo de cultivo ideal para que germinara una nueva modalidad lingüística.

o RODRIGO / RUY, por ejemplo, véase más adelante), posibilidad ésta que hunde sus raíces en época medieval y que en documentos como el analizado parece evidenciar su práctica disolución.

Comencemos por enumerar las alternancias gráficas más significativas. Así, *y* en vez de *i* representa a /i/ en posición inicial absoluta –YNÉS[118] (27v), YNIGO (51v), YSABEL (27v), YSEO (159v)–, solo excepcionalmente si la vocal es interior –FRANCYSCO (185v), LEONYS (141v), MARYNA (87), TORYBIO (192)[119]. En los diptongos, su empleo es más regular como semivocal –JAYME (136v), REYMUNDO (128v), RUY (23)– que como semiconsonante –ASENSYO (73v), ATANASYO (56v), DAMYÁN (72v) pero DAMIÁN (86v). Por lo demás, LUIS (201) o LUISSA (172) son mucho menos frecuentes que LUYS (17v) o LUYSA (171v)[120].

Con *v*, no con *u*, se escribe /u/ si la vocal es inicial absoluta: VRBÁN (108), VRRACA (247), VRSULA (32v); en los demás entornos se prefiere *u*[121].

La doble *ll* alterna con la simple *l* para representar la lateral alveolar: GIL (31v) / GILL (231), JULIÁN (20) / JULLIÁN (170). En el caso de PETRONILLA (133) se trata de una forma latinizante. También es meramente gráfica la variación entre PASCUAL (97v) y PASQUAL (37v), y entre GUIOMAR (42v) y GIOMAR (247).

Carecen de carácter fonético, asimismo, los pares MATEO (21) / MATHEO (49v) y TOMÁS (32) / THOMÁS (50v), nombres que, aunque de origen hebreo, fueron conocidos en Occidente a través del griego. Como es bien sabido, en latín se transliteró con *th* la consonante aspirada θ de aquella lengua, a pesar de que se pronunciaba efectivamente como /t/. Análogamente, encontramos THERESA (194) junto a TERESA (218), antropónimo de procedencia discutida. La forma PHELIPE (39), éste sí nombre de origen griego, alterna con FELIPE y HELIPE (véase más adelante). El dígrafo de aquella recuerda también la transliteración latina de la φ griega.

Si para los casos inmediatamente precedentes se admite cierto afán cultista, no puede decirse lo mismo de la *h* inicial de HANTÓN (221), HELVIRA (203) y HESTEVAN (223), así como de la antihiática de LEHONOR (212v), todos ellos con una grafía no etimológica (ejemplos excepcionales, cierto es, en contraste con los escritos sin *h*: ANTÓN, ELVIRA, ESTEVAN, LEONOR). Un caso particular lo representa la forma JHUAN (136v) por JUAN –y su femenino JHUANA (133) por JUANA– con que el escribiente pretende sin lograrlo volver a la latinizante JOHAN, forma que no se encuentra en ninguno de

---

118. En lo que sigue, se emplean las letras versalitas para destacar los nombres estudiados; con corchetes se señalan las posibles variantes formales. Se adjunta entre paréntesis su correspondiente localización en el documento (número de folio y con *v* si es vuelto). Solo se ha añadido la acentuación.

119. Los ejemplos registrados coinciden en ser de /i/ acentuada.

120. Esta grafía, como sabemos, representa también a la consonante palatal sonora /y/: MAYOR (177), YUSTE (82).

121. Dicha grafía, al igual que *u*, también representa a la consonante bilabial sonora. Véase más adelante.

los censos de la colación de San Lorenzo ya estudiados pero sí excepcionalmente en los de Alcalá de Guadaíra (Rodríguez Toro 2002: 81, n. 114).

Por variado que sea el origen del nombre, en posición inicial se escribe *b-* o *v-* según el étimo: por ejemplo, BALTASAR (17v), BÁRBOLA (87), BARTOLOMÉ (23), BAVTISTA (90), BEATRIZ (27v), BELTRÁN (230), BENITO (176), BERNABÉ (180) o BERNALDO (185v) con *b* y VALENTÍN (236v) o VIRGIL[I]O (39) con *v*. Pero ciertos nombres se documentan con las dos grafías, así el etimológico BERNAL (174v) frente al no etimológico VERNAL (50) y, al revés, los etimológicos VASCO (26), VIOLANTE (64) o VIÇENTE (60) frente a los no etimológicos BASCO (238), BIOLANTE (197) y BIÇENTE (129v). Se escribe solo con *b-* antietimológica BITORIA (196), nombre con una única atestiguación (véase más adelante). La *b-* etimológica de BLANCA (143v), BLAS (52) o BRIANDA (87) se ve favorecida por la líquida siguiente en tanto que la metátesis de la vibrante en el caso de VÍRGIDA (29v) –por BRÍGIDA– debió de facilitar el cambio gráfico de *v* por *b*.

Parece, pues, que en posición inicial se impuso la tradición escrita, sin querer con ello decir que no hubiera excepciones, que las había, como hemos podido comprobar. En posición interior intervocálica o posconsonántica, por el contrario, las alternancias gráficas afectan a casi todos los nombres registrados. Entre vocales alternan *v* (o *u*, véase más arriba) frente a *b* en CHRISTÓVAL (139) / CHRISTÓBAL (50v), ESTEVAN (23) / ESTEBAN (174v), GRABIEL (182) / GRAVIEL (50v), SABASTIÁN (53) / SAVASTIÁN (18)…, pares cuya primera variante es la etimológica, pero, como sabemos, en ese contexto el castellano medieval oponía dos fonemas bilabiales sonoros (uno oclusivo, otro fricativo). Sin alternancias registradas, presentan la grafía etimológica los nombres FABIÁN (20), SAVINA (87v) y TORIBIO (26). El caso de YSABEL es muy representativo al respecto: de todas sus apariciones (se trata de uno de los nombres femeninos más repetido, véase más adelante), solo en un caso aparece con *u* (YSAUEL, 150). La *b* de PABLOS (37) está, como la ya indicada de BLANCA, BLAS o BRIANDA, determinada por *l*.

Tras consonante (en concreto, la *l*) también abundan las alternancias de estas dos grafías: ÁLUARO (139v) / ÁLBARO (18) /, ALBERTO (72) / ALVERTO (24v) /, SALVADOR (33v) / SALBADOR (120v)…, alternancias que desatienden la etimología (la primera de sendas parejas es la etimológica). No ocurre así con ELVIRA (28v) o SILVESTRE (64v), siempre con *v*[122]. La *b* de ANBROSIO (149v) es etimológica y fonética, pues la precede una consonante nasal.

La *h-* sustituye a *f-* en casi la totalidad de los ejemplos de uno de los nombres masculinos más frecuentes, HERNAN[DO] (19v)[123]. Excepcionalmente, pues, se encuentra FERNAN[DO] con *f-* (por ejemplo 50, 87, 95v…). Menos representativa, dada

---

122. Desconozco el origen de ALBARÉN (238v), por lo que no puedo afirmar nada al respecto.

123. La *f-* no se pronunciaría de modo distinto que la *h-* y ésta no sería aspirada según se deduce del caso de FESTAÇIO (120v) por ESTAÇIO.

la menor abundancia de este antropónimo, se antoja la alternancia gráfica en FELIPE (62, 227) / HELIPE (40, 110). Contamos asimismo con la forma helenizante con *ph* PHELIPE (39, 149v) (véase más arriba). La doble *ff* de ciertos casos aislados de FFRANÇISCO (por ejemplo, 141v, 150v, 158v…) es de índole meramente gráfica (obra del cuarto escribiente).

Pero ciertas vacilaciones registradas en el padrón pudieran implicar algún fenómeno fónico. Así, pongo por caso, los cambios en el vocalismo, limitados eso sí a la alternancia ocasional entre dos átonas protónicas: es el caso de /i/ por /e/ en GIRÓNIMO (175) / GERÓNIMO (17v) o GRIGORIO (80v) / GREGORIO (23v), de /e/ por /a/ en SEVASTIÁN (140v) / SAVASTIÁN (18) y en ATANASIO (56v) / ATENAÇIO (138v), o de /o/ por /u/ en LUZÍA (28v) / LOZÍA (28v). Mediante la eliminación del margen silábico, se constata asimismo la tendencia a monoptongar el diptongo decreciente /ei/>/e/ de LLORENTE (36v) por LLOREYNTE (104v) y VIÇENTE (60) por VIÇEYNTE (36)[124], así como el diptongo creciente /io/>/o/ de VIRGILO (39) por VIRGILIO (138v)[125]. Extraña la simplificación del hiato de BEATRIZ en BATRIZ (194v), lo que me lleva a creer que se trata de un mero *lapsus calami*.

En cuanto al consonantismo, parecen reflejar la confusión de sibilantes dentales y alveolares (algo normal, por cierto, en la Sevilla del XVI) los casos de ATENAÇIO (138v) por ATANASIO (56v), ya comentado con anterioridad por el cambio vocálico, y de BALTAZAR (110) por BALTASAR (17v). Denunciarían la neutralización de la distinción sordo / sonoro en los fonemas sibilantes entre vocales, fenómeno por entonces en expansión geográfica y social, las alternancias de LÁZARO (21v) / LÁÇARO (182) y LUZÍA (28v) / LUÇÍA (123v) para las dentales[126], y BALTASAR (17v) / BALTASSAR (166), LUISA (47v) / LUISSA (172) y TERESA (27v) / TERESSA (144) para las alveolares. En posición inicial alternan *j* o *g* con *x*, grafías de las prepalatales: GINÉS (17v) / XINÉS (92v), JÁCOME (39v) / XÁCOME (193v)[127]. En posición posconsonántica apenas se constatan algunas de estas duplicidades (cf. ALONSO [17v] frente al excepcional ALONSSO [137]), lo normal es la estabilidad gráfica, así, por ejemplo, ç –nunca *z*– es la grafía empleada tras consonante nasal (ALDONÇA, COSTANÇA, FRANÇISCO, GONÇALO, LORENÇO, MENÇÍA) o vibrante (GARÇÍA).

Con carácter morfológico, no fonético, se debe interpretar la adición de *-s* final, reminiscencia del caso nominativo del latín, en ALEXOS (17v) / ALEXO (98) o PABLOS (37) / PABLO (52)[128].

---

124. La forma con diptongo fue muy común en época medieval en estos mismos nombres.

125. En MELCHIOR (18), por el contrario, se conserva la semiconsonante etimológica. Los casos de LORENÇIO (25v) y VIÇENÇIO (70v) no los comentamos porque son de italianos.

126. Solo aparece ç en los siguientes nombres: APARIÇIO (231), ESTAÇIO (211v), GRAÇIA (194v), MAÇÍAS (129v). Obsérvese el carácter culto o semiculto (con la yod conservada) de al menos dos de ellos.

127. Con *x*- inicial, pronunciada /š/, se escriben normalmente XIMENO (237v) y XIMÓN (24).

128. ¿Fenómeno análogo al que afecta a JAYME (136v) / JAYMES (187v)? En el caso de CARLO (60) (frente a CARLOS, 139), se trata de un vecino italiano: *carlo catano ginoves*.

Contamos, por último, con ejemplos de simplificación de grupos consonánticos cultos –BATISTA (94v) por BAPTISTA (153v)[129], MADALENA (42v) por MAGDALENA (42)–, así como de fenómenos «esporádicos» tales como la metátesis de /r/ en GRAVIEL (50v), forma mucho más frecuente que GABRIEL (120), o la «equivalencia acústica» de CORGE (113v) por JORGE (19)[130] y de GOSTANÇA (122) por COSTANÇA (30)[131]. En posición inicial se neutralizaba la diferencia entre las nasales bilabial /m/ y alveolar /n/: MICULÁS (22v) / NICULÁS (27)[132].

Sin discutir el interés de todos los aspectos reseñados para la historia del español en general o para la historia de su onomástica personal en particular, la variación más relevante en el padrón sevillano es sin duda la propiamente antroponímica. Según demostré a partir de los datos procedentes de la colación de San Lorenzo, aún se mantenía en Sevilla durante el siglo XV la alternancia de dos variantes en ciertos nombres masculinos, una de ellas plena (ÁLUARO, FERRANDO, PEDRO y RODRIGO), la otra reducida (ALUAR, FERRAND, PERO y RUY), variación sin duda condicionada por el tipo de *segundo nombre*[133] que a ellos se adjuntaba. Con escasas excepciones, la variante apocopada se restringía a aparecer acompañada de patronímicos originarios (*aluar al[f]onso, ferrant gonçález, pero díaz, ruy ferrández*), mientras que la forma plena se combinaba con los demás posibilidades, a saber, *de* más nombre de lugar (*aluaro de henares, fernando de auilés, pedro de gelues, rodrigo de medina*) y nombre *delexical*[134] (*aluaro gallego, pedro camacho* si bien *pero barua* o *pero bueno*, más frecuente, *rodrigo barroso*); incluso era esta la variante que encontrábamos si el individuo carecía de segundo nombre propiamente dicho (*fernando trabajador, maestre pedro albani*). No era raro que, además, la variante plena pudiera aparecer con patronímicos con una determinada configuración fonológica: FERRANDO, por ejemplo, ante DÍAZ, RODRIGO ante los que comienzan con vocal (*rodrigo alfonso; rodrigo áluarez…*)[135].

---

129. También quedan atestiguadas BAUTISTA (69) o BAOTISTA (217) con vocalización de la consonante labial implosiva.

130. Este nombre presenta, por cierto, una notable variedad ¿solo gráfica?: así, JORJE (188v) y GORGE (41).

131. Tampoco es normal la alternancia entre MARGARITA (203v) y MARGARIDA (232v) con la consonante intervocálica sonorizada.

132. Las formas MICULAO (22) o NICULAO (32) son propias de italianos. Todas las variantes, castellanas o no, presentan *u* pretónica.

133. Empleo este término en lugar de *apellido* por ser menos problemático. De acuerdo con Nunes y Kremer (1999: 4), «o termo *segundo nome*, em vez de apelido, [sirve] para designar a unidades antroponímica que segue o prenome». Cf., al respecto, Kremer (2004: 14-15).

134. Tipo de segundo nombre «con base en el léxico común» (Kremer 2004: 14).

135. En Alcalá de Guadaíra (Rodríguez Toro 2002: 81, n. 117 y 119), las dos únicas alternancias que documento son las de *Álvaro-Alvar* y *Rodrigo-Rui*, que parecen estar determinadas por los mismos principios aquí expuestos.

En el padrón de 1384 (Álvarez, Ariza y Mendoza 2001: 23-24), la referida alternancia afectaba tan solo a FERRAND (o FERRANT) / FERRANDO, PER[O] / PEDRO y RUY [ROY] / RODRIGO. De entrada, las tres formas plenas eran minoritarias si se comparaban con las correspondientes apocopadas, o lo que es lo mismo, su aparición estaba fuertemente condicionada: FERRANDO se daba solo seguido de la preposición *de* así como de un segundo nombre que comenzara por la sílaba *dí-*; RODRIGO se combinaba con segundos nombres que empezaban por vocal (RUY lo hacía ante segundos nombres cuya inicial era consonántica, a excepción del patronímico RODRÍGUEZ, posible con aquella). Más compleja es la justificación de los cuatro ejemplos de PEDRO, puesto que este se combina con nombre de oficio (*alfajeme*: Álvarez, Ariza y Mendoza 2001: 57), con patronímico (*Martín*: Álvarez, Ariza y Mendoza 2001: 77), con giro introducido por *de* (*de los Pies*: Álvarez, Ariza y Mendoza 2001: 138) y con nombre delexical (*Enperial*: Álvarez, Ariza y Mendoza 2001: 70).

En el de 1533, por el contrario, las variantes plenas son posibles también ante patronímicos en tanto que las variantes reducidas siguen restringidas a la aparición con este tipo de segundo nombre. Encontramos así ejemplos de ÁLVARO como álvaro *díaz* (154v), álvaro *hernández* (137v), álvaro *pérez* (140) o álvaro *rodríguez* (169)… anteriormente insólitos. HERNANDO pasa a poder combinarse con patronímicos distintos de DÍAZ (*hernando garcía escudero*, 38v; *hernando lópez*, 121v; *hernando rodríguez*, 166v; *hernando suárez*, 81v…), y RODRIGO con patronímicos que no comiencen por A- (*rodrigo díaz*, 211v; *rodrigo gutiérrez*, 207v; *rodrigo hernández*, 230; *rodrigo pérez*, 206; *rodrigo sánchez*, 201…).

El caso de PEDRO / PERO es sin duda el más complejo de todos. Por una parte, se consuma la práctica desaparición de las diferencias medievales (PEDRO ante *de* + topónimo o similar y ante delexicales, PEDRO como nombre aislado, frente a PERO ante patronímico), pues aquel se combina en nuestro documento con patronímicos (*pedro hernández*, 149v; *pedro martín*, 147v) y este puede darse ante delexicales (*pero loçano*, 19v; *pero gallego*, 21v; *pero pardo*, 26v; *pero nieto*, 136v; *pero viejo hijo de pero viejo*, 97v) así como ante *de* (*pero del valle*, 244v). Ahora bien, ¿qué hacemos con los casos, numerosos, en que el nombre aparece abreviado como P°? Parece razonable omitirlos, pues no puede saberse si se trata de PERO o de PEDRO. Y, precisamente, la combinatoria no ayuda. Además, como varían las manos que intervinieron en la copia[136], a veces es clara la abreviatura, pero otras muchas veces no: si bien el trazo que atraviesa la *p* debería interpretarse como PERO, el quinto escribano utiliza la misma abreviatura del nombre ante patronímico, ante delexical, ante *de* más nombre de lugar, como nombre aislado, incluso escribe la *p* de PEDRO con trazo (véase 190v). En la parte del documento copiada por el sexto de los

---

136. Como ya se ha indicado, intervinieron seis manos distintas en la escritura del documento.

escribanos (ff. 193 al final), la diferencia entre *p* y *p* con trazo parece cuestión, más bien, del grado de cursividad.

A todo lo dicho se añade que PE[D]RO participa en la creación de conglomerados con segundos nombres que comienzan con *a-*: *pedrarias* (189v), *perálvarez* (50v, 112, 190).

Entre ANTÓN y ANTONIO, a tenor de los datos del padrón estudiado, no existía tampoco distribución complementaria, pues ambos se combinaban con los mismos tipos de segundo nombre, si bien es verdad que ANTONIO es más frecuente ante *de* que ANTÓN (aun así: *antón de villalobos*, 92; *antón de córdova* 104…), y este menudea con patronímicos, posibilidad registrada asimismo con la variante plena, siquiera excepcionalmente (como demuestran: *antonio sánchez*, 60v; *antonio ramírez*, 108; *antonio hernández*, 166…). La frecuencia absoluta de ANTONIO es mucho mayor a principios del XVI[137] que durante todo el siglo XV: recordemos que no lo documentábamos en Alcalá (Rodríguez Toro 2002) y que en la colación de San Lorenzo solo aparecía en una ocasión (precedido del tratamiento *miçer* y sin segundo nombre). De los tres casos recogidos en el padrón de 1384, correspondientes no por casualidad a vecinos de cuantía bastante alta, uno tenía el tratamiento de *miçer* (no consta segundo nombre), los otros dos se apellidan *de Braçeo* y *de Puga* (Álvarez, Ariza y Mendoza 2001: 57-59). De todo ello se deduce que entre ANTÓN y ANTONIO existió en la Edad Media una indudable diferencia social: ANTONIO para miembros de las clases favorecidas y (o) extranjeros, ANTÓN, el nombre más popular. Pero es posible que la generalización de la variante plena supusiera una ampliación de su empleo, de hecho, como hemos visto, ya se daba con patronímicos a principios del siglo XVI.

Otro par de nombres emparentados etimológicamente, ALONSO / ALFONSO, refleja en el documento que analizamos una situación diametralmente opuesta a la que evidenciaba en los censos medievales. Si bien con dificultades en su interpretación por aparecer normalmente abreviadas (*aº*, *alº*…), todos los textos del XV cuentan con las dos variantes. En el siglo XVI, según se colige al menos de nuestro padrón, ALFONSO desapareció por completo al tiempo que ALONSO ocupaba su lugar. La única documentación de ALFONSO en el padrón sevillano de 1533 es como segundo nombre (*blas alfonso*, 52) pero, además, lo que no deja de ser significativo, se trata de un ciudadano portugués.

---

137. De los 275 casos consignados como ANTÓN (véase más adelante), 20 son de ANTONIO y 6 de su variante gráfica ANTOÑO. A ellos hay que añadir el más que probable lapsus de ANTONTONIO (239v) y un caso de ANTONO (92). Es posible que a la forma plena le correspondan, además, los 16 ejemplos de la abreviatura ANTº. Sin considerar a los extranjeros *antoni sardo* (23v) y *antonio de nisa ginoves* (51), queda claro el aumento de la variante plena a principios del XVI.

Llegados a este punto, ya sí que es posible establecer qué nombres de pila –y en qué cantidades– se registran en Sevilla a principios del siglo XVI. Una vez consideradas las diversas variantes, se obtienen ciento catorce nombres masculinos[138] y cincuenta y ocho femeninos (de estos se tratará por separado, véase más adelante).

Los nombres de pila masculinos documentados en el padrón se distribuyen, en cualquier caso, de una manera muy irregular. Así, la suma de todos los ejemplos de los cinco más frecuentes –esto es, JUAN (1318 casos, 20%), FRANÇISCO (734 casos, 11%), ALONSO (662 casos, 10%), PE[D]RO (593 casos, 9%) y DIEGO (571 casos, 8,7%)– asciende a 3878, lo que representa el 59% del total. Dicho de otro modo: seis de cada diez vecinos recogidos tenían alguno de estos nombres.

En un segundo grupo de antropónimos con cantidades superiores a los cien ejemplos se encuentran HERNAN[DO] (316 casos), ANTÓN (275 casos), CHRISTÓVAL (261 casos), GONÇALO (175 casos), RODRIGO [RUY] (158 casos), LUYS (122 casos), MARTÍN (119 casos) y BARTOLOMÉ (111 casos[139]).

Entre diez y cien casos poseen ANDRÉS (95 casos), MIGUEL (64 casos), SAVASTIÁN (57 casos), GARÇÍ[A] (44 casos), GERÓNIMO (43 casos), BENITO (42 casos[140]), ÁLVAR[O] y GASPAR (38 casos), NICULÁS (34 casos), LOPE (29 casos), BLAS y MARCOS (28 casos), JORGE y MELCHIOR (22 casos), GREGORIO (21 casos), GÓMEZ (20 casos), LÁZARO y SANCHO (19 casos), T[H]OMÁS (18 casos), BALTASAR (17 casos), BERNALDO y ESTEVAN (16 casos), LORENÇO (15 casos), DOMINGO y MAT[H]EO (12 casos), GINÉS y LUCAS (11 casos), y SALVADOR y XIMÓN (10 casos).

Por debajo de las diez apariciones se evidencia, como es lógico, la mayor variedad onomástica: BERNAL, GRAVIEL y GIL (9 casos); AGUSTÍN, BERNALDINO y FELIPE (8 casos); DAMIÁN, MANUEL y PABLO[S] (7 casos); BERNABÉ, PASQUAL, TOMÉ y VIÇENTE (6 casos); LEONÍS (5 casos); ALEXO[S], FABIÁN, GUTIERRE, LLORENTE e YNIGO (4 casos); ASENSIO, CARLO[S], COSME, ESTAÇIO, FRUTOS, GUILLERMO, JAYME[S], JUL[L]IÁN, LEONARDO, RAFAEL, SANTIAGO, TORIBIO, TRISTÁN y VASCO (3 casos); ALEXANDRE, ALVERTO, ÁNGEL, APARIÇIO, ARIAS, ATANASIO [ATENAÇIO], FORTUÑO, J[X]ÁCOME, MAÇÍAS, ROQUE y VIRGIL[I]O (2 casos); y AMADOR, AMBROSIO, BALDERINO, BAOTISTA, BELTRÁN, ÇEBRIÁN, DOMÍNICO, DUARTE, ENRIQUE, ÉTOR, FLORENÇIO, FRANCO, GAYTÁN, GRIS, GUILARDO, JUANES, LEANDRE, LESMES, LORENÇIO, MENDO, NICAFYO,

---

138. DOMÍNICO, FRANCO, JUANES, LORENÇIO y VIÇENCIO, nombres de vecinos de origen foráneo, son asimilables a DOMINGO, FRANÇISCO, JUAN, LORENÇO y VIÇENTE, respectivamente. Bien por la mala calidad de la imagen, bien por no identificar la abreviatura bajo la que aparecen, no he conseguido descifrar los siguientes nombres: ¿SALUR^{co}? (52 y 84v), JUANITIN (62), ¿ANDRES? (63), LOR (64v) –éste repetido dos veces más. Hay otros cinco nombres que ni siquiera puedo leer en 68v, 182, 183, 191 y 245.

139. Cantidad a la que, con seguridad, podrían añadirse 2 casos más que aparecen abreviados como bar^e. Más discutible es la atribución a BARTOLOMÉ de los ejemplos abreviados como br^e, que alcanzan la nada despreciable cantidad de 101 ejemplos.

140. Al que cabría añadir un ejemplo más de b^o (40).

NUFRO, RAMIRO, REYMUNDO, SABUSTÍN, SILVESTRE, SUERO, THURRÓN, VRBÁN, VALENTÍN, VALIÁN, VIÇENÇIO, YUSTE, XIMENO y XIRÓN (1 caso).

Ahora bien, ¿qué suponen estas cantidades en relación con las obtenidas por el análisis del padrón del año 1384 (cf. Álvarez, Ariza y Mendoza 2001: 21-22)? Como ha quedado dicho, ese documento es el único que en época medieval recoge toda la vecindad de Sevilla, lo que permite una comparación más rigurosa que si tomamos sus colaciones o barrios por separado. El cotejo entre los índices de frecuencia, en tanto por ciento, de los quince nombres masculinos más repetidos revela los cambios principales que afectaron al acervo antroponímico durante ese siglo y medio:

Padrón de 1384	Padrón de 1533
JUAN: 23 %	JUAN: 20 %
PEDRO: 10,5 %	FRANÇISCO: 11 %
ALFONSO: 9,59 %	ALONSO: 10 %
FERRANDO: 8,21 %	PEDRO: 9 %
GONZALO: 6,08 %	DIEGO: 8,7 %
RODRIGO: 4,42 %	HERNANDO: 4,81 %
MARTÍN: 4,21 %	ANTÓN: 4,19 %
DIEGO: 3,62 %	CHRISTÓVAL: 3,87 %
DOMINGO: 3,58 %	GONÇALO: 2,66 %
ANTÓN: 3,50 %	RODRIGO: 2,40 %
BARTOLOMÉ: 2,41 %	LUYS: 1,86 %
GARCÍA: 1,7 %	MARTÍN: 1,81 %
MIGUEL: 1,41 %	BARTOLOMÉ: 1,72 %
ALVAR: 1,33 %	ANDRÉS: 1,44 %
FRANCISCO: 1,2 %	MIGUEL: 0,97 %

A la vista de la tabla precedente, los nombres cuya aparición desciende en el período considerado son JUAN, PE[D]RO, HERNANDO, GONÇALO, RODRIGO, MARTÍN, DOMINGO, BARTOLOMÉ, GARCÍ[A], MIGUEL y ÁLVAR[O]. Los que, por el contrario, aumentan su frecuencia de uso son FRANÇISCO, ALONSO, DIEGO, ANTÓN, CHRISTÓVAL, LUYS y ANDRÉS. La distinción de estos dos grupos de nombres merece, por supuesto, toda una serie de aclaraciones.

En efecto, entre los nombres que disminuyen se encuentra JUAN. Es cierto que desciende tres puntos (de 23 a 20%), pero mantiene su primer puesto duplicando en ambos padrones la cantidad de ejemplos del segundo (PEDRO en 1384, FRANÇISCO en 1533). El descenso de frecuencia se debería al incremento del número total de nombres, extranjeros o no, extremo que incide en la diversidad.

De manera generalizada, como sabemos, se observa en la antroponimia medieval castellana un abandono del nombre hispanogótico, el tipo predilecto durante toda la Alta Edad Media. Este fenómeno se refleja con claridad en el padrón analizado: salvo AL[F]ONSO, que mantiene su puesto 3º e incluso aumenta su frecuencia (de 9,59 a 10%)[141], descienden HERNANDO, GONÇALO, RODRIGO y ÁLVAR[O]. HERNANDO y GONÇALO pierden cuatro puntos (de 8,21 a 4,81% uno, de 6,08 a 2,66% otro), RODRIGO solo dos (de 4,42 a 2,40%): los tres descienden varios puestos en el listado, HERNANDO pasa de 4º a 6º, GONÇALO de 5º a 9º y RODRIGO de 6º a 10º. ÁLVAR[O], por último, desaparece de la lista de los quince nombres más repetidos.

También descienden algunos nombres de santos, quizá porque su advocación había dejado de estar de moda: PE[D]RO pierde punto y medio (de 10,5 a 9%) y dos puestos (2º a 4º) al igual que MIGUEL (de 13º a 15º). El caso más problemático es el de BARTOLOMÉ: si no consideramos como suya la abreviatura br^e, desciende de 2,41 a 1,72% (y dos puestos, de 11º a 13º); de haber tenido en cuenta los ejemplos referidos, cabría incluirlo entre los nombres que mejoran su índice de frecuencia (alcanzaría los 214 ejemplos y 3,26%).

Por lo demás, desaparecen de la lista dos nombres de pila característicos de la Edad Media como DOMINGO y GARCÍ[A].

En cuanto a los nombres que incrementan su uso, el caso más llamativo es sin duda alguna el de FRANÇISCO, pues sube desde el puesto 15º al 2º, en tanto por ciento, de 1,2 a 11. También aumentan DIEGO (de 3,62 a 8,7%; de 8º a 4º) y, algo menos, ANTÓN (de 3,5 a 4,19%; de 10º a 7º). CHRISTÓVAL o LUYS, que apenas si contaban con ejemplos a finales del XIV (2 y 5 ejemplos, respectivamente), alcanzan en el padrón de 1533 el 3,87% (8º) y el 1,86% (11º). Aparece en el listado, asimismo, ANDRÉS (1,44%; 14º). Todos estos nombres son, como puede comprobarse, de santos cuya devoción se habría generalizado en el siglo XV.

En líneas generales, según se desprende del contraste anterior, apenas se registran transformaciones de relieve entre la antroponimia medieval y la de principios del siglo XVI en Sevilla. El repertorio de nombres propios se mantiene prácticamente inalterado si consideramos sus unidades integrantes. Es normal que, dependiendo de modas o de tendencias no siempre fáciles de determinar, algunos de los nombres mejoren sus índices de frecuencia mientras que otros decrezcan en su

---

141. Al igual que JUAN, nombre también regio, AL[F]ONSO parece escapar a las modas a los que la mayoría de nombres no consigue sustraerse.

aparición, pero no hay incorporaciones relevantes salvo las correspondientes a algunos vecinos de origen foráneo (véase más adelante).

No se puede interpretar, desde un punto de vista socioeconómico, el empleo de antropónimos por parte de los vecinos consignados en el documento como *miçer* o como *maestre* –abreviado *m^e*– (o sus variantes *mestre* o *maese*), pues se cuentan tanto entre los que poseen un nombre muy frecuente (por ejemplo, FRANÇISCO 40, JUAN 32, PEDRO 20v) como entre los que no lo son tanto (por ejemplo, FELIPE 59v, JORGE 51, TOMÁS 84v). Tampoco los moriscos sevillanos empadronados en 1533 se llamaban de manera diferente a los demás habitantes de la ciudad: salvo AGUSTÍN (95v) o RAFAEL (182), nombres de muy escasa aparición, participan de los nombres más repetidos en el padrón: FRANCISCO (3 casos: 92v, 98 y 98v), JUAN (2 casos: 98 y 98v), PERO (2 casos: 97 y 99), DIEGO (2 casos: 95 y 97), ANTÓN (97), LUIS (98v) y ANDRÉS (108).

Correspondería, pues, a los anotados como foráneos –principalmente, portugueses, valencianos, gallegos, catalanes, genoveses, napolitanos, franceses e ingleses[142]– la responsabilidad de la renovación de la onomástica personal sevillana. Estos hombres se caracterizan por una antroponimia específica, claramente diferenciadora de la autóctona: un ejemplo bastante significativo es el de RAFAEL, nombre con tres casos, el del morisco ya señalado, el de un genovés (62v) y el de un catalán (188). En cuanto a LEONARDO, también con tres documentaciones, se llaman así un genovés (62v) y un individuo sin segundo nombre (*leonardo trabajador*, 226)[143]. Sí consta el origen gallego de XÁCOME (193v), no el de JÁCOME (39v), si bien debe de ser también foráneo. De tres casos de JAYMES, solo uno de ellos (187v) aparece anotado como valenciano. El del f. 136v se apellida *barbossa* y el del f. 148v carece de segundo nombre. Uno de los tres nombres llamados GUILLERMO (67) era inglés. Son genoveses BALDERINO (113), CARLO (60) y FRANCO (61v)[144].

Serían asimismo extranjeros, aunque no consta de manera explícita, los casos únicos de DOMINICO (50), ÉTOR (98), GRIS (97v), GUILARDO (128v) y REYMUNDO (128v), y las dos apariciones de ALEXANDRE (192, 193v), entre algunos otros.

Como en toda la Edad Media, no existían nombres de pila compuestos a principios del XVI. De los seis hombres que portan el único ejemplo probable del corpus, JUAN BAUTISTA (o JUAN BAPTISTA), dos son genoveses (69, 70) y uno, valenciano (153v). En los otros tres testimonios (94v, 153v, 230v), no figura el origen. Todavía,

---

142. Junto a los casos en que la alusión al origen extraño es explícita, en otras ocasiones se puede inferir la naturaleza del sujeto gracias a su segundo nombre o, incluso, a la ausencia de este elemento denominativo.

143. El caso restante es el de *leonardo gutiérrez mayordomo del señor del algava* (105).

144. Los portugueses, por ejemplo, ALEXOS (17v) y BLAS (52), no tienen nombres distintos.

por lo tanto, no sería un procedimiento denominativo normal en el sistema onomástico de la época.

En cuanto a los nombres de pila femeninos, existe, como es bien sabido, un
obstáculo prácticamente insalvable para su conocimiento: la escasez de mujeres
en los documentos. En efecto, en los padrones medievales la cantidad de vecinas
anotadas es siempre muy inferior a la de los hombres, puesto que se trata de censos fiscales que no recogen la totalidad de la población, sino solo las identidades
de los contribuyentes –aquellos que ostentaban la cabeza de familia– y estos raramente son mujeres, salvo que se trate de viudas (otras situaciones posibles son las
de solteras y beatas).

Ahora bien, el censo analizado presenta más referencias a mujeres de las que
hayamos podido encontrar en otras ocasiones, 2.202 con nombre de pila[145], lo que
ofrece sin duda una base más firme para nuestras averiguaciones. Y es que en el padrón sevillano del año 1384 (cf. Álvarez, Ariza y Mendoza 2001), de 2.613 vecinos
aparecen 509 mujeres con nombre de pila (de un total de 608); en la colación sevillana de San Lorenzo, entre los años 1408 y 1488, contamos solo 328 y en la localidad de Alcalá de Guadaíra, 228 (Rodríguez Toro 2002: 85-86).

En 1533, los diez nombres de pila más frecuentes son CATALINA (293 casos,
13,3 %), YSABEL (283 casos, 12,8 %), JUANA (217 casos, 9,8 %), MARÍ[A][146] (206 casos,
9,3 %), LEONOR (200 casos, 9 %), ANA (169 casos, 7,6 %), BEATRIZ (163 casos, 7,4 %),
FRANCISCA e YNÉS (140 casos cada uno, 6,3 %) y ELVIRA (75 casos, 3,4 %). No constata-
mos, de entrada, grandes diferencias con los índices de frecuencia obtenidos en
documentos del siglo anterior ya estudiados: aunque pueda verse alterada su posición en los listados, son prácticamente los mismos nombres de la colación de
San Lorenzo (CATALINA, LEONOR, JUANA, BEATRIZ, MARÍA, YSABEL, YNÉS, ANA, MARINA y EL-
VIRA) o de la localidad de Alcalá de Guadaíra (CATALINA, JUANA, MARINA, YSABEL, MA-
RÍA, ANA, ANTONA, YNÉS y LEONOR; Rodríguez Toro 2002: 86) así que «la liquidación
de la Edad Media» de que habla Menéndez Pidal en relación a esta antroponimia no existe como tal. Los únicos cambios dignos de mención afectan a FRAN-
CISCA y ANA. En cuanto al primero de estos nombres, de la misma manera que
FRANCISCO, ocupa en 1533 un puesto muy destacado, no obstante, la inexisten-
cia de caso alguno suyo durante la primera mitad del siglo XV en San Lorenzo y en

---

145. En dicha cantidad están incluidos dos nombres que no he conseguido interpretar: NEN-
BRANÇA? (89v) y GAJOMA? (195). A todos ellos habría que añadir, entre otros, los casos de apodos como *la
xabonera* (28) o los de denominación indirecta como *la suegra de vallejo* (ibidem) o *la de soria* (ibidem),
que por constar sin su nombre de pila no son casos tomados en consideración aquí.

146. La variación MARI / MARÍA no parece condicionada por factor alguno, habida cuenta que
ambas formas (apocopada y plena) se combinan con los mismos segundos nombres (GARCÍA, HERNÁN-
DEZ, RUIZ…).

Alcalá[147]: hay que esperar a la década de 1480 para ver testimoniado su empleo (cuatro ejemplos de la colación de San Lorenzo). Si tenemos en cuenta los datos de finales del XIV, también ANA ha experimentado un aumento considerable, pues es nombre que no se documenta en el padrón de 1384. En el siglo XV presenta, según los datos de que dispongo, una frecuencia media (18 ejemplos en Alcalá, 6º puesto, 7,9 %; los mismos en San Lorenzo, 8º puesto, 5,4 %) (Rodríguez Toro 2002: 86). Hay que recordar al respecto que la advocación de la colación de Triana era Santa Ana, tal vez por eso sea tan frecuente en la ciudad[148].

En un segundo grupo se cuentan MARINA (42 casos), T[H]ERESA (35 casos), ANTONA[149] (27 casos), LUYSA (26 casos), COSTANÇA (23 casos) y MENÇÍA (20 casos), todos ellos nombres que se documentan con anterioridad, excepción hecha del cuarto. Mientras que LUYS aparece en Sevilla ya en 1384, LUYSA no se da hasta principios del XVI en nuestra ciudad. Si bien en menor medida que FRANCISCO / FRANCISCA, parece haber una relación entre el incremento del nombre masculino y de manera ulterior su feminización. Parece ser que la moda en la imposición del masculino arrastra a la del correspondiente femenino.

Testimoniados en Sevilla desde 1384 y a todo lo largo del siglo XV se encuentran LUZÍA (14 casos), MAYOR (13 casos), VIOLANTE (13 casos), ELENA (11 casos) y GUIOMAR (10 casos). Aunque falte GRAÇIA (10 casos) en el XV, su único ejemplo de 1384 asegura su existencia en la ciudad desde entonces.

Los nombres de pila femeninos con una frecuencia inferior a la decena son, a su vez, los más novedosos. Aparte de MAGDALENA (5 casos), ALDONÇA y GINESA (4 casos), SANCHA (3 casos), BLANCA y JULIANA (2 casos), y ÁGUEDA[150], BÁRBOLA, BENITA, PETRONILLA, SUSANA y URRACA (1 caso), pervivencias de la antroponimia medieval de Sevilla (cf. Álvarez, Ariza y Mendoza 2001: 39 y n. 72, Rodríguez Toro 2002: *loc. cit.*) –algunos de ellos como SANCHA, PETRONILA o URRACA claramente medievales y socialmente prestigiados–, se incorporan ÚRSULA (8 casos), FLORENTINA (6 casos), VÍRGIDA (5 casos)[151], ANGELINA, BERNALDINA, GINEBRA y MARGARITA (2 casos), y ALBARÉN, ANDREA, BASTIANA, BAUTISTA[152], BITORIA, BRIANDA, CASILDA, CASTAÑEDA, ESCOLÁSTICA,

---

147. Como dato curioso, FRANCISCA sí se documenta en el padrón de 1384: ¿cómo explicar su desaparición hasta un siglo después?

148. CATALINA, el primero, y MARÍ[A], el cuarto, son otros nombres femeninos cuya alta frecuencia puede estar relacionada con que hay colaciones de Sevilla llamadas así.

149. Junto a esta forma, que es la más abundante, se documentan ANTOÑA (por ejemplo, 28v) con nasal palatal y la «culta» ANTONIA (163).

150. No la encuentro en Sevilla, pero sí en Alcalá.

151. Variante VIÉRJEDA (100).

152. Es nombre femenino, pero también masculino. El único nombre compuesto de mujer es, precisamente, JUANA BATISTA (89v). Véase más arriba.

EVA[153], FELIPA, GAMONA, MARTA, QUITERIA, SAVINA, SEVASTIANA e YSEO (1 caso), nombres todos ellos sin documentación anterior[154].

Escasos datos aportan los nombres femeninos de los grupos sociales minoritarios (siempre, claro está, según se desprende de las anotaciones contenidas en
nuestro padrón), pues ni moriscas ni negras tienen nombres especiales, más bien
al contrario, se llaman como la gran mayoría de las sevillanas: las moriscas anotadas como tales portan los nombres de CATALINA (101 [2 casos] y 122v), YSABEL (116v),
JUANA (101, 101v y 123), LEONOR (99v, 123 y 167), MARÍA (101v, 122v y 203) y FRANCISCA
(116v); son negras («de color negra») CATALINA (77v [2 casos] y 171v [2 casos]), FRAN-
CISCA (233), BEATRIZ (89), YSABEL (79) y JUANA (78). La única excepción la constituye VIO-
LANTE (79), antropónimo que como se ha dicho tiene una frecuencia más bien baja.
Como «prietas», por último, aparecen ELVIRA (197) e YSABEL (150). El único caso regis-
trado de FELIPA (75v) es de una portuguesa.

Tampoco se pueden extraer demasiadas conclusiones del valor social de los
nombres combinados con *doña*, pues aparecen con esta fórmula de tratamiento,
salvo YNÉS, los diez nombres más frecuentes de la documentación –los ocho primeros superan, como hemos visto, los 140 casos–: CATALINA (87, 89v y 133), YSA-
BEL (43v, 75, 88 y 101), JUANA (89 y 197), MARÍA (89), LEONOR (99, 122, 150 y 213), ANA
(88v), BEATRIZ (89v y 150), FRANCISCA (89v y 159v) y ELVIRA (54). La menor frecuencia
total de COSTANÇA, MENCÍA y, muy por debajo de todos ellos, SANCHA realza el valor
de los respectivos casos de estos nombres precedidos por *doña* (213, 195 y 150v,
respectivamente).

Así pues, los sevillanos de principios del XVI se llamaban de manera bastante
parecida a sus ascendientes: no se constata en el primer tercio de dicho siglo rup-
tura alguna respecto de la antroponimia bajomedieval. Por lo visto, la «liquidación»
de esos nombres de pila apuntada por Menéndez Pidal debió de consumarse con
posterioridad al período preclásico (años 1480-1550). Fijémonos en algunos de los
datos obtenidos: de los cuatro nombres de pila masculinos más impuestos en 1533
(por orden, JUAN, FRANÇISCO, ALONSO y PEDRO), tres ya lo habían sido en 1384 (JUAN,
PE[D]RO y AL[F]ONSO); y JUAN supera en ambos censos el 20%, doblando además la
cantidad del segundo (PE[D]RO en 1384, FRANÇISCO en 1533). También el listado de
los diez nombres femeninos más frecuentes en 1533 (CATALINA, YSABEL, JUANA, MARÍA,
LEONOR, ANA, BEATRIZ, FRANÇISCA, YNÉS y ELVIRA) coincide casi en su totalidad con los obtenidos del análisis de censos del siglo XV.

---

153. Figura entre las novedades a menos que lo consideremos variante de Adeva, ya aparecido
en el padrón de 1384.

154. ALDONZA, MENCÍA y VIOLANTE son los nombres medievales que desaparecieron en el XVI, a decir de Menéndez Pidal.

Entre los nombres que, aunque ya documentados en la Edad Media, experimentan un más notable incremento se encuentran FRANÇISCO y ANA. Aquel ocupa, como se acaba de indicar, el segundo puesto en el censo analizado; ANA no se documentaba aún en 1384 y su frecuencia en el XV es media. El aumento de FRANÇISCO, no obstante, es más relevante porque arrastra el de su correspondiente femenino FRANÇISCA, nombre que ni siquiera se atestiguaba en el siglo anterior. Si bien en menor medida, fenómeno análogo afecta a LUYS y LUYSA (como en la Edad Media había ocurrido entre JUAN y JUANA, por cierto).

Con ser datos de limitado alcance, las minorías sociales (moriscos, negros) no parecen contar con nombres específicos. Las escasas fórmulas de tratamiento encontradas –*doña, miçer, maestre*– tampoco permiten deducir que hubiera preferencias por ciertos nombres en lugar de otros (solo SANCHA pudiera considerarse nombre prestigiado socialmente). Así que son los vecinos foráneos, sobre todo, los responsables de la introducción en el repertorio onomástico de elementos antes no documentados (repárese, por ejemplo, en los casos de RAFAEL, LEONARDO o FELIPA). Otra innovación imputable a los extranjeros es la del nombre de pila compuesto.

Pero tal vez el cambio más claro es el que afecta a la extensión de ÁLVARO, ANTONIO, HERNANDO, PEDRO o RODRIGO en perjuicio de ALVAR, ANTÓN, HERNAN, PERO o RUY, respectivamente. Las variantes plenas ya se combinan en el siglo XVI con todos los tipos de segundos nombres, incluso con patronímicos, posibilidad restringida en la Edad Media a las formas reducidas. Con la generalización de la primera serie de formas se entiende mejor la práctica inexistencia de la segunda en los siglos posteriores.

Capítulo 6
De onomástica rural andaluza:
la Sierra de Aroche (año 1407)*

Durante la Baja Edad Media, el vasto territorio del Reino de Sevilla –así como las localidades que lo integraban– no dependía de una única jurisdicción: además de
las ciudades realengas, las órdenes militares dominaban extensas zonas; había asimismo señoríos eclesiásticos, como los concedidos al arzobispo o al Cabildo de la
Catedral de Sevilla, y señoríos laicos tan destacados como los ducados de Medina
Sidonia y de Arcos. A todo ello ha de añadirse la porción del reino que quedaba
bajo el control del concejo de Sevilla, la parte conocida como *Tierra*, esto es, el término o *alfoz*, territorio sobre el cual la ciudad

> ejercía la totalidad de los derechos señoriales y el mero mixto imperio, designando
> justicias y regidores en las villas y lugares […], promulgando ordenanzas, cobrando
> rentas y derechos, reclutando las milicias concejiles, previo repartimiento entre sus ve-
> cinos y resolviendo en alzada los pleitos ante las justicias locales (Collantes de Terán
> 1953: 131).

Consciente de la importancia de la Tierra tanto para la defensa como para
el abastecimiento de Sevilla, el rey Alfonso X había señalado su deslinde por el
norte y por el sur en sendos privilegios de 6 y 8 de diciembre de 1253 con el objeto de fijar las fronteras con los reinos de Portugal –la *banda gallega*– y de Granada –la *banda morisca*–, respectivamente (González 1951: 371-386, Collantes de
Terán 1953: 131, 135, González Jiménez [ed.] 1991: docs. 80 y 81). Pero la Tierra
de Sevilla carecía de homogeneidad interna. En efecto, estaba dividida en cuatro
demarcaciones –Sierra, Aljarafe, Ribera y Campiña–, de las que la primera era la mayor con algo más de 5500 km^2 y constituía el límite septentrional del alfoz hispalense, pues comprendía la Sierra de Constantina, al norte de la actual provincia de

---

* Publicado en *Nouvelle Revue d'Onomastique*, 57, 2015, 223-240 [ISSN: 0755-7752].

Sevilla, y la Sierra de Aroche o Aracena, al norte de la actual provincia de Huelva. Las numerosas fortalezas de la estribación occidental de Sierra Morena constituían las piezas del entramado defensivo frente al vecino Portugal y cuidaban de los varios caminos que atravesaban la comarca, caso de la milenaria Ruta de la Plata:

> El […] grupo [de castillos] de la frontera portuguesa estaba todo él constituido por lugares fortificados y castillos de bastante solidez, dada la naturaleza del terreno, formando líneas concéntricas escalonadas en profundidad de las cuales la primera y más cercana a la frontera la formaban Aroche, Encinasola y Fregenal, teniendo detrás una segunda con Torres, Cortegana y Cumbres Mayores y por último otra formada por Aracena, Cala y Santa Olalla (Collantes de Terán 1953: 135).

Desde la Edad Antigua, la Sierra (*Sarra* o *Serra* entre los musulmanes) había sido una región celebrada por su riqueza minera: en su territorio se encontraban minas de plata, así como canteras de mármol explotadas en tiempos del Imperio Romano. Pero también destacaba económicamente por la ganadería, la apicultura o la madera (González 1951: 379). Su territorio, asimismo, habría contado ya en época musulmana con una «personalidad administrativa propia» (Borrero 1998: 45): se repartía entonces entre dos coras o provincias, la de Sevilla y la de Firrish. La reconquista, en una fecha inmediatamente anterior a la campaña de Sevilla, se alcanzó allí mediante pactos, de manera que sus habitantes pudieron conservar las propiedades y bastantes construcciones andalusíes se mantuvieron en pie algún tiempo después (González 1951: 379). Los principales conflictos que la afectaron en la Baja Edad Media fueron de naturaleza fronteriza y se originaron en las disputas por el control del territorio con Portugal y, en menor medida, con las órdenes militares[155].

De entre las diversas fuentes de las que se sirven los historiadores para conocer la comarca de la Sierra en el siglo XV, cabe destacar los padrones y, de modo particular, el *padrón de vecinos movilizables* de la Sierra de Aroche fechado en 1407, censo que recoge las identidades de los vecinos y moradores de la zona «obligados a prestar el servicio de armas» (Collantes de Terán 1978: 287). Repetidas veces citado por los investigadores (así, entre otros, Collantes de Terán 1978: 290, Flores 1992: 24 o Borrero 1998: 48), el documento número 40 de la sección 16ª del Archivo Municipal de Sevilla consta de veintisiete folios numerados con los listados de los vecinos dispuestos a doble columna y lleva por título «padrón de los caballeros, ballesteros, lanceros de los lugares de la Sierra de Aroche» realizado «por mandado» de la ciudad de Sevilla por el veinticuatro Pero Rodríguez de Esquivel (Collantes de Terán 1977).

---

155. Para más información al respecto pueden consultarse Casquete de Prado (1993) y Pérez-Embid (1999).

Las localidades recogidas en el padrón y los números del folio (f.) o folios (ff.) del original en que aparecen son las siguientes: Santa Olalla (ff. 1v-3v), Cala (ff. 4-5), El Bodonal (ff. 5-6), La Marotera (f. 6), Fregenal (ff. 7v-13), Cumbres Mayores (ff. 13v-16), Cumbres de San Bartolomé (ff. 16v-17), Aracena (ff. 17-20v), Cortegana (ff. 21-22), Aroche (ff. 22v-23v), El Cerro (f. 23v), Encinasola (ff. 24-24v), La Higuera (ff. 24v-25v) y Zufre (ff. 26-26v). Al final del documento (ff. 27-27v), se adjunta un listado de los «ballesteros de la nómina de los ciento cincuenta de Juan Martínez» en que aparecen vecinos de Santa Olalla, Cala, Cumbres Mayores, Aracena y Zufre.

El padrón diferencia, en primer lugar, tres categorías militares, *caballeros* (*de gracia* y *de cuantía*), *ballesteros* y *lanceros*, determinadas por el estatus socioeconómico del individuo (Flores 1992: 20-21, 24)[156]. Se agrupan por separado en secciones de diez hombres o *dezenas*, que en el caso de los ballesteros y los lanceros están a las órdenes de un *quadrillero*[157]. Ahora bien, el documento establece otras interesantes distinciones como «viejos et pobres» (en Santa Olalla, Cala, El Bodonal, La Marotera, Fregenal, Cumbres Mayores, Cumbres de San Bartolomé, Aracena, Cortegana, Aroche, Encinasola, La Higuera y Zufre), conversos (en Santa Olalla, Cala, Fregenal, Cumbres Mayores y Aroche), hidalgos (en Fregenal, Cumbres Mayores y Aracena), francos[158] (en Santa Olalla y Cala), «avastillados» (en El Bodonal), «los que son de corona» (en Fregenal) y «los que traen galeotes en la mar» (en Fregenal y Aracena). Solo carece, como es normal, de mujeres.

Pero los análisis realizados a este valioso texto de principios del XV han fijado su atención, sobre todo, en los datos relevantes para conocer la demografía de la zona en la época (cf. los trabajos recién citados). No parece que haya interesado aún la onomástica contenida en él, lo que extraña dada la exhaustividad que se le supone al documento, rasgo derivado de su condición oficial. Además, como ya se ha indicado, el padrón refleja numerosas distinciones sociales y esa diversidad podría favorecer sin duda alguna el estudio de los nombres personales. El documento ofrecería el interés adicional de presentar una onomástica diversa de la de la *cibdad* de Sevilla o de las localidades más cercanas a ella dentro de su alfoz (estudiada, entre otros, en Álvarez, Ariza y Mendoza 2001 y Rodríguez Toro 2002). Como se ha indicado antes, la zona de la Sierra disfrutaba desde tiempo atrás de un estatus administrativo peculiar, se encontraba alejada de la capital del reino y la vida

---

156. A diferencia de lo que ocurría en los documentos castellanos de idéntica naturaleza que solo diferenciaban dos, caballeros y peones.

157. No hay caballeros ni en Cala ni en Cumbres de San Bartolomé ni en Encinasola ni en Zufre. En El Bodonal, en La Marotera y en La Higuera los caballeros son de gracia y no hay ballesteros. El Cerro, por último, solo tiene lanceros.

158. Los francos pueden ser del Alcázar, de las Atarazanas o de la Casa de la Moneda, establecimientos en los que dichos vecinos prestaban su servicio militar.

en ella se encontraría indudablemente condicionada por la difícil orografía y por la cercanía de la frontera con Portugal. Todas estas circunstancias deberían de influir en la antroponimia.

El único inconveniente que en principio presenta el padrón para que sea completo el análisis de su onomástica es, como ya se ha adelantado, la ausencia de mujeres[159]. Con el objeto de evitar esta carencia, se han incluido en el corpus de investigación de este trabajo todas las identidades femeninas registradas en seis «padrones de cuantías de vezinos y moradores»[160], los documentos numerados como 27, 28, 30, 31, 32 y 34 de la Sección 16ª de la Archivo Municipal de Sevilla (Collantes de Terán 1977), realizados en las localidades de Aracena, Cala, Cumbres Mayores, Encinasola, Fregenal y La Marotera, respectivamente, en los meses de abril y de mayo de 1407 por el jurado de Sevilla Alvar Díaz de Vergara.

Ahora bien, para que el estudio de los nombres propios contenidos en todos los documentos enumerados sea lo más completo posible, finalidad que persigue el presente trabajo, se comenzará por determinar la *estructura de la denominación*, es decir, por establecer la combinación (o, en su caso, combinaciones) de las unidades denominativas que permite la identificación personal. Solo una vez que se haya conseguido discernir la tipología de los principales elementos integrantes de las identidades, se procederá al análisis, por separado, de las clases de nombres que aparecen en las secuencias, a saber, el *nombre de pila*, el *nombre segundo* y el *sobrenombre*. A cada uno de los aspectos mencionados se dedica en lo que sigue un apartado autónomo.

6.1. La estructura de la denominación

En el padrón militar de la Sierra de Aroche del año 1407, objeto principal de este estudio, se cuentan 1815 identidades personales masculinas diferentes; en los seis padrones de cuantías del mismo año y de la misma zona geográfica, 277 identidades personales femeninas (cantidad en que está incluido el caso aislado de mujer registrado en el padrón militar, la ya mencionada *Leonor Gonçález*). El primer aspecto de la onomástica que ha de analizarse, como se ha adelantado en la introducción, consiste en establecer el número de elementos denominativos que se combinan en dichas identidades, las clases a que pertenecen –sean antropónimos o no, aunque esta distinción no siempre es posible de realizar por su complejidad

---

159. Solo aparece una, *Leonor Gonçález*, franca por «muger de cavallero» (f. 3v), sin duda por error.

160. En los padrones fiscales de cuantías «a cada inscrito se le señala una cantidad de maravedíes [y de dineros] en razón al valor de su hacienda –la denominada cuantía–, según baremos previamente establecidos» (Collantes de Terán 1984: 20).

intrínseca–, así como el orden en que se disponen en las secuencias resultantes de la combinación. Se trata de determinar, en suma, cuál es la *estructura de la denominación* que subyace a las identidades registradas en los documentos.

Considerando en su conjunto los datos, puede afirmarse que la estructura denominativa básica es la integrada por dos antropónimos, caso de *Tomás Gonçález*[161] (f. 1v) o *Marina Domínguez* (27, f. 6)[162], esquema compositivo formado por un nombre individual o *de pila* (*Tomás, Marina*) al que se adjunta un *nombre segundo* (*Gonçález, Domínguez*), nombre que habría funcionado en su origen como *patronímico*, si bien en la época de los padrones ya aparece casi totalmente fosilizado, pues se transmite la mayoría de las veces sin variación entre generaciones sucesivas (véase más adelante). No en vano, la estructura de dos antropónimos o *binaria* es la más frecuente en los documentos: por un lado, 901 ejemplos (de los 1815), esto es, el 49,6 % de las identidades masculinas, 111 ejemplos (de los 277), esto es, el 40 % de las identidades femeninas. De esta frecuencia alta, cercana a la mitad del total de los casos (más en los hombres que en las mujeres, eso es cierto), podría inferirse que con dos elementos denominativos, ambos antropónimos, se conseguía la identificación de los individuos de aquella zona sin necesidad de recurrir a más referencias. Esta última afirmación es válida, al menos, en lo que respecta a la identificación en el registro formal que representan los documentos oficiales como los analizados, otra cosa sería, con mucha seguridad, la identificación habitual o cotidiana, más difícil de conocer si no es de manera indirecta a través de los apodos.

Pero ya entonces debía de comenzar a ganar en presencia la expansión de la estructura básica a partir de la adición de una tercera referencia, sin duda porque la estructura de dos antropónimos podía dar lugar a confusiones de identidad. Y ello es así porque el acervo de antropónimos disponible había de ser insuficiente para individualizar a todos y cada uno de los miembros de aquella comunidad.

Así pues, en los censos estudiados, la estructura binaria se complementa con un *sobrenombre* en casos como, por una parte, *Juan Alfonso Cuéllar* (f. 1v), *Alfonso Martín cabeça* (f. 1v) o *Alfonso Sánchez texedor* (f. 1v), y, por otra parte, *María Iohan calçadera* (27, f. 7), *Catherina Domínguez de Linares* (27, f. 6v) o *Iohana Martín barreguda* (27, f. 9v). A los dos elementos presentes en la estructura básica, el nombre de pila (los masculinos *Juan* o *Alfonso,* los femeninos *María, Catherina* o *Iohana*) y

---

161. Para transcribir todos los nombres sometidos a estudio, se ha optado por evitar las variantes gráficas carentes de repercusión fónica, para lo que se toma como punto de referencia el sistema consonántico del castellano de la época. Asimismo, la inicial se escribe con mayúscula y se acentúa conforme a las reglas ortográficas actuales.

162. Los ejemplos de identidades femeninas se citan acompañados, entre paréntesis, del número del documento y del número de folio (f.) en que aparece.

el nombre segundo (*Alfonso, Domínguez, Iohan, Martín* o *Sánchez*), ambos antropónimos, se le añade un tercer elemento (*Cuéllar, cabeça* o *texedor; calçadera, de Linares* o *barreguda*) de tipología muy variada como se verá en el apartado correspondiente, pero que se torna imprescindible para evitar que hubiera dos contribuyentes con una misma identificación. El sobrenombre se caracteriza frente a las dos categorías ya señaladas (nombre de pila y nombre segundo) por no ser siempre un antropónimo, aunque hay casos aislados en que sí lo es. La estructura *ternaria* que resulta de la adjunción del sobrenombre se da en 593 identidades masculinas, es decir, en el 32,6 % de los casos, mientras que solo aparece en 23 identidades femeninas, en el 8,3 %.

También suponen una expansión de la estructura básica los ejemplos en los que al nombre de pila y al nombre segundo se añade un giro (en sentido amplio) que expresa algún tipo de relación de parentesco o similar, lo que se constata en *Pascual Martín fijo de Gonçalo Martín* (f. 1v), *Juan Ferrández de Tomé Gil* (f. 1v) o *Juan Sánchez el moço* (f. 2); y *María García del Vicario* (28, f. 4v), *Leonor Alfonso muger de Iohan Díaz escudero* (27, f. 9v) o *Sancha Pérez de Ferrant Domínguez* (27, f. 6). Las indicaciones *fijo de Gonçalo Martín, de Tomé Gil* o *el moço*, entre los hombres, *del Vicario, muger de Iohan Díaz escudero* o *de Ferrant Domínguez*, entre las mujeres, funcionan como expedientes que permiten anclar al individuo en la comunidad gracias a su relación con otro individuo ya identificado. En el caso de las mujeres se observa que ese «anclaje social» es respecto del marido, pues en la casi totalidad de los ejemplos es ésta la referencia familiar indicada. Los ejemplos que presentan esta posibilidad denominativa distingue, por este motivo, si se comparan entre sí y en relación con el total, a las identidades masculinas de las identidades femeninas: frente a los 159 hombres (8,7 %) hay 40 mujeres (14,4 %), es decir, casi el doble de identidades femeninas que masculinas.

La combinación, en una misma identidad personal, de los dos tipos de expansiones mencionadas, si bien muy infrecuente, también es posible. De su aparición se colige la necesidad, derivada de la naturaleza de los documentos, de evitar cualquier homonimia, así como el consiguiente perjuicio económico para la persona confundida. Es lo que ocurre en las estructuras de cuatro elementos ejemplificadas en *Juan Martín rey el moço* (f. 1v), *Alfonso Rodríguez tornero el moço* (f. 2) o *Estevan Martín Camacho el moço* (f. 19). En efecto, a la estructura básica se le adjunta en primer lugar un sobrenombre y ulteriormente *el moço* para evitar la confusión con una identidad similar. No en vano, se documentan en el mismo padrón *Juan Martín rey* (f. 1v) o *Alfonso Rodríguez tornero* (f. 3), seguramente padres de los homónimos complementados con el giro.

La supremacía de la estructura denominativa básica, ya sea binaria (*Tomás Gonçález, Marina Domínguez*), ya sea expandida mediante la adjunción de un sobrenombre (*Juan Alfonso Cuéllar, Catherina Domínguez de Linares*) o mediante la adjunción de algún giro de relación familiar (*Pascual Martín fijo de Gonçalo Martín, Leonor Alfonso muger de Iohan Díaz escudero*), se evidencia en los 1656 casos de hombres que suma el 91,2 % del total de las 1815 identidades masculinas. En las mujeres es bastante más bajo –174 casos, 62,8 % del total de las 277 identidades femeninas–, sin duda por la alta frecuencia que tiene entre ellas la *estructura de denominación indirecta*, esquema denominativo en que la identificación del individuo se consigue mediante la alusión a otra persona con la que el referenciado mantenía algún tipo de relación de índole familiar o similar. Mientras que esta estructura cuenta tan solo con diez identidades masculinas (por ejemplo, *el fijo de Juan Viceinte granado* [f. 18v], *el moço del abat* [f. 6v], *su hermano* [de *Alfonso Matheos*] [f. 12] o *su fijo* [de *Gonçalo Ferrández*] [f. 12v]), alcanza las 71 femeninas[163]: *la muger de Gonçalo Gil* (28, f. 5), *la de Lorenço Yáñez* (30, f. 7), etc. La comparación de los porcentajes es muy clara: 0,5 % en hombres frente a 25,6 % en mujeres. En este punto reside, con seguridad, la mayor diferencia entre la onomástica personal masculina y femenina, lo que reflejaría la situación social desfavorable de las mujeres en la época. De la estructura de denominación indirecta, tan abundante entre las mujeres de los padrones fiscales analizados, se infiere que en ellos interesaba más señalar el nombre del marido que el de la esposa.

La alta frecuencia de aparición del esquema de dos antropónimos en las identidades masculinas y femeninas (binario o con alguna de las dos expansiones señaladas), así como los numerosos ejemplos de mujeres con una estructura de denominación indirecta, no agotan sin embargo todas las posibilidades denominativas de los documentos estudiados. En efecto, si se suman los ejemplos de ambos esquemas, los porcentajes oscilan en torno al 90 % del total (91,7 % en hombres, 88,4 % en mujeres). ¿Qué rasgo distingue, desde el punto de vista onomástico, a las identidades personales restantes: 149 hombres y 28 mujeres[164]? Frente a todos los demás casos, esas identidades se caracterizan por presentar un antropónimo (un nombre de pila para ser más precisos[165]) ya sea solo y precedido de una fórmula de tratamiento, ya sea complementado por alguno de los tipos de elementos que han quedado englobados bajo la etiqueta genérica de sobrenombre (véase más arriba) o por un giro indicativo de relación de parentesco. Pudiera pensarse que en todos estos casos de complementación análoga a la que se producía mediante la expansión de la estructura binaria de dos antropónimos, el nombre segundo, por haber

---

163. Serían 72 si se añade el caso de *¿la Monisa?* ¿o será *la Morisca*? (30, f. 5v).

164. En ese número no están incluidas las tres identidades femeninas con idéntico nombre de pila, *María*, porque no se ha acertado a descifrar el nombre segundo. Se registran en 27, f. 9v; 30, f. 9v y 30, f. 11. Sí se tendrán en cuenta en el apartado dedicado al nombre de pila.

165. Salvo en un caso (el del hombre registrado como *Moreno* [f. 15]) ese único antropónimo es un nombre de pila.

perdido su capacidad identificadora, se elidió de manera que su lugar en la secuencia fue ocupado por una marca más «transparente».

El nombre de pila precedido por alguna fórmula de tratamiento (en particular *don, doña*) es mucho más frecuente entre las mujeres que entre los hombres de la documentación analizada, lo que compensaría en cierto sentido la dependencia social que parece desprenderse de los numerosos ejemplos de estructura de denominación indirecta. El único ejemplo de nombre masculino con fórmula es el de *don Marín* (f. 14v), al que podría agregarse el de *maestre Estevan* (f. 3v), converso de Santa Olalla[166]. Por el contrario, se documentan seis mujeres con la fórmula *doña* –a saber, *doña Olalla* (28, f. 4v), *doña Clara* (30, f. 8), *doña Catalina* (30, f. 8), *doña Ximona* (32, f. 18), *doña Luzía* (32, f. 21v) y *doña Gila* (32, f. 21v). Especialmente significativo se presenta el caso de *doña Olalla*, a la que se atribuye una cuantía de 100 maravedíes, entre las más altas de la zona, pero es que además dos de sus hijos son identificados en el documento gracias a la referencia a ella, prueba inequívoca de su importancia: *García Martín fijo de Doña Olalla* (28, f. 2v), *Nicolás Martín de Doña Olalla* (28, f. 4v).

La complementación del nombre de pila mediante un sobrenombre, la más abundante con notable diferencia (137 hombres y 19 mujeres), resulta muy difícil de estudiar. Sin dudar del valor que poseen dichos elementos como marcas identificadoras, no es fácil decidir sobre su condición de antropónimos: ¿*Juan Delgado* (f. 1v) se apellida así porque es «delgado»? ¿Y *María lavandera* (32, f. 22)? ¿*Lavandera* es su oficio o su nombre segundo? ¿Procede de *Çafara*, es decir, de Zafra, el individuo anotado como *Juan de Çafara* (f. 14v) o se llama de esa manera?

Como puede observarse, cabe distinguir dos clases fundamentales de sobrenombres, o bien son nombres procedentes del léxico general (por ejemplo, *Martín Gallego* f. 4, *Juan Gago* f. 7, *Juan Merchante* f. 17…) o bien son topónimos precedidos por la preposición *de* (por ejemplo, *Juan de Teba* f. 4, *Juan de Sevilla* f. 18v, *Martín de Vurgos* f. 23). Entre los primeros, más abundantes y variados, a su vez, hay adjetivos (como *Loçano* o como *Serrano*) o sustantivos (*Falcón, Franco*). Son bastante más frecuentes y variados los primeros: podrían interpretarse, al menos originariamente, como apodos que indicaban cualidades físicas o morales de sus portadores, también los hay que son gentilicios o similares[167].

La transformación de algunos de estos elementos en denotativos, con la consiguiente pérdida de su significado léxico originario, podría quedar confirmada con la documentación, cierto es que muy infrecuente, de estructuras ternarias del

---

166. Y *Romero* (f. 15v), que aparece solo. La duda, razonable, estriba en que se trate de un nombre de pila o de un nombre segundo.

167. Sobre este problema se volverá en los apartados del nombre segundo y del sobrenombre.

tipo de *Juan de Santa Agna ortelano* (f. 2v), *Domingo Loçano alfayate* (f. 19v) o *Juan Delgado el moço* (15v), o sea, estructuras en las que al nombre de pila y este sobrenombre se adjunta o un nombre de oficio o una expresión de parentesco. También la transmisión de dicho nombre entre generaciones sucesivas probaría la referida conversión, caso de *Alfonso Moreno fijo de Juan Moreno* (f. 9), único del padrón[168].

Parece, en cambio, que los sustantivos con que se designan profesiones u oficios en sentido muy amplio son en los censos analizados aún connotativos: así *Pero vaquero* (f. 19) o *Olalla fornera* (32, f. 18).

Y, por último, se cuentan aquellos nombres de pila seguidos directamente de una expresión de parentesco, ocho hombres y tres mujeres, como *Ferrando fijo de Gonçalo Juanes* (f. 20), *Lope fijo de Vasco Ferrández* (f. 4v), *Leonor fija de Estevan Giráldez* (27, f. 8v), *Olalla de Vasco Martín chamorro* (32, f. 22) o *María del Morenillo* (30, f. 2v), esta última quizá en referencia a *Ferrand García morenillo* (30, f. 3).

6.2. El nombre de pila

El *nombre de pila* es, según ya se ha señalado, el antropónimo que aparece en la primera posición de la estructura de la denominación (García Gallarín 2014).

Los nombres de pila masculinos registrados en el padrón militar de 1407 son cincuenta y tres. En orden alfabético, *Alfonso, Álvaro / Alvar, Ambrosio, Andrés, Antón, Aparicio, Arias, Asensio, Bartolomé, Benito, Bernal, Briz, Cristóval, Diego, Domingo, Estevan, Ferrando / Ferrand (Ferrant), Francisco, García, Gil, Gómez, Gonçalo, Graviel*[169], *Iváñez, Juan, Jusdado*[170], *Lázaro, Lloreynte, Lope, Lorenço, Lucas, Luis, Manuel, Marcos, Marín, Martín, Mat(h)eos*[171], *Miguel, Niculás, Nuño, Pascual, Pero, Plavos*[172], *Ramos, Rodrigo / Ruy, Romero, Salvador, Sancho, Tomás, Toribio, Vasco, Vice(y)nte*[173] *y Ximón.*

Tres nombres del listado precedente (*Álvaro / Alvar, Ferrando / Ferrand* y *Rodrigo / Ruy*) presentan dos variantes: la primera es plena, sin acortar, y la segunda es apocopada debido seguramente a su carácter proclítico. Ahora bien, mientras que el condicionamiento de la variación parece estar claro en *Ferrando / Ferrand* y *Rodrigo / Ruy*, no se acierta a comprender la razón de la alternancia en *Álvaro / Alvar*. Los tres ejemplos de *Ferrando* (frente a los 165 de *Ferrant* o *Ferrand*) demuestran

---

168. Porque el nombre segundo que se transmite de padre a hijo es el originario patronímico. Sobre ello se tratará en el apartado dedicado al nombre segundo.

169. Con metátesis de la vibrante.

170. Y su variante fonética *Juddado*, con asimilación de la /s/ implosiva.

171. Es más frecuente con th etimológica.

172. Variante de *Pablos* con metátesis de /l/.

173. Es más frecuente con el diptongo decreciente conservado.

que la variante plena está limitada a aparecer aislada, esto es, solo si el nombre de pila no va acompañado de nombre segundo alguno: *Ferrando criado de Gonçalo Gómez* (f. 6v), *Ferrando entenado de Juan Estevan* (f. 18v) y *Ferrando fijo de Gonçalo Iváñez* (f. 20). *Ferrand* (o *Ferrant*) aparece, por el contrario, cuando al nombre de pila sigue un nombre segundo, tanto si es claramente antropónimo (*Ferrant Martín borraldía* f. 1v) como si no (*Ferrant d'Ortega* f. 2).

En cuanto a *Rodrigo* (16 casos), frente a *Ruy* (35 casos), la variante plena se da solo ante nombres segundos que comienzan por vocal (*Rodrigo Alfonso*[174] y *Rodrigo Estevan*[175]) o /y/ (*Rodrigo Yáñez*[176]). Aparte de estos casos, que representan la mayoría de los registrados, *Rodrigo* es la variante elegida cuando el nombre no va seguido de un antropónimo, caso de *Rodrigo moro* (f. 16) o *Rodrigo tapiador* (f. 23). Puede darse, además, ante un apodo, que comienza por vocal por cierto (lo que redunda en el condicionamiento fonético de su elección): *Rodrigo Ojos* (f. 15v). Solo hay un caso que escaparía a esta explicación, el de *Rodrigo Macías* (f. 24)[177], pues se da ante antropónimo que comienza por consonante. La variante proclítica *Ruy*, por su parte, concurre ante cualquier otro antropónimo, patronímicos en su origen, con inicial consonántico: *Ruy Díaz* (f. 12), *Ruy Ferrández* (f. 8), *Ruy García* (f. 6v), *Ruy Gómez* (f. 8), *Ruy González* (f. 6v), *Ruy López* (f. 13), *Ruy Martín* (f. 4), *Ruy Pérez* (f. 24), *Ruy Sánchez* (f. 17v), *Ruy Vázquez* (f. 24)…

Como ya se ha adelantado, no queda tan clara la diferencia entre *Álvaro* y *Alvar*: por una parte porque el número de ejemplos de uno y otro apenas difiere, 5 casos frente a 7 casos, si se contrasta con las diferencias que hay, sobre todo, entre *Ferrando* y *Ferrand*, en menor medida entre *Rodrigo* y *Ruy*. Pero, lo más significativo, porque *Álvaro* y *Alvar* se combinan con los mismos antropónimos: *Álvaro* con *Alfonso* (ff. 9, 9v), *González* (ff. 9v, 23v) y *Martín* (f. 10); *Alvar* con *Díaz* (f. 7v), *Ferrández* (f. 8v), *García* (f. 7v), *Gómez* (f. 7v), *González* (f. 7v), *Martín* (f. 10), *Rodríguez* (f. 25v) y *Yáñez* (f. 13v).

En cualquier caso, como dato más significativo, la frecuencia de aparición de los cincuenta y tres nombres registrados en el documento es muy dispar, hasta el punto de que dieciocho de ellos (de mayor a menor abundancia, *Juan, Alfonso, Ferrand(o), Gonçalo, Pero, Domingo, Martín, Rodrigo-Ruy, Diego, Antón, García, Bartolomé, Estevan, Miguel, Vasco, Pascual* y *Lorenço*) corresponden al 92 % de los vecinos anotados en el padrón, mientras que los treinta y cinco nombres restantes (casos únicos algunos de ellos) se reparten entre el 8 % de la población masculina

---

174. Ejemplos en los ff. 9, 12, 14, 25v o 27.

175. Varias personas que se llaman así: ff. 1v, 17v, 18v o 19.

176. En los ff. 12v, 15v y 20v. ¿Revelaría que la /y/ no era plenamente consonántica en castellano medieval?

177. Al que cabría sumar el de *Ferrand Gómez de Rodrigo Gil* (f. 14v).

de la zona. En relación con esto, destaca *Juan* –509 ejemplos, 27,87%– sobre todos los demás, no en vano el nombre de más de una cuarta parte de los hombres recogidos en el censo. En un escalón inferior se encuentran *Alfonso* –267 ejemplos, 14,62%– y *Ferrand(o)* –168 ejemplos, 9,2%. La suma de los casos de estos tres nombres, los más repetidos con gran diferencia de los siguientes, supera el 51% del total, de manera que más de la mitad de la población masculina de la comarca se llamaba *Juan, Alfonso* o *Ferrando*. La preferencia por *Juan*, nombre cristiano de santo, ha quedado ampliamente demostrada en numerosos estudios sobre la antroponimia masculina de la época, por lo que no debe extrañar que aquí se vea confirmada una vez más –entre otros, cf. Álvarez, Ariza y Mendoza (2001), Rodríguez Toro (2002). Los otros dos, aparte de ser nombres de varios reyes castellanos en la Baja Edad Media, son hispanogóticos, origen que había sido el más numeroso en períodos históricos anteriores –cf. Piel y Kremer (1976), Kremer (1988).

Por detrás de estos tres nombres se cuentan, en torno a los 100 casos cada uno, *Gonçalo* (115 ejemplos, 6,29%), *Domingo* (107 ejemplos, 5,85%), *Pero* (107 ejemplos, 5,85%) y *Martín* (92 ejemplos, 5,03%). Los cuatro representan algo más del 23% del total.

Los ejemplos sumados de *Rodrigo-Ruy* (51), *Diego* (43), *Antón* (36), *García* (33), *Bartolomé* (31), *Estevan* (30), *Miguel* (25), *Vasco* (25), *Pascual* (22) y *Lorenço* (21) suponen, por último, el 17,36% del total.

Por debajo de los veinte casos cada uno se encuentran, por orden de frecuencia, *Benito* (16), *Lope* (14), *Álvar(o)* (12), *Andrés* y *Ximón* (11 cada uno), *Vice(y)nte* (10), *Salvador* (8), *Gómez* y *Mat(h)eos* (6 cada uno) y *Aparicio* (5). Con tres casos por nombre están *Asensio, Gil, Graviel, Lázaro, Marcos, Sancho* y *Toribio*. Con dos, *Francisco, Lucas, Luis, Niculás, Ramos* y *Romero*. Y, por último, con un único caso *Ambrosio, Arias, Bernal, Briz, Cristóval, Iváñez, Jusdado, Lloreynte, Manuel, Marín, Nuño, Plavos* y *Tomás*.

Aunque como medio para desviar la atención de la sociedad cristiana, se entiende que los judeoconversos adoptaran los nombres más frecuentes entonces, algo que puede comprobarse en el censo estudiado, se registran solo entre ellos los tres casos de *Graviel* (ff. 12, 16) y el único de *Manuel* (f. 12), nombres ambos de origen hebreo[178].

Otro caso solo, *Marín*, es el único nombre que aparece precedido por una fórmula de tratamiento, tal y como ya se ha indicado.

Los nombres femeninos registrados en la colección de padrones de cuantías analizada son, por orden alfabético, *Aldonça, Antona, Blanca, Catalina (Catherina), Clara, Costança, Elvira, Gila, Giralda, Inés, Juana (Iohana), Leonor, Lorença, Luzía,*

---

178. El único hombre llamado *Arias* también es converso, lo mismo que uno de los dos que se llaman *Luis*, pero ni uno ni otro son nombres hebreos, de ahí que no tenga la misma relevancia.

Madalena, María (Mari), Marina, Mayor, Olalla, Pascuala, Sancha, Teresa, Urraca y *Ximona*. Son 24 nombres repartidos entre únicamente 200 mujeres, lo que revela de entrada una mayor variedad onomástica en contraste con la de los hombres.

La frecuencia, como ocurre con los nombres masculinos, varía considerablemente de unos antropónimos a otros. El más repetido, y de modo bastante notable, en estos padrones es *María* (y su variante corta *Mari*) con 72 casos, 36 %. Esta abundancia de *María*, el nombre de la Virgen, se corresponde con la constatada en la época (y también después), como han puesto de manifiesto estudios similares a este –cf. por ejemplo, Rodríguez Toro (2002).

Algo menos de la mitad de los ejemplos de *María* posee *Juana* (y su variante latinizante *Iohana*), con 34 ejemplos (17 %), alta frecuencia que pudiera explicarse en relación con la de su correspondiente masculino del que es feminización. La suma de *María* y *Juana* revela que más de la mitad de las mujeres de los documentos estudiados se llamaban así.

Marina (20 casos, 10 %), *Leonor* (15 casos, 7,5 %) y *Catalina* (12 casos, 6 %) cierran la lista de los nombres que superan la decena de ejemplos.

Con una cantidad mucho menor de casos figuran los 19 nombres restantes del listado. *Olalla* tiene 6; *Pascuala* y *Teresa*, 5; *Antona*, *Inés* y *Mayor*, 4; y *Luzía* y *Sancha*, 3. Con 2 casos cada uno encontramos a *Clara*, *Costança* y *Elvira*. Un único caso presentan *Aldonça*, *Blanca*, *Gila*, *Giralda*, *Lorença*, *Madalena*, *Urraca* y *Ximona*. Algunos de los nombres menos frecuentes (*Clara*, *Gila*, *Luzía* y *Ximona*) se cuentan, por lo demás, entre los que aparecen precedidos de la fórmula de tratamiento *doña*.

6.3. El nombre segundo

El *nombre segundo* es el elemento denominativo que aparece en la estructura onomástica a continuación del nombre de pila –cf. Kremer (2004), Mendoza (2009). Como ya se ha avanzado, suele ser un antropónimo con una clara función de patronímico, lo que no quita para que existan otras clases de nombres segundos, tal es el caso de los antiguos apodos que, procedentes del léxico general, parecen experimentar en la época estudiada un proceso calificable de *cristalización*, por el que pierden su significado originario.

El nombre segundo es un inequívoco antropónimo si también puede darse como nombre de pila (es el caso de *Alfonso* y *García*, entre los más frecuentes) o es un derivado de este con el sufijo *-(e)z* (*Álvarez*, *Benítez*, *Díaz*…). Aunque lo normal es que en los nombres segundos que disponen de terminación específica no se dé al mismo tiempo la variante sin desinencia, pueden registrarse ambas en la documentación, lo que se constata en los dobletes *Benito / Benítez*, *Domínguez / Domingo*, *Martín / Martínez* o *Sancho / Sánchez*. Estos nombres, originarios patronímicos como es bien sabido, son los más numerosos y los que presentan los índices de frecuencia más altos. Su lista, ordenada alfabéticamente, la integran[179] *Alfonso* (116), *Álvarez* (7), *Andrés* (9), *Antón* (6), *Aparicio* (3), *Arias* (3), *Asensio* (6), *Bartolomé*, *Benito* (21) / *Benítez* (3), *Bernabé*, *Bernal*, *Briz*, *Clemente*[180] (6), *Díaz* (21), *Diego*, *Díez* (21), *Cristóval* (4), *Diánez*, *Domínguez* (50) / *Domingo* (14)[181], *Durán*, *Elías*, *Estevan* (61), *Felipe*, *Ferrández* (131), *Francisco* (5), *Galíndez* (2), *García* (109), *Gil* (44), *Giráldez*, *Gómez* (45), *Gonçález* (78), *Guillén*, *Gutiérrez* (3), *Juan* (19) / *Juanes*, *Lázaro* (4), *Lloreynte*, *López* (20), *Lorenço* (12), *Macías* (3), *Marcos* (3), *Marín* (6), *Márquez* (12), *Martín* (275) / *Martínez* (75), *Matheos* (31), *Méndez* (7), *Miguel* (13), *Niculás* (2), *Núñez*, *Pablos* (3), *Páez* (3), *Pascual* (34), *Pérez* (91), *Periago*, *Ramírez* (2), *Ramos* (13), *Rodríguez* (30), *Román*, *Romero* (5), *Salvador* (9), *Sánchez* (84) / *Sancho* (2), *Santos* (5), *Savastián* (3), *Tomé*, *Vázquez* (8), *Velasco*[182] (8) / *Velázquez* (2), *Viceynte* (22), *Vidal*, *Ximénez* (2), *Ximón* (5), *Yage*, *Yáñez* (31) y *Yuste*.

Junto a esta clase de nombres, en la segunda posición de la secuencia onomástica, son posibles otras variedades denominativas[183]. Así, la combinación de la preposición *de* y un nombre de lugar (un topónimo *stricto sensu*) o un hagiónimo: *de las Amas*, *de Çafara* (2), *de Çamora*, *de Carmona*, *d'Escobal*, *d'Évora*, *de Fartas* (3), *de Feria* (2), *de Flores*, *de Fuentes*, *d'Onís*, *d'Orgaz*, *d'Ortega* (3), *de la Parra*, *de Plazeres*, *de las Roças*, *de Santana*[184] (3), *de Santa María*, *de Sant Juan*, *de Sevilla* (2), *de Teba*, *de Tudia* y *de Vurgos*. Si bien algunos de los nombres registrados corresponden a lugares de las regiones limítrofes fácilmente reconocibles (*Çafara, Carmona, Évora, Feria...*), no resulta sencillo atribuir sin más al giro el valor de indicativo de procedencia geográfica del sujeto en cuestión.

Procede del léxico general, por su parte, una serie de adjetivos que pudieran señalar en su origen alguna cualidad física o moral del individuo que lo portaba: *Ancho, Azedo, Bermejo*[185] (2), *Bono, Bueno* (2), *Delgado* (5), *Ezquerdo, Fermoso*[186] (2), *Gago* (2), *Gordo, Loçano* (13), *Magro, Moreno* (2), *Pardo, Quadrado, Romo, Ruvio* (2) y *Villido*. También son adjetivos pero, al menos en principio, con un valor de gentilicio o étnico: *Castellano*[187], *Gallego* (3), *Moro, Navarro* y *Serrano*. Los sustantivos

---

179. Se adjunta entre paréntesis el número de hombres que poseen dicho nombre. En el caso de que no aparezca ninguna cantidad se trata de un caso único.

180. Con variantes, *Clemeinte* y *Crimente*.

181. Al que cabría añadir un ejemplo de *Mingo*.

182. Y el caso de *Brasco*, variante fonética.

183. De las que se volverá a tratar en el apartado dedicado al *sobrenombre*, pues es en la tercera posición de la secuencia donde estos elementos son más frecuentes.

184. Y su variante *Santa Agna*.

185. Y su variante *Mermejo*.

186. Y su variante *Fremoso*.

187. Sin descartar que fuera el 'señor de un castillo'.

son menos frecuentes que los adjetivos –*Cabellos, Falcón, Montes, Pescueço* (3), *Real* (2), *Rey* (2), *Salguero* (3), *Terrazo, Tocino, Vaca* y *Vela*– y, aunque sea más complicado conocer su motivación primigenia, no debe descartarse asimismo su condición de apodos.

Las designaciones sociales o profesionales, por el contrario, son las que parecen estar más lejos de poder ser consideradas como antropónimos, así por ejemplo *ferrero, franco, frarero?, infante* (2), *maestre* (2), *maestro, mercador, merchante, moço, montero* (3), *tapiador* y *vaquero*[188].

De las 192 mujeres registradas con un nombre segundo, la gran mayoría (173, el 90 %) presenta alguno de los antropónimos siguientes (entre paréntesis se indica el número de ejemplos por nombre si superan la unidad): *Alfonso* (13), *Andrés, Asensio, Bartolomé, Benítez* (3) / *Benito, Briz* (2), *Díaz* (2), *Domingo* (5) / *Domínguez* (17), *Estevan* (4), *Ferrández* (6), *García* (15), *Gil* (5), *Giráldez, Gómez* (8), *Gonçález* (7), *Juan* [*Iohan*] (2), *Llorente, López* (2), *Lorenço* (2), *Macías, Márquez* (2), *Martín* (23) / *Martínez* (8), *Matheos* (3), *Miguel, Monis, Niculas, Pascual, Pérez* (4), *Ramos, Rodríguez* (5), *Ruiz, Salvador* / *Salvadores, Sánchez* (9), *Santos, Velasco, Vicente* (4), *Ximénez* / *Ximón*[189] y *Yáñez* (3). Como se ve, no difieren en absoluto de los que tienen los hombres, aunque puedan apreciarse pequeñas variaciones en las frecuencias de cada uno de ellos (lo que no parece relevante para los fines que se persiguen).

Aparte de estos casos, indudables antropónimos (originarios patronímicos), también se dan como nombres segundos elementos de clases distintas a los del listado anterior: *Abril* (32, f. 20v), *Barriga* (32, f. 10v), *Bivas* (32, f. 20v), *Bodillas* (28, f. 4v), *Senabria* (32, f. 17v), *Granado* (27, f. 8), *Montes* (27, f. 6v), *Pitela* (32, f. 22), *Redonda* (32, f. 11) o *Tirada* (32, f. 21v), todos ellos casos únicos. Alguno pudiera ser, al menos en su origen, un topónimo (*Senabria* o *Granado*) o un apodo (*Barriga* o *Redonda*). Son posibles también adjetivos gentilicios –*Gallega* (30, ff. 4v, 11; 34, f. 2) y *Serrana* (32, f. 20v)–, que habrían indicado en un principio 'procedencia' o, por qué no, 'relación de parentesco' (*Gallega*, 'mujer de *Gallego*'), pero siempre entraña un riesgo decidirse por el valor concreto de una referencia de este tipo.

Tal vez los únicos en que es más claro que el nombre segundo no es un antropónimo son casos como los siguientes[190]: *María lavandera* (32, f. 22), *Juana la candelera* (32, f. 21v), *Catalina conversa* (32, f. 21v) y *María texedera* (32, f. 20). Son

---

188. Por último, no se incluyen en ninguno de los grupos anteriores, por no estar claro su origen, los siguientes: *Balufo, Bivas, Casayo, Gandullo, Guillo?, Mamed, Mamo* (2), *Simal?, Taravico, Triano* y *Xerete.* La menor transparencia de su significado, precisamente, los acercaría a los antropónimos.

189. O ¿*Ximeno*?

190. De ahí que se transcriban con inicial en minúscula. Se trata, pues, de nombres de pila a los que se adjunta esta referencia identificadora.

designaciones socioprofesionales. En cuanto a *Teresa ballestera* (32, f. 15), posiblemente se estuviera apuntando a 'esposa de *Ballestero* ¿o de un *ballestero*?' por no ser ésta una ocupación propia de mujeres.

Uno de los aspectos más interesantes de la onomástica medieval es el relativo a la transmisión intergeneracional del antropónimo, en particular del nombre segundo, lo que puede comprobarse en al menos 102 identidades (99 masculinas y 3 femeninas) de la documentación analizada[191].

Del total de los casos sometidos a estudio, en 52 hombres coincide el nombre segundo del padre y del hijo. Así, *Pascual Martín fijo de Gonçalo Martín* (f. 1v), *Domingo Velasco de Pero Velasco* (f. 2) o *Juan Martín Rey el moço* (f. 1v) hijo de *Juan Martín Rey* (f. 1v). La preferencia apuntada queda confirmada en los únicos tres ejemplos de identidades femeninas que permiten el análisis al respecto. Quiere esto decir que el nombre segundo del padre también pasa a la hija de manera regular: *Leonor Martín fija de Ximeno Martín* (32, f. 3v), *Leonor Rodríguez fija de Ferrand Rodríguez* (32, f. 21) y *Juana Sánchez fija de Antón Sánchez* (32, f. 21).

A estos 55 ejemplos (52 hombres, 3 mujeres) pudieran añadirse los cuatro en que el nombre segundo del padre se transmite al hijo con la introducción adicional del sufijo *-ez*, caso de *Juan Sánchez de Pascual Sancho* (f. 2). La coincidencia del nombre segundo, pues, alcanza los 59 ejemplos, esto es, el 57,8 % de las identidades consideradas.

Pero el fenómeno estudiado es más complejo de lo que a primera vista parece. En época medieval, y de hecho ahí estribaría la razón del patronímico en sentido más propio –cf. Menéndez Pidal y Tovar (1962)–, el nombre de pila del padre se transformaba en el nombre segundo del hijo, como se constata en 15 de las identidades seleccionadas, por ejemplo, *Juan Estevan de Estevan Martín* (f. 2). Una variante de esta transmisión, mucho menos abundante (5 casos), supone la coincidencia del nombre segundo del padre y el nombre de pila del hijo (*Alfonso Pérez fijo de Juan Alfonso*, f. 4v) o la de los nombres de pila de ambos (*Pero Juan* hijo de *Pero Alfonso*, f. 18v).

Frente a todos los ejemplos anteriores en que coincide alguno de los dos antropónimos (más comúnmente el nombre segundo) del padre y su hijo, se observa en 23 identidades –como en *Antón Martín fijo de Juan Alfonso* (f. 2)– que la relación de parentesco no tenía por qué reflejarse en los elementos denominativos.

---

191. Aunque no consistan en la transmisión entre generaciones sucesivas, los ejemplos de hermanos tomados del texto suelen también presentar un mismo nombre segundo: por ejemplo, *Diego Martín* es hermano de *García Martín* (f. 4).

6.4. El sobrenombre

A diferencia del nombre segundo y, sobre todo, del nombre de pila, el *sobrenombre* se caracteriza por su heterogeneidad intrínseca. El elemento denominativo que ocupa la tercera posición de la secuencia onomástica, que eso es resumidamente un sobrenombre, consta o bien de la preposición *de* seguida de un topónimo o bien de un lexema (un nombre, muy comúnmente un adjetivo). Además, aunque esta posibilidad sea minoritaria, puede aparecer un antropónimo.

Debe reconocérsele al sobrenombre su notable capacidad de identificación en los padrones medievales como los estudiados aquí. En efecto, tal y como ya se ha dicho, su función básica consistía en la complementación de la secuencia básica, la compuesta por un nombre de pila y un nombre segundo, dada la insuficiencia de esta estructura para individualizar a los integrantes de la comarca recogidos en la documentación. La concurrencia del sobrenombre se antojaría imprescindible en las ocasiones en que convendría evitar la confusión entre dos o más vecinos que compartían el nombre de pila y el nombre segundo, lo que no era tan extraño habida cuenta la limitación de que adolece el inventario de antropónimos de la época.

Al menos cinco clases de sobrenombres cabe distinguir en los padrones de la comarca analizados[192]: *de* + *topónimo* (por ejemplo, *Alfonso Ferrández de Çalamea* f. 1v), *apodo* (por ejemplo, *Juan Pérez loçano* f. 1v), *gentilicio* (por ejemplo, *Pero Martín çambrano* f. 4), *nombre de oficio* (por ejemplo, *Domingo Martín ovejero* f. 2) y, por último, *antropónimo* (por ejemplo, *Alfonso Martín Vidal* f. 1v).

El giro formado por la preposición *de* y un *topónimo* indicaría muy probablemente el lugar de origen o de residencia del sujeto designado, información que los historiadores han aprovechado con frecuencia para conocer los movimientos de población en una época como la Baja Edad Media (González Jiménez 1988: 62-63). Son bastante abundantes los nombres de estos lugares (mayores o menores, cercanos o lejanos a la Sierra) que se registran en los censos estudiados: *el Álamo, el Açor, Alcalá, Alcuña, Alfajar, Almadena, Aracena, el Arco, el Argamasa, el Arrabal, Ayllón, Buerva, Burgos, Çalamea, el Caño, el Carrascal, la Casa Nueva, el Cerro, Córdova, Cuéllar, el Enzinal, Enzinasola, la Figuera, Frexenal, Fuente de Cantos, la Fuente del Maestre, Fuentes, Galaroça, la Gamonosa, Gerena, Gerusalén, Jahén, León, Logroño, el Mançano, Medina, el Membrillo, Montemolín, Moya, la Nava, Olvera, Ombría, Ortega, Orullos, Ovenia, la Parra, la Plaça, los Quemadillos, Ribilla, las Roças, el Robredo,*

---

192. Puede que haya algún tipo más, pero las dificultades en la interpretación (formal y de contenido) de ciertos sobrenombres han determinado que solo se hayan tenido en cuenta los cinco señalados.

Ronquillo, Santa María, Santiago, los Santos, Segura, Sevilla, Soriuela, el Toril, Valverde, Xara y *Zufre.*

El *apodo* es sin ninguna duda el tipo de sobrenombre más interesante, puesto que reflejaría las modalidades del castellano medieval inaccesibles de otro modo para el historiador de la lengua, pero precisamente por ello es el más difícil de interpretar (Kremer 1988: 1596). También destaca por su mayor variedad: junto a adjetivos alusivos a las cualidades físicas de sus portadores (*ancho, beçudo, bello, blanco, bruno, calvo [calvillo], chamorro, corto, covo, coxo, crespo, delgado, frontino, gordo, loçano, luengo, manchado, moreno [morenillo], mudo, pardo, pelado, picado, ruvio, sordo, turrado*) se encuentran referencias a rasgos morales (*agudo, bravo, bueno, garrido, leal*), no faltan ni los nombres de especies animales (*conejo, falcón, lobato, raposo, sardina*) ni los de las partes del cuerpo (*cabeça, cabellos, costillas, narizes, pierna*). Llama la atención la frecuencia con que, entre los apodos, se dan palabras compuestas: *esperabarvas, matalabrasa, matalobos, pan et agua, pan duro, pie garrido* y *tira baxo*[193].

Como derivados que son de un nombre de lugar, el adjetivo *gentilicio* comparte contenido con el topónimo, por lo que puede, al menos en un principio, expresar la procedencia geográfica del individuo en cuestión: *bejarano, çambrano, gallego, francés, ginovés, segoviano, sevillano, soriano, trogillano* y *vizcaíno.*

Igualmente, elemento proveniente del léxico general, el *nombre de oficio* designaría la función socioeconómica desempeñada por el vecino en aquella comunidad. Este sustantivo alude a un oficio artesanal, a un cargo de la administración local o a una dignidad militar o eclesiástica: *adalid, albani, albardero, alcaide, alcalde, alfayate, alguacil, alhájeme, barcinador, barquero, beato, boyero, cabrero, calçadera, candelera, çapatero, carnicero, carpentero, carretero, casero, cervero, cestero, cochillero, cohen, colmenero, conejero, corchero, escrivano (público), escudero, escudillero, espartero, espitalero, ferrador, ferrero, físico, gaitero, granero, heredero, hermitaño, jubetero, jurado, labrador, lebrero, mayordomo, mercador / mercadera, mesonero, molinero, (h)obrero, odrero, ollero / ollera, ortelano, ovejero, palomero, panadera, pastor, pellitero, pescador, pipero, porquero, porquerizo, rabilero,*

---

193. A todos los anotados se suman los siguientes: *afán, alfaicán, alfaque?, alosna, barco, bocache, bogas, borraldía, bozela, briços, butragueño, calahorrudo, calcinas, calvache, camacho, candilejo, cañedo, capote, carvajo, casillas, cazayo, centeno, chamiço, charneco, claros, conde, corvalán, dendiereço?, esparragoso, fortes, frechoso, garrón, guijarrillo, manjón, mazera, nagarefe, perexil, pericón, quero, rabeo, rajón, rangel, rascón, rebusca, redisto, regaña, rey, ruviales, salguero, sarillo, sirgado, tabrazos, talego, taraví, trabuca, valera, vinagre* o *xacuaco.* Muchos de ellos son sustantivos y en algunos pueden reconocerse apellidos actuales relativamente frecuentes (*Afán, Butragueño, Calvache, Camacho, Capote, Carvajo, Casillas, Chamiço, Conde, Corvalán, Frechoso, Rangel, Rey, Ruviales, Salguero* o *Valera*), pero la imposibilidad de conocer su sentido por faltar el contexto adecuado, ha determinado su mera mención en esta nota al pie. Tampoco debe descartarse que no fueran apodos.

recuero, remendón, rodero, texedor / texedera, tinajero, tondidor, tornero, sancristán y *vaquero*.

El listado de *antropónimos* que pueden darse en la tercera posición de la secuencia lo compone apenas una decena de casos, a saber, *Ceverino, Elías, Fagunde, Felipe, Floriano, Lonarde, Manuel, Marcos, Pablos, Vidal* y *Ximón*. Algunos de ellos (*Manuel, Marcos, Pablos* o *Ximón*) se distinguen de cualquiera de los demás elementos denominativos estudiados por aparecer asimismo como nombre de pila y como nombre segundo. La documentación de antropónimos como sobrenombres estaría relacionada con la ya estudiada de apodos y topónimos como nombres segundos: se podrían interpretar como los primeros indicios de un cambio en la onomástica que se consumará en una época posterior. En este sentido puede interpretarse igualmente el ejemplo, único registrado en el padrón analizado, de transmisión del sobrenombre *Cid* convertido en nombre segundo del hijo: *Juan Cid fijo de Ferrant Gonçález Cid* (f. 7v)[194].

Conclusión

Según han permitido comprobar las más de 2000 identidades personales extraídas de la serie de padrones estudiada aquí, a principios del siglo XV se apuntan ya destacadas transformaciones en la antroponimia de la Sierra de Aroche, la comarca más extensa de las que integraban la Tierra de Sevilla y, por esta misma razón, las transformaciones podrían extrapolarse a las zonas rurales que formaban parte entonces del Reino hispalense. Porque aunque siga predominando con notable diferencia la estructura de dos nombres (el nombre de pila y el nombre segundo), comienza a extenderse la complementación de la secuencia binaria mediante un sobrenombre de tipología variada o mediante un giro indicativo de alguna relación de parentesco. Este cambio revelaría que, para conseguir la identificación de todos los miembros de aquella comunidad, no bastaba la combinación de los dos antropónimos, sino que se requería la adición de otra marca, lo que determinó el surgimiento de la estructura de tres nombres, la más frecuente a partir de entonces, tal y como se deduce de los estudios realizados en el Reino de Sevilla en los decenios posteriores al analizado. Además, el nombre segundo, que hasta entonces era únicamente un antropónimo, se transmite de padres a hijos sin alterar su forma como hacía el patronímico del que procede históricamente. Dicha transmisión intergeneracional viene acompañada de la irrupción, en la segunda posición de la secuencia, de elementos que se daban (y se seguirán dando aún durante mucho

---

194. Que podría ser, aunque esto es una mera conjetura, padre del vecino llamado *Miguel Ferrández Cid* que se registra en el asiento siguiente del texto.

tiempo) como sobrenombres. El motivo de este cambio pudiera ser la mayor transparencia del apodo, del topónimo, etc.

De los ejemplos testimoniados de la otra categoría en liza, la del nombre de pila, parece desprenderse, por un lado, cierto conservadurismo. Así, en el mantenimiento de la alternancia medieval entre variantes plenas y apocopadas de algunos antropónimos masculinos (*Ferrand* frente a *Ferrando*, *Ruy* frente a *Rodrigo*). Más significativa aún resulta la homogeneidad en su imposición, coincidente con la de otras zonas: *Juan* predomina con claridad entre los hombres, *María* lo hace entre las mujeres. De pocos datos nos proveen las minorías sociales como los conversos, salvo la documentación exclusiva en ellos de los nombres *Grabiel* y *Manuel*.

Capítulo 7

El nombre de pila español en los albores del Siglo de Oro (a propósito del *Libro de los baptizados en esta Santa Iglesia de Sevilla*)*

Introducción

A partir de los datos del Instituto Nacional de Estadística (INE) correspondientes al 1 de enero de 2016, en los últimos meses la prensa española ha aludido reiteradas veces a los nombres de pila. En efecto, se han divulgado artículos con titulares tan significativos como «De Mari Carmen a Lucía: cómo han cambiado los nombres en España» (diario *El País*, 13 de febrero de 2016), «Antonio y María del Carmen, los nombres más comunes en Andalucía» (diario *ABC*, en su edición de Andalucía, 19 de mayo de 2017), «Lucía y Hugo son los nombres más frecuentes en España para los recién nacidos» (diario *El Mundo*, 24 de mayo de 2017), «Daniel y Lucía, los nombres preferidos por los españoles en el último lustro» (página web de RTVE, 24 de mayo de 2017) y «Nombres originales que tienen menos de 20 personas en España» (diario *El País*, 8 de junio de 2017). Esta recurrencia revela el interés que el tema despierta entre la ciudadanía de a pie, si bien no parece que ello haya venido acompañado de un aumento en la atención que prestan los investigadores al estudio del nombre propio de persona. Hay que reconocer, eso sí, el avance que ha supuesto la publicación en 2014 del *Diccionario Histórico de Nombres de América y España* (desde este punto cit. DHNAE seguido del número de página), pero la impresión que se tiene es que el *statu quo* apenas ha mejorado desde que Manuel Ariza calificó a la onomástica como la «hermana pobre» de la Historia de la Lengua Española. Porque, como decía Ariza, la onomástica es «un campo muy

---

* Publicado en *Zeitschrift fur Romanische Philologie*, 134 (2), 2018, 419-441 [ISSN: 0049-8661].

especializado, que además no da demasiada fama entre los colegas, y cuya investigación es harto dificultosa» por cuanto que «requiere un esfuerzo muy grande y sus frutos la mayoría de las veces son muy limitados» (Ariza 2002: 12, 18); a lo que se añade que es la ciencia «que más diletantes tiene» ya que «todo el mundo se considera capacitado para hablar de ella, por muy ignorante que sea» (Ariza 2008c: 190).

En su conocido trabajo de 1988, de índole claramente programática, Dieter Kremer afirmaba que para elaborar una historia de la onomástica iberorrománica «habría que partir de un repertorio representativo de antropónimos de España y Portugal desde la primera documentación medieval hasta el siglo XVI, en lo que respecta a los apellidos, y en lo que toca a los nombres de pila hasta hoy» (Kremer 1988: 1584). El corpus de investigación en que dicha historia se sustentaría son las listas de personas, escasas hasta el siglo XIII, pero dignas de atención desde el siglo XVI, cuando se confeccionaron «para los grandes censos de población o a consecuencia de la introducción de los registros parroquiales» (Kremer 1988: 1585). Así, por ejemplo, los estudiosos se han servido fundamentalmente de los *libros de repartimiento* y de los *padrones* en el caso concreto de la antroponimia bajomedieval de Andalucía[195]. Si bien es cierto que en los repartimientos se testimonia «la base del estado actual de los antropónimos», estos documentos presentan el inconveniente de que son complejos de interpretar por «la procedencia heterogénea y la movilidad de los repobladores» (Kremer 1988: 1585). Los padrones, por el contrario, cuentan con la ventaja de conservar «listas de vecinos o moradores de poblaciones ya establecidas» por lo que «ofrecen una plataforma todavía más significativa para investigaciones onomásticas» (Kremer 1988: 1586). Además, su abundancia asegura que puedan analizarse muchas localidades a lo largo de un período considerable de tiempo; su carácter fiscal o militar también presupone un grado aceptable de fiabilidad de los datos que registran.

Ahora bien, tanto en los repartimientos como en los padrones quedaron anotados solo varones, las mujeres que en ellos rara vez aparecen lo hacen por el fallecimiento del marido al convertirse en cabezas de familia, pero si el documento es militar ni siquiera existía tal posibilidad. Otro inconveniente de estos listados de población estriba en la confusión de las generaciones convivientes en el período de tiempo sometido a análisis, por lo que pocas veces podrá conocerse la transmisión de los antropónimos entre grupos sucesivos de edad o aventurarse hipótesis sobre los cambios en las preferencias a la hora de elegir un nombre de pila.

Los obstáculos planteados invitan a la toma de consideración de un tercer tipo de documento, el *libro sacramental de bautismos* –ya analizado por los historiadores,

---

195. Se centran en los repartimientos de Andalucía, entre otros, Álvarez, Ariza y Mendoza (1992); Ariza (1997); Álvarez, Ariza y Mendoza (2000a). Han estudiado algunos padrones de la misma zona Álvarez, Ariza y Mendoza (2001) y Rodríguez Toro (2002).

pero aún no atendido suficientemente por la onomástica[196]– por si su estudio permite salvar dichas dificultades. En el caso concreto de Sevilla, la ciudad más importante de España (y una de las más florecientes de Occidente) en los albores de la Edad Moderna, los primeros libros datan de fines del siglo XV y principios del XVI. Mediante el análisis de los nombres de pila recogidos en uno de ellos –el denominado *Libro de los baptizados en esta Santa Iglesia de Sevilla* (desde este punto cit. *Libro*)–, este trabajo pretende aprovecharse de las siguientes ventajas:

— En consonancia con el crecimiento vegetativo, en el *Libro* aparece un número similar de hombres y mujeres, de manera que el reflejo de aquella onomástica no resultará distorsionado.

— Salvo que se bauticen mayores de edad (esclavos o criados), es posible comprobar las preferencias, las *modas*, que determinan la imposición de nombres en los recién nacidos.

— La anotación detallada de las identidades de los padres de los neonatos permite estudiar con notables garantías la transmisión de los nombres entre generaciones sucesivas.

— Por último, pero no menos destacado en una ciudad como la Sevilla de principios del siglo XVI con cuantiosa inmigración, se podría demostrar que la diversidad antroponímica depende de diferencias socioeconómicas o de procedencia geográfica.

7.1. Santa María la Mayor de Sevilla en su orto. Valor histórico del *Libro*

Como es bien sabido, Sevilla alcanzó su apogeo en el siglo XVI. Tras el Descubrimiento del Nuevo Mundo y gracias a su puerto –el único situado en el interior de la península ibérica–, ostentó el monopolio del comercio americano y se convirtió en el principal mercado dinerario del país. La actividad comercial y la acumulación de capitales impulsaron la industria, que abandonó su carácter exclusivamente artesanal. A resultas de todas estas transformaciones económicas, la población de la ciudad aumentó hasta convertirse en la más habitada de España y situarse entre las principales del continente. El incremento demográfico se caracterizó por la heterogeneidad de los nuevos vecinos y moradores pues, atraídos por los beneficios, se instalaron en ella comerciantes tanto extranjeros como procedentes de otras zonas de Castilla, al tiempo que se requirió como mano de obra la llegada de negros

---

196. El DHNAE se sirve de los libros de bautismos de la parroquia de San Sebastián de Madrid fechados entre 1600 y 1630. Menéndez Pidal fue el primero en hacer uso de este tipo de fuente (cf. Menéndez Pidal 2005).

y moros. En este particular, no debe olvidarse que Sevilla controlaba junto a Lisboa el mercado esclavista de la península ibérica.

Y en esa ciudad floreciente el centro político y económico lo representaba Santa María la Mayor, la colación sevillana de mayor extensión y población, que constaba a su vez de cinco barrios intramuros (conocidos con las denominaciones de Castellanos, Francos, la Mar, Génova y Nuevo o antigua judería) y dos arrabales extramuros (la Cestería y la Carretería). En ella se localizaban los edificios religiosos y civiles más emblemáticos –la Catedral, el Alcázar, la Casa de la Moneda, las Atarazanas, los cabildos eclesiástico y secular…–, también las lonjas de las naciones extranjeras en que se concentraban los escribanos públicos, los cambiadores y los mercaderes avecindados en la zona, así como las celebradas Gradas, el lugar destinado a las transacciones de esclavos. La cercanía del puerto, principio generador de todas las mejoras que experimentó Sevilla y al que se llegaba con prontitud a través de la calle de la Mar, no hacía más que realzar la importancia de la colación (cf., entre otros, Domínguez Ortiz 1946; Domínguez Ortiz 2003; Morales Padrón 1989).

Así las cosas, se comprende el indudable valor que posee el ya citado *Libro*, testigo privilegiado de todas estas circunstancias históricas. Se trata del libro más antiguo de los conservados por la Iglesia del Sagrario, templo anexo a la Catedral de Sevilla, que registra las partidas de los bautizos celebrados entre el 1 de enero de 1515 y el 3 de marzo de 1524[197]. Pero los asientos de que consta no solo recogen los nombres de pila de los bautizados –objeto fundamental de este trabajo, según ya se ha adelantado–, sino que informan de numerosos datos, asimismo valiosos para completar el análisis que aquí se pretende. Aparte de la fecha del bautizo y de la mención del sacerdote que lo oficia[198], lo que nunca falta, en las partidas suelen

---

197. En la actualidad se encuentra depositado, dentro del Fondo Sagrario-Libros Sacramentales, en la Biblioteca Capitular y Colombina de la ciudad. Conviene aclarar que el análisis realizado abarca desde el primer folio hasta el 147v, pues desde ahí hasta el final del volumen el papel está en muy mal estado lo que dificulta la lectura de manera ostensible. Todos los datos extraídos del *Libro* se citarán en lo que sigue con la indicación del número de folio entre paréntesis (f. seguido de una cifra; con v, como es habitual, se distingue el folio vuelto).

198. A saber, el abad Francisco Ceverino, el maestro Pedro de Almonte, el bachiller Diego Fernández y el doctor Andrés de la Peña, quienes hasta el f. 13 del *Libro* escriben de su propia mano y en primera persona las partidas. Desde el f. 13v al 147v se aprecia la intervención de varios escribanos profesionales que habrían copiado las partidas, por lo que parece, de un «libro viejo» (f. 138v). Hacia la parte final de la sección analizada también bautizan los licenciados Francisco Rodríguez y Francisco Matamoros, el bachiller Cristóbal de Arcos y los maestros Íñigo de Rosales y Sebastián Suero. La intervención de la Iglesia en «la regularización ortográfica de los nombres, durante un período que abarca desde finales del siglo XV hasta el siglo XVII inclusive» ha sido señalada como decisiva por García Gallarín (DHNAE, 25; también DHNAE, 34-35).

aparecer las identidades de los padres[199] del bautizado si es neonato o del amo si se trata de un criado o esclavo[200], además de la de los padrinos. Las identidades de los padres ofrecen la oportunidad de conocer bastantes detalles, de diversa naturaleza, interesantes por cuanto que reflejarían la realidad social y económica de la Sevilla de la época. Así, por ejemplo, se señala el origen geográfico de algunos de ellos, ya procedan de otras zonas de la península (*burgalés* f. 92, *bejarano* f. 68v, *la cordobesa* f. 100, *valenciano* f. 73v o *vizcaíno* f. 21), ya procedan de otras naciones europeas (*alemán* f. 23, *flamenco* f. 68v, *francés* f. 48, *genovés* f. 12v o *portugués* f. 7v)[201]. Son no obstante más abundantes y variadas las referencias a los oficios[202] que desempeñaban o los cargos[203] que poseían. El *Libro* representa, en suma, un fidedigno trasunto de la sociedad sevillana de principios del XVI.

---

199. Del padre y de la madre en la gran mayoría de las partidas, pero también de solo uno de ellos. En los casos en que solo aparece la madre, pudiera pensarse en que se trata de mujeres solteras. Si solo se anota la identidad del padre, a esta se adjunta normalmente la fórmula «y de su muger [legítima]» sin que conste el nombre de ella.

200. No es infrecuente que en una misma partida se citen varios criados o esclavos –negros, blancos, alguno incluso *loro* 'mulato'–, denominaciones que se confunden en el *Libro* como ya denunciaron hace tiempo algunos historiadores (por ejemplo, Franco Silva 1979: 416-417) y que en este trabajo se considerarán como equivalentes. Más raro es que se bautice a la vez a más de un recién nacido, salvo que se trate de hijos o hermanos «de un vientre» (ff. 2, 11v o 12) o de «hijas géminas» (f. 8) (en algunos casos este dato no se consigna, pero todo parece indicar que son gemelos o mellizos, por ejemplo, en el f. 22v). El caso de gemelas más curioso del *Libro*, por la trascendencia que tienen estos nombres en Sevilla, es el de *Justa* y *Rufina*, hijas de Al° de Simancas (f. 88v).

201. Aparte de los gentilicios, las expresiones con la preposición *de* y un nombre de lugar también indicarían el origen: *Alaraz* (f. 7), *Astorga* (f. 8), *Atiença* (f. 59), *Benacaçón* (f. 60), *Çuleta* (f. 78), *Granada* (f. 93), *Portugal* (f. 26), *la Puebla* (f. 9v) o *Salamanca* (f. 20). Solo se han tenido en cuenta al respecto los casos en que este giro aparece tras un apellido (por ejemplo, *Catalina Ruiz de Astorga* f. 8), pues si se da tras el nombre de pila (por ejemplo, *Antón de Alcalá* f. 20v o *Gonçalo de Baeça* f. 18v) se antoja difícil saber si la expresión guardaba aún su significado originario.

202. La lista de oficios es muy amplia y en ella aparecen reflejados todos los sectores productivos. En orden alfabético: *agujetero* (f. 62v), *albani* (f. 2), *armero* (f. 6), *azeitero* (f. 8v), *ballestero* (f. 130), *barvero* (f. 56), *batihoja* (f. 68), *biscochero* (f. 3), *bonetero* (f. 7), *borzeguinero* (f. 5v), *calcetero* (f. 58v), *candelero* (f. 5), *caniero* 'cañero' (f. 17v), *cantero* (f. 4v), *çapatero* (f. 3), *cargador* (f. 22), *carpintero* (f. 24v), *chapinero* (f. 122v), *cintero* (f. 39v), *corchero* (f. 2), *cordonero* (f. 24), *corredor* (f. 7), *correo* (f. 105), *cozinero [del señor Arçobispo]* (f. 11v), *entallador* (f. 96v), *espadero* (f. 17v), *espartero* (f. 65v), *espejero* (f. 135), *herrador* (f. 63v), *herrero* (f. 10v), *imaginero* (f. 125), *jubetero* (f. 8), *labrador* (f. 1v), *ladrillero* (f. 53), *librero* (f. 18), *mercader* (f. 3), *ollero* (f. 2), *ortelano* (f. 12v), *pastelero* (f. 132), *pintor* (f. 10), *platero* (f. 2v), *ropero* (f. 24), *sastre* (f. 12v), *sedero* (f. 46v), *sillero* (f. 26), *sombrerero* (f. 38v), *texedor* (f. 13v), *tonelero* (f. 4), *toquero* (f. 97v), *tornero* (f. 18), *trapero* (f. 27) y *tundidor* (f. 65).

203. Los cargos de la administración pública o similares recogidos son, por orden alfabético, *alcalde de la justicia* (f. 91), *alguazil mayor [de las Alpuxarras de Granada]* (f. 41), *aparejador [en esta Santa Iglesia]* (f. 58), *comendador* (f. 30v), *contador [mayor]* (f. 119), *escrivano de nao* (f. 61), *escrivano público* (f. 18v), *espitalero [en el hospital de San Andrés de la Carretería]* (f. 10), *jurado* (f. 126), *pregonero* (f. 131) y *veinticuatro* (f. 141v). Son más bien títulos *doctor* (f. 101v) o *licenciado* (f. 5v). Caso especial bien conocido

7.2. El nombre de pila en el *Libro*

La atención de este trabajo, según ya se ha afirmado, se concentrará en ofrecer un estudio de los nombres de pila contenidos en el *Libro*, lo que se pretende desde dos perspectivas diferentes y, al tiempo, complementarias:

a) Mediante el análisis cuantitativo se presenta la frecuencia de los nombres masculinos y femeninos en el *Libro* (cf. 7.2.1). Se tienen en cuenta otros recuentos realizados a listados de Sevilla, en especial (por ser contemporáneo al *Libro*), el Padrón General de Sevilla de 1533. Junto a las cantidades totales se ofrecerán asimismo las correspondientes a dos minorías sociales que se citan en las partidas, los expósitos (cf. 7.2.1.1) y los esclavos o criados (cf. 7.2.1.2).

b) Mediante el análisis cualitativo de dichos nombres se intentan establecer las preferencias que dirigirían la elección del nombre de pila por parte de los padres (cf. 7.2.2). Interesa, en este particular, el estudio de la transmisión del nombre entre las dos generaciones (progenitores y neonatos) enfrentadas en el *Libro*.

7.2.1. La frecuencia de los nombres de pila

Entre recién nacidos y esclavos o criados, el *Libro* recoge las referencias de 2.625 personas cristianadas, 1.291 mujeres y 1.334 hombres, en el principal templo sevillano durante la década estudiada. Los nombres de pila registrados en esas referencias se reducen a 83 masculinos (5 de ellos compuestos) y 70 femeninos (2 de ellos compuestos)[204].

Los nombres de varones bautizados, ordenados de mayor a menor frecuencia y en un número superior a los diez ejemplos, son *Juan*[205] (255 casos; 19,11 %

---

es el de *hidalgo* (f. 38). Entre las fórmulas cabe citar *maestre* (f. 40v) o *micer* (f. 8), además de los tratamientos más frecuentes *don* y *doña* (y *señora*).

204. Los nombres se presentan en la forma con la que se documentan en el *Libro* y sus variantes gráficas se anotan al pie, de manera que se pueden comprobar en ellos algunos rasgos de la lengua hablada de entonces, tales como vacilaciones en el vocalismo átono (*Catalina / Catherina, Girónima / Jerónima, Niculás* por *Nicolás, Úrsola* por *Úrsula*), simplificaciones de grupos consonánticos cultos (*Batista / Baptista, Otaviano, Madalena / Magdalena*), disimilaciones (*Bernardino / Bernaldino, Margarita / Malgarida*), metátesis (*Brégida / Vérgida, Gabriel / Grabiela, Girónima / Jerónima*) o trueques de sibilantes (*Simón / Ximón*). Las intervenciones modernizadoras se reducen, según es práctica habitual, a la regularización del uso de *y* e *i* y de *v* y *u*, de tal manera que *y* y *v* se emplearán con valor consonántico e *i* y *u* con valor vocálico. Se emplea, asimismo, la mayúscula para la inicial y la tilde de acuerdo con las normas vigentes de ortografía.

205. Aparece bajo las formas *Juº* y la latinizante *Ihon*. Es más numerosa la primera que la segunda.

del total), *Francisco* (167; 12,51%), *Pedro*[206] (109; 8,17%), *Diego* (101; 7,57%), *Alfonso* o *Alonso*[207] (82; 6,14%), *Antón*[208] (58), *Cristóval* (52), *Hernando*[209] (48), *Andrés* (38), *Melchior* (31), *Luis* (29), *Gaspar*[210] (27), *Gonçalo*[211] (24), *Rodrigo*[212] (23), *Sebastián* (22), *Bartolomé* (20), *Gerónimo*[213] (17), *Baltasar*[214] (15), *Martín* (14), *Lázaro* (12) y *Jorge*[215] (10).

Por debajo de los diez ejemplos se observa, como es normal, una notable diversidad de los nombres impuestos. En efecto, con nueve casos cada uno se cuentan *Bernardino*[216] y *Lope*; con ocho, *Bernardo, Domingo, Estevan, García* y *Miguel*; con siete, *Blas* y *Salvador*; con seis, *Gregorio*; con cinco, *Niculás* y *Tomás*; con cuatro, *Agustín*[217], *Álvaro, Benito, Cosme, Damián, Lorenço*[218], *Lucas* y *Marcos*; con tres, *Carlos*[219], *Clemeinte*[220], *Julián*[221], *Nufrio*[222] y *Simón*[223]; con dos, *Félix*[224], *Gabriel, Gómez,*

---

206. Abreviado en casi todos los casos como *Pº*, lo que en principio impide decantarse entre la variante popular *Pero* y la variante culta *Pedro*. Ahora bien, dado que *Pedro* es la forma que suele darse si el nombre aparece sin apellidos, que es como se recogen los nombres de los bautizados en las partidas, se ha preferido esta.

207. Abreviado normalmente como *Alº*. Salvo que el nombre aparezca desarrollado en el original no es posible decidirse por *Alfonso* o *Alonso*.

208. Este número incluye los casos de la variante plena, culta, *Antonio* y, con pronunciación palatal, *Antono*. Según Nebrija, *Antonio* es el «nombre entero» y *Antón* es el «nombre cortado» (cf. Ariza 1993a: 419).

209. Y su variante gráfica *Fernando*, alternancia ésta de f-/h- muy normal en la época.

210. Como *Jaspar* en los últimos folios del *Libro* por cambio de la mano que transcribe las partidas.

211. Abreviado normalmente como *Gº*.

212. Abreviado como *Rº*. Una buena prueba de la vinculación con *Ruy*, nombre que aquí no se documenta entre los bautizados sino entre los progenitores, se da en el f. 80: *Rodrigo* hijo de Ruy López.

213. Con las variantes gráficas *Jerónimo* y *Gherónimo*, normalmente abreviadas como *Jerº* y *Jherº*.

214. Y la variante con z *Baltazar*.

215. Excepcionalmente como *Gorge*. Se registra en una ocasión *Jorgre* (f. 73), probable error.

216. Y la variante fonética por disimilación *Bernaldino*.

217. *Augustín*, variante semiculta del nombre, conserva el diptongo decreciente en sílaba átona.

218. Uno de los cuatro ejemplos se presenta bajo la forma latinizada *Laurencio*. Lo curioso de este caso es que se trata de un hijo de *Lorenço* Sánchez (f. 41).

219. El caso incluido de *Carlo* sin -s, como se dirá, corresponde al hijo de un genovés.

220. *Clemeinte* con un diptongo decreciente antietimológico quizá por influencia de *Lloreinte* y *Viceinte* también documentados en el documento analizado. Esta variante no aparece recogida en el DHNAE pese a que sí la registra Nebrija en su *Vocabulario* (cf. Ariza 1993a: 419-420).

221. También *Jullián* con doble *l*.

222. Variante de *Onofrio / Onofre* que, por cierto, no recoge el DHNAE.

223. *Ximón* con trueque de la sibilante inicial alveolar por prepalatal (fenómeno frecuente en la época). Ambas variantes aparecen en el *Vocabulario* nebrisense (cf. Ariza 1993a: 420).

224. *Feliz* con –z «partiendo del genitivo analógico *FELICI por FELICIS» (DHNAE, 411).

Lloreinte, Matheo y *Pablo*; y con un único caso, *Alexandre*[225], *Alexo, Apolinario, Arias, Ascuero*[226], *Batista, Bernabé, Dionisio, Ermegildo*[227], *Fabián, Feliciano, Gil*[228], *Guillermo, Gutierre, Íñigo, Laureán, Manuel, Nuño, Otaviano, Plaudio*[229], *Rafael, Silvestre, Toribio, Viceinte* y *Virgilio*[230]. A todos estos nombres sencillos hay que añadir los cinco casos de nombres compuestos, en que se combinan algunos de los ya enumerados: *Petro Paulo* (2 casos), *Juan Babtista, Juan Blas, Martín Jerónimo* y *Pedro Juan*[231].

Por su relevancia, se han calculado tan solo los porcentajes de los cinco nombres más frecuentes: *Juan, Francisco, Pedro, Diego* y *Alfonso*[232]. Juntos, esto es un dato muy destacable, alcanzan el 53,5 % del total de nombres masculinos, lo que quiere decir que, en el período de tiempo estudiado, algo más del doble de los varones bautizados tenía uno de dichos nombres. Y entre todos ellos sobresale *Juan*, cercano al 20 %, como venía ocurriendo a lo largo del siglo XV. Hay que tener en cuenta, además, que tres de los cinco nombres compuestos están formados por este antropónimo.

Los nombres de pila femeninos son, por orden de frecuencia, *Isabel* (156 casos; 12,08 %), *Catalina*[233] (153; 11,85 %), *Juana* (148; 11,46 %), *Ana*[234] (133; 10,3 %), *María* (119; 9,21 %), *Francisca* (110; 8,52 %), *Beatriz* (64), *Leonor* (62), *Inés* (60), *Luisa* (39), *Elvira* (23), *Marina* (18), *Teresa*[235] (13), *Costança* (12) y *Mencía* (11). Entre diez y seis ejemplos se registran *Elena* (9), *Felipa*[236] (8), *Gerónima* (8), *Florentina* (7),

---

225. Todavía se presenta con la forma característica de la Edad Media. *Alexandro* es la habitual en el Siglo de Oro (DHNAE, 92).

226. ¿Será *Asuero*?

227. Recogida por el DHNAE como étimo de *Menendo* (DHNAE, 664).

228. Que heredó el nombre de su padre pues es hijo de Gil Morante y María de Paredes (f. 92v).

229. Debe de ser *Claudio* por equivalencia acústica.

230. El *Libro* ofrece un testimonio más antiguo que el DHNAE para *Agustín / Augustín, Baltasar, Claudio, Damián, Dionisio, Feliciano* y *Virgilio*, de los que solo el primero aparece en el *Vocabulario* de Nebrija (cf. Ariza 1993a: 419).

231. El único nombre compuesto en el Padrón General de Sevilla de 1533 es *Juan Bautista* (*Baptista*) que llevan seis hombres, tres de ellos foráneos, un valenciano y dos italianos.

232. Coincide en líneas generales con los resultados de los recuentos realizados al Padrón General de Sevilla de 1533: *Juan* (20 %), *Francisco* (11 %), *Alonso* (10 %), *Pedro* (9 %), *Diego* (8,7 %), *Hernando* (4,81 %), *Antón, Cristóval, Gonçalo, Rodrigo, Luis, Martín, Bartolomé, Andrés* y *Miguel*. Los cinco primeros representan el 59 % del total. Respecto del padrón de Sevilla del año 1384 (Álvarez, Ariza y Mendoza 2001: 21-22) hay algunas diferencias (*Juan* [23 %], *Pedro* [10,5 %], *Alfonso* [9,59 %], *Fernando* [8,21 %], *Gonzalo* [6,08 %], *Rodrigo* [4,42 %], *Martín* [4,21 %], *Diego* [3,62 %], *Domingo* [3,58 %], *Antón* [3,50 %], *Bartolomé* [2,41 %], *García* [1,7 %], *Miguel* [1,41 %], *Alvar* [1,33 %] y *Francisco* [1,2 %]): la más clara es el aumento de *Francisco* y el descenso generalizado de los nombres hispanogóticos con la excepción de *Alfonso*.

233. Y su variante gráfica *Cathalina*. Asimismo, como *Catherina* con cambio del vocalismo.

234. También con doble *nn, Anna*, más próxima a la forma latina.

235. También se documenta ampliamente como *Theresa*.

236. Así como *Filipa*, con asimilación vocálica, y *Phelipa*, variante gráfica.

Luzía (7), *Bernaldina* (6) y *Bárvara*[237] (6). Por debajo de esa cantidad aumenta de modo considerable la diversidad de la antroponimia. Así, con cinco casos se encuentran *Andrea, Antonia*[238]*, Guiomar, Madalena*[239]*, Mayor* y *Úrsola*; con cuatro, *Agustina, Ginesa, Juliana* y *Malgarida*[240], con tres, *Arguenta*[241]*, Bernarda, Brégida*[242]*, Damiana, Gracia, Gregoria* y *Melchiora*; con dos, *Aldonça, Ángela, Leonisa, Lucrecia, Paula, Petronila, Polonia*[243] y *Rufina*; con un único caso, *Angelina, Asilda*[244]*, Batista, Benita, Blanca, Brianda, Cecilia, Clara, Cosma, Elisabeth, Escolástica, Faustiana, Grabiela, Justa, Lázara, Marta, Ochanda, Sabina* y *Violante*. Los dos nombres compuestos son *Inés de los Reyes* y *Juana Batista*. Hay un nombre que se repite en hombre y en mujer, *Batista*, nombre que integra, como ya se ha indicado, uno de los antropónimos compuestos también en ambos sexos (*Juan Batista, Juana Batista*)[245].

Los seis nombres más repetidos –*Isabel, Catalina, Juana, Ana, María* y *Francisca*[246]– superan sumados el 63 % del total, dicho de otro modo, estos son los nombres de las dos terceras partes de la población femenina bautizada en Santa María la Mayor en el decenio analizado, lo que evidencia la uniformidad en la onomástica de la época dejando a un lado algunos pormenores que a continuación se estudia-

---

237. Incluidos los casos de *Bárbola*, variante que sí recoge Gonzalo Correas en su *Arte Grande de la lengua castellana* compuesto en 1626 (cf. DHNAE, 872).

238. Como se observa en el masculino, junto a la culta *Antonia* se da la semiculta *Antona*.

239. Es más frecuente con el grupo simplificado que como *Magdalena*, también testimoniada.

240. Y *Margarita*. Ambas variantes se distinguen por el lambdacismo y por la sonorización de la dental intervocálica.

241. Menos frecuente como *Argenta*, posiblemente mera variante gráfica.

242. Con metátesis de la líquida, *Vérgida*.

243. ¿Y la variante, rara, *Poldona*? Cabría suponer que esta es el resultado de la evolución fonética popular mientras que *Polonia* es la variante semiculta (con aféresis de *a*-). ¿O se trata de variante abreviada de *Leopoldona*?

244. ¿Será *Casilda*?

245. Con respecto al DHNAE, los datos extraídos del *Libro* adelantarían el primer testimonio histórico de *Agustina, Angelina, Bárbara, Brígida, Cosma* –que sí registra Nebrija aunque como nombre de varón (cf. Ariza 1993a: 419) –, *Damiana, Escolástica, Florentina, Gerónima, Grabiela, Lázara, Leonisa, Polonia, Rufina, Sabina* –asimismo en el *Vocabulario* de Nebrija (cf. Ariza 1993a: 420)–y *Úrsola*. En el caso de *Cecilia*, la obra de referencia solo cita un ejemplo medieval de *Cezilia*. Pero, además, el DHNAE no recoge los nombres *Argenta, Bárbola, Faustiana, Ginesa* ni *Ochanda*. Pellen (2014: 69) ha llamado la atención sobre lo limitada que se antoja la lista de nombres femeninos en el *Vocabulario* nebrisense.

246. Los nombres femeninos más frecuentes en el Padrón General de 1533 son *Catalina* (13,3 %), *Isabel* (12,8 %), *Juana* (9,8 %), *María* (9,3 %), *Leonor* (9 %), *Ana* (7,6 %), *Beatriz* (7,4 %), *Francisca* e *Inés* (6,3 % cada uno) y *Elvira* (3,8 %). En retrospectiva, si se contrastan los datos del *Libro* (y, claro está, del padrón citado) con los de la Baja Edad Media, uno de los cambios más notables es el descenso del número de mujeres llamadas *María*; la incorporación más significativa a los nombres más frecuentes es la de *Ana*, nombre que apenas aparece en los padrones de la ciudad del siglo anterior.

rán. Tampoco se observa entre estos seis nombres, en especial entre los tres primeros (12,08 %, 11,85 %, 11,46 %, respectivamente), unas grandes diferencias, frente a lo que se constata entre los nombres masculinos respecto de *Juan*. Es significativo, por otra parte, que entre los seis se encuentran *Juana* y *Francisca*, feminizaciones de los dos nombres masculinos más abundantes.

7.2.1.1. Los nombres de pila de los niños abandonados[247]

En este apartado se consideran todos aquellos bautizados en cuya partida no quedaron consignados los nombres de los progenitores[248]. El espacio destinado a recoger las identidades de estos aparece en blanco o, en los casos más claros, se añade una anotación que alude, fundamentalmente, a la condición de hijo de padres desconocidos –por ejemplo «cuyos padres no quisieron decir» (f. 3v), «hijo de no se sabe» (f. 78), «hijo de fulano y de fulana y el niño de la cuna» (f. 147) o «fi de Dios» (f. 57)– o la de abandonado –«que fue echado a la puerta de la iglesia» (f. 6), «echadito a la puerta de la iglesia» (f. 99v), «expósito a la puerta de la iglesia» (f. 37), «expósita» (f. 34v) o «que nació en casa de Diego Pérez» (f. 81). Los nombres de pila de estos niños son bastante variados pero cabe destacar que los más repetidos coinciden con los más frecuentes en el *Libro*, de la misma manera que se observa en los libros de bautismo de la parroquia de San Sebastián de Madrid y del Sagrario Metropolitano de la Catedral de México (cf. DHNAE, 29). Así, entre los niños abandonados los nombres más numerosos son *Juan* (11 casos)[249], *Francisco* (4)[250], *Diego* (3)[251] y, con dos casos cada uno, *Fernando*, *Martín* y *Pedro*[252]. Entre las

---

247. Por las posibles coincidencias, cf. el exhaustivo trabajo de A. Rossebastiano sobre la onomástica de los expósitos turineses del siglo XIX (Rossebastiano 2016).

248. Aunque estudie el fenómeno de los niños abandonados en Sevilla a partir del siglo XVII, la obra de Álvarez Santaló (1980) sigue siendo imprescindible para conocer a fondo los entresijos de aquel grave problema social.

249. Los casos de *Juan* se registran en los ff. 6 –«que fue echado a la puerta de la iglesia»–, 48v –«de cuyos nombres no quisieron decir»–, 82v, 85v, 98v –«echado a la puerta de la iglesia»–, 99v –«echadito a la puerta de la iglesia»–, 106v [en la misma partida que *Fernando* y *Jorge negro*], 110, 110v, 139v –«hijo de fulano y de fulana y el niño de la cuna»– y 147.

250. En los ff. 90, 101, 107 y 123. En el del f. 90 coincide con el nombre de los padrinos.

251. En los ff. 91v, 100 y 125.

252. Los casos de *Fernando* en los ff. 57 –«fi de Dios»– y 106v [en la misma partida que *Juan* y *Jorge negro*]; los de *Martín* en los ff. 80 –«hijo de cuyos padres no quisieron decir»– y 135v; y los de *Pedro* en 100v y 142v. Con un único caso, por orden alfabético, *Andrés* (f. 143v), *Baltasar* (f. 102v), *Bartolomé* (f. 55v), *Bernaldino* (f. 86), *Blas* (f. 138) –«hijos de ¿Dios?» [en la misma partida que *María*]–, *Cristóval* (f. 51), *Domingo* (f. 117v), *Gaspar* (f. 129), *Gómez* (f. 78) –«hijo de no se sabe»–, *Jorge negro* (f. 106v) [en la misma partida que *Fernando* y *Juan*], *Lope* (f. 142), *Melchior* (f. 37) –«expósito a la puerta de la iglesia»–, *Miguel* (f. 128v) y *Paulo* (f. 53).

niñas, *Isabel* (6)[253], *Francisca* (5)[254], *Ana* (3)[255] y, con dos casos cada uno, *Juana*, *Leonor*, *Luisa* y *Mencía*[256].

7.2.1.2. Los nombres de pila de los esclavos o criados

Tras las partidas de bautismo de los neonatos –que representan, de manera clara, la serie de asientos más amplia del *Libro*–, en que junto al nombre del niño se anota el de sus progenitores (salvo que se trate de niños abandonados, cf. 7.2.1.1), destacan todas aquellas partidas en que al nombre del bautizado se adjunta la indicación de *criado* o *esclavo*[257] normalmente seguida de la identidad del dueño correspondiente. En muy pocas ocasiones se añade el color de la piel del individuo en cuestión (se registran así negros, mestizos, incluso blancos), pero nunca constan ni edad ni procedencia[258]. Los estudios dedicados a la esclavitud en Sevilla y, de modo particular, en la colación de Santa María la Mayor afirman que debían de ser adultos o muchachos jóvenes, en su mayoría originarios de Guinea o del Congo (Collantes de Terán 1972; Franco Silva 1978; Franco Silva 1979; Lansley 1983; de Cires, García y Vílchez 1989). Al desembarcar en el puerto de la ciudad, los esclavos eran conducidos para su venta a las Gradas, que ocupaba el espacio contiguo a la Catedral, y, dado que sus propietarios estaban moralmente obligados a su cristianización (Franco Silva 1979: 232), se comprende la razón de que haya tantos entre los bautizados del *Libro*.

En lo que se refiere a sus nombres de pila, los datos del *Libro* apuntan en tres direcciones fundamentales. En primer lugar, se comprueba que los nombres de pila de esclavos y criados coinciden, en líneas generales, con los que presentan un índice de frecuencia más alto. Como medio de integración en la sociedad que los acoge, podría suponerse, se les impondrían los mismos nombres de pila que a los

---

253. En los ff. 30, 49 y 51v. Como «expósita» (f. 34v) y como «hija de f.» (ff. 108v, 129v).

254. En los ff. 19, 39, 51 y 83. En 31v como «hija de fulano y fulana».

255. En los ff. 33v, 142 y 147.

256. Los casos de *Juana* se encuentran en los ff. 81 –«que nació en casa de Diego Pérez»– y 88v; los de *Leonor* en 96v y 114v; los de *Luisa* en 82v y 134; y los de *Mencía* en 41v –«fue echada a la puerta de la iglesia»– y 107. Con un único caso, por orden alfabético, *Bárbola* (f. 50), *Beatriz* (f. 69v), *Catalina* (f. 58), *Elena* (f. 34v), *Elvira* –«cuyos padres no quisieron dezir» (f. 3v)–, *Florentina* (f. 92), *Guiomar* –«cuyos padres no quisieron dezir»– (f. 47v)–, *Malgarida* (f. 133), *María* –«hijos de ¿Dios?» [en la misma partida que *Blas*] (f. 138) —, *Sebastiana* (f. 14) y *Úrsola* (f. 52v).

257. Términos que en el *Libro*, como han defendido los historiadores que se han acercado al tema, se consideran equivalentes.

258. Aunque excepcionalmente hay partidas que carecen incluso del nombre del esclavo bautizado: sendos ejemplos en los ff. 34, 35 y 77v, y cuatro negros en el f. 72v.

recién nacidos[259]: así se registran, por un lado, *Juan* (74 casos)[260], *Francisco* (50), *Pedro* (39), *Antonio* (20), *Diego* (18), *Andrés* (15), *Cristóval* (12), *Hernando* (10) y *Alfonso* o *Alonso* (9)[261], y por otro, *Catalina* (74), *Isabel* (44), *Juana* (39), *Francisca* (34), *Ana* (29), *María* (19), *Inés* (13), *Beatriz* (12), *Luisa* (12) y *Leonor* (11)[262].

En segundo lugar –frente a lo que defendía Franco Silva (1979)[263]–, escasean los ejemplos, de entre los anteriores, en que los esclavos o criados adoptaron el nombre de sus dueños o amas: por un lado, *Juan* (13 casos), *Francisco* (5) y *Diego*, *Gonçalo* y *Cristóval* (1 cada uno), por otro, *Juana* y *Francisca* (3 cada uno), *Catalina*, *Inés* y *Leonor* (1 cada uno)[264].

Y, en último lugar, se constatan nombres que parecen exclusivos de esclavos o criados, o al menos no se testimonian en las partidas de recién nacidos del *Libro* analizadas. Especialmente significativo al respecto se antoja *Jorge*, nombre que con diez ejemplos solo se impuso a esclavos[265]; también *Felipa*, que de ocho casos registrados siete corresponden a esclavas[266]. Los nombres masculinos *Alexandre, Alexo, Apolinario, Astuero, Guillermo, Nuño, Plaudio* y *Viceinte*, así como los femeninos *Asilda, Batista, Benita, Cecilia, Elisabeth, Escolástica, Faustiana, Marta* y *Sabina*, todos ellos casos únicos según se indicó más arriba, pertenecen a esclavos en el *Libro*.

---

259. Como se verá, coincide con lo que pasaba en la parroquia de San Ildefonso de Sevilla a finales del siglo XV, donde, de acuerdo con Collantes de Terán (1972: 119), los nombres más frecuentes entre los esclavos eran *Juan, Francisco* y *Catalina*, no por casualidad los nombres más impuestos entonces (cf. DHNAE, 29).

260. Aparte habría que considerar el doble *Juan Blas* (f. 62v) no incluido en los 74 casos registrados.

261. Y, también dentro del grupo de los más frecuentes, *Gaspar* (5), *Lázaro* (4), *Luis* (4), *Bartolomé* (3), *Gonçalo* (2) y *Melchior* (2). Otros nombres, éstos minoritarios, compartidos por recién nacidos y criados son *Agustín, Baltasar, Bernaldino, Bernaldo, Blas* (2), *Cosme* (2), *Domingo* (3), *Estevan, Gabriel, García, Gregorio* (3), *Jerónimo* (8), *Lloreinte, Lope, Lorenço, Luis, Martín, Matheo, Miguel, Rodrigo, Sebastián* y *Ximón*.

262. Otros nombres de criadas que también se le dan a las neonatas son *Agustina* (2), *Andrea* (3), *Anton[i]a* (3), *Bárvara / Bárvola* (3), *Bernaldina* (2), *Bernarda, Elena* (3), *Elvira* (2), *Florentina* (4), *Gracia, Jul[l]iana* (2), *Luzía* (4), *Madalena, Malgarida, Marina, Mencía, Petronila, T[h]eresa* (2) y *Úrsola*.

263. Franco Silva (1979: 185-188) se ha extendido en explicar en qué se fundaba la elección de los nombres de pila de los esclavos. Según este historiador, lo más habitual era que adoptaran el nombre del dueño «si era varón o el de su ama si era hembra […] el nombre del hijo o hija del dueño o de algún otro familiar» (Franco Silva 1979: 185), pero también existía la posibilidad de que, obligados por el propietario, tomaran el nombre de alguno de los miembros de la familia real, del santoral o que tomaran «simplemente los más usuales de la época» (Franco Silva 1979: 186). Lansley (1983: 60), por el contrario, duda de que las partidas de bautismo contenidas en el *Libro* corroboren las ideas de Franco Silva, lo que confirman los datos del presente trabajo.

264. Podrían añadirse los casos de *Alonso criado de Martín Alonso* (f. 58v) o el de *Domingo criado de Santo Domingo* (f. 110), aunque no sea el nombre de pila del dueño lo que se transmite.

265. En los ff. 4, 44, 56, 73, 75v, 95v, 103, 105, 106v y 110v. El del f. 106v es «negro».

266. En los ff. 25, 56, 72v, 84, 84v, 90v y 103. El único caso de recién nacida (f. 139) es hija de un portugués.

7.2.2. La elección del nombre de pila

La elección, por parte de los padres, del nombre de pila del hijo recién nacido reviste una enorme trascendencia social, tal y como evidencian los titulares de prensa traídos a colación al comienzo del trabajo, en que queda de manifiesto el interés que este asunto despierta siempre entre los hablantes, mucho más que cualesquier otras cuestiones atingentes a la lengua. Ahora bien, se antoja harto complicado establecer el motor de las preferencias que guían dicha elección, más aún si se toman en consideración repertorios de antropónimos datados en épocas alejadas de la actual: ¿cómo podrían determinarse las razones, los *gustos* en suma, que concurrían –en este caso, en Sevilla a principios del siglo XVI– para escoger el nombre de un hijo (o de un esclavo si era el caso, cf. 7.2.1.2)? No es posible responder a la pregunta recién formulada de manera tajante, si bien es cierto que las partidas del *Libro* ayudan a esbozar una serie de tendencias dado que abarcan casi una década y, en ese período de tiempo, se pueden seguir las trayectorias de las familias que llevaron al Sagrario a bautizar a sus hijos. A la interpretación que se haga de estos datos, todo lo fragmentarios e incompletos –incluso contradictorios– que se quiera, contribuirán seguramente las indicaciones sobre el origen geográfico o la condición socioeconómica de los padres de los bautizados que puedan allegarse.

Sevilla, como ya se ha recordado, se convirtió a comienzos del XVI en un foco de atracción para personas de otras naciones europeas que vieron en la ciudad el lugar ideal para desarrollar sus actividades comerciales. Y pese a que los extranjeros que se instalaron en ella solían casarse con mujeres españolas –se entiende– como paso previo para su integración en aquella sociedad[267], no queda tan claro que esta fuera su intención a la hora de elegir el nombre de pila de un neonato, pues algunos habrían deseado mantenerse al margen, como un grupo humano diferenciado, al menos eso es lo que se deduce de ciertos casos que se van a comentar a continuación.

Así, cabría destacar la preferencia por nombres poco frecuentes –en su mayoría nombres con casos únicos (cf. 7.2.1)– que revelan algunos genoveses, miembros de la que no en vano constituía la colonia de foráneos más destacada de la ciudad. Los tres hijos de Antonio Garibaldo y Leonor Mexía se bautizaron como *Arguenta*[268] (f. 47), *Lorenço* (f. 83) y *Lucrecia*[269] (f. 121), y los dos de micer Bartolomé de Negrón e

---

267. A decir de Montoto (1938: 217), «para gozar de los mismos privilegios que los nobles de [Sevilla], los extranjeros se naturalizaban, emparentaban con familias del país».

268. Aunque no se indique en los otros dos ejemplos testimoniados del nombre en el *Libro* (cf. 3.1), parece propio de hijas de extranjeros. También se llaman *Arg[u]enta* la hija de Roberto Ordio y Gracia de Mendaño (f. 12), cuyos padrinos por cierto son genoveses, y la de micer Jacome Burlengo y Leonor Cabeça de Vaca (f. 26v) (asimismo padres de *Juana*, f. 53v).

269. Nombre que se popularizaría en el siglo XVI (DHNAE, 605).

Inés de Ugés, como *Carlo* (f. 35) y *Otaviano* (f. 62v). Otra preferencia destacable entre algunos genoveses es la del nombre compuesto, como ya se ha dicho, recurso denominativo poco habitual aún en la época y, por lo tanto, en el *Libro*: micer Francisco Bonín llama a su hijo *Juan Babtista* (f. 12v)[270].

Un caso singular entre los genoveses lo representa el matrimonio formado por Blas y Girómina de Monardis, «vezinos en cal de Génova»: a las trillizas que bautizan a principios de 1515 (f. 11v) les pondrán los nombres *Angelina, Girómina* y *María*. El fallecimiento de la tercera hija les llevó a volver a tomar, dos años más tarde, este nombre en una nueva bautizada (*María*, f. 56v). Al hijo varón, en cambio, le correspondió el nombre de pila masculino más repetido entonces, *Juan* (f. 75v).

Extranjeros de otras procedencias que también eligieron nombres pocos repetidos son el alemán Diego (casado con Beatriz de Medina) y el francés Guillermo (casado con Elvira Hernández): *Íñigo* (f. 51v) y *Tomás* (f. 48), respectivamente.

Frente a esta tendencia que subrayaría la diferenciación social del grupo, más clara en el de los genoveses, menudea la que perseguiría la integración mediante la adopción de nombres frecuentes, lo que se comprueba en los alemanes Alº (casado con Leonor del Alcáçar)[271], Cristóval (casado con Ana Díaz)[272], el platero Nicolao (casado con Catalina) o Justo Nanes (casado con Catalina de Brut o Valdebruca). Las hijas de los dos primeros se bautizan con el nombre *Juana* (ff. 120 y 10v), el del tercero con el de *Juan* (f. 35). Por su parte, Justo tiene tres hijos a los que pone los nombres de *Gaspar* (f. 23), *Úrsola* (f. 49) y, al igual que su madre, *Catalina* (f. 76).

Los portugueses, grupo numeroso entre los extranjeros venidos a Sevilla, tampoco se distinguen en especial a la hora de elegir un nombre para sus recién nacidos: Juan Rosado y Violante Váez escogen para sus hijos varones *Cristóval* (f. 97v) y *Pedro* (f. 139), nombres masculinos de una frecuencia alta; para sus hijas son algo más originales, pues junto a *María* (f. 47) bautizan a *Paula* (f. 7v) y a *Philipa* (f. 139), esta última melliza de *Pedro*. *Paula* y *Philipa* se cuentan entre los nombres menos frecuentes, el primero solo se testimonia dos veces, el segundo, como ya se ha

---

270. Otros ejemplos de nombres compuestos de hijos de presuntos extranjeros son *Pº Juan* (f. 46v), hijo de Sebastián de la Visarís –o de Guido– y Catalina de Chaves (padres éstos también de *Madalena*, f. 18), y *Pº Paulo* (f. 53), hijo de Juan Marroquí y Costança Fernández (padres asimismo de *Catalina*, f. 89v, y *Diego*, f. 139). Ello no significa que no empezara a darse, quizá por imitación, el nombre compuesto entre los autóctonos: *Juana Batista* es hija de Diego Bejarano e Isabel Sánchez (f. 134v) y *Inés de los Reyes* lo es de Diego de Carvajales y Catalina Hernández (f. 127).

271. Podría ser el mismo que, casado con Luisa del Alcáçar –¿en vez de Leonor por error?– había bautizado a otra niña como *Niculosa*, nombre que ponen a su hija Jacome e Isabel Cabeça de Vaca (f. 74).

272. ¿Aparece por error como «flamenco» en el f. 68v o se trata de otro individuo? En tal partida, por cierto, el nombre elegido para su hija es el de *Úrsola*, coincide pues con la preferencia de Justo como se dirá a continuación. La otra «flamenca» del *Libro* se llama Juana y su hija *Costança* (f. 36).

dicho, solo lo portan en el *Libro* esclavas[273]. Los nombres de los hijos de otros portugueses son *Ana* (f. 26), *Beatriz* (f. 31), *Benito* (f. 80), *Inés* (f. 138v) y *Juan* (f. 26).

Aunque no conste explícitamente su origen, los nombres de ciertos padres recogidos en las partidas apuntarían sin duda a su condición de extranjeros[274]: Pierres (f. 47v), Jacome de Baçán (f. 44), Jacome (f. 83) o Roberto Fernón (f. 60)[275]. Quizá una prueba de su asimilación fuera el que ninguno de estos nombres figura entre los de los bautizados en esos años, pero además sus hijas tienen nombres femeninos que se cuentan entre los más frecuentes: *María, Isabel, Francisca* y *María*, respectivamente[276].

A la hora de elegir el nombre para un recién nacido, pues, pudiera influir el origen geográfico de los padres. Cabría plantearse si, por otra parte, serían determinantes su extracción social o su condición económica. Y para el análisis de este aspecto los únicos datos fehacientes de que se dispone, porque las partidas no se caracterizan precisamente por contener demasiada información, son la indicación de esclavo o criado adjunta al nombre de los padres[277] y la anteposición de ciertas fórmulas de tratamiento ante el nombre de uno de los padres.

Una vez estudiadas las partidas de los esclavos o criados bautizados por iniciativa de sus amos (cf. 7.2.1.2), interesan en este apartado los nombres de pila que los esclavos o criados elegían para sus propios recién nacidos. En efecto, de acuerdo con los datos extraídos del *Libro* al respecto se observa que, quizá como un reflejo de su deseo de integración, los nombres de los varones se cuentan entre los más populares entonces[278]. En cuanto a los nombres de las niñas, los hay bastante

---

273. Según el DHNAE, antes de popularizarse fue nombre de nobles o extranjeros (DHNAE, 410).

274. Como *Guillermo*, ya mencionado anteriormente, *Jacome* y *Roberto* se documentan como propios de extranjeros, antes de su popularización (DHNAE, 476, 533, 773, respectivamente). *Carlo* también lo sería, aquí hijo de un genovés (DHNAE, 225).

275. O también documentado como Roberto de Fermón, casado con Leonor Fernández, que fue padre de *Malgarida* (f. 99v). Probablemente la muerte de esta niña llevó a que sus padres bautizaran a otra de sus hijas con el mismo nombre (f. 143). Esta repetición de un nombre de pila por fallecimiento del hijo se documenta varias veces en el *Libro*: *Marina* (ff. 49v y 140v), hijas de Diego de la Concha y Catalina Hernández, *Diego* (ff. 58 y 136) hijos de Rodrigo y Leonor Fránquez, y *Francisco* (ff. 53, 105v y 142v) hijos de Pº de Morales y Ana Martín.

276. No podría decirse lo mismo del ya citado Jacome casado con Isabel Cabeça de Vaca (f. 74) pues este puso a su hija *Niculosa*, nombre escasamente testimoniado en el *Libro*. Hay, por lo demás, otro padre llamado *Roberto* que prefirió un nombre masculino infrecuente como es *Miguel* (f. 58v). De Roberto Ordio ya se dijo que bautizó a su hija como *Arguenta* (f. 12). La imposición del nombre *Damián* (4 ejemplos) y de su correspondiente femenino *Damiana* (3 ejemplos), así como de *Brégida* (3 ejemplos), pudiera vincularse a extranjeros en ciertas partidas (ff. 4v, 138v y 62, respectivamente).

277. Si no aparece solo «hijo de una esclava» o «hijo de una negra».

278. Por orden alfabético, *Antón* –hijo de Isabel– (f. 29v), *Antonio* –hijo de una esclava– (f. 33v), *Cristóval* (ff. 38 –hijo de Juana–, 40v –hijo de una esclava–), *Gaspar* –hijo de una negra– (f. 32v), *Juan* –hijo de una esclava– (f. 16) y *Sebastián* –hijo de una esclava– (f. 79v).

comunes[279], lo que revela ese interés por asimilarse en la sociedad señalado con anterioridad, repárese si no en la elección de *María* por parte de *Fátima*, muy probablemente musulmana convertida al cristianismo. Aunque no se diga que sean esclavos, parece caso análogo al de *Rodrigo*, hijo de «un moro» y *Zahara* (f. 143).

Ahora bien, los esclavos o criados también escogieron para sus hijas algunos nombres verdaderamente singulares como son *Ángela* –hija de dos negros llamados Isabel y Pablo– (f. 30), *Bárbara* –hija de Isabel– (f. 144v), *Cosma* –hija de esclava– (f. 20v), *Elena* –hija de Juana– (f. 28v), *Juliana* –hija de Juan blanco y Bernalda– (f. 144v) y *Úrsola* (f. 70v) –hija de una criada «del señor arçobispo de Sevilla»–, todos ellos muy poco abundantes en el *Libro*[280].

El segundo recurso para conocer la posible incidencia de los aspectos socioeconómicos en la elección del nombre de los neonatos consiste en la aparición de determinadas fórmulas ante las identidades de sus padres. El empleo de estos «prenombres», en particular *maestre/maestro*[281] o *don/doña*, suele estar asociado a la preferencia por nombres de pila en general menos populares, lo que cabría interpretar como una manera de acentuar la diferencia del grupo social privilegiado al que esos individuos pertenecían.

En cuanto a *maestre*, no debe descartarse que algunos de los individuos que lo portan sean extranjeros, aunque no se indique de manera expresa en ninguno de los casos registrados. Sus hijos poseen los nombres más frecuentes (*Juan, Cristóval* y *Francisco*, por un lado; *Ana, Catalina, Isabel* y *Juana*, por otro)[282], pero también algunos de los más singulares dentro del *Libro*: *Batista* –hija de Bartolomé y Juana López– (f. 110), *Bernaldo* –hijo de Francisco y Aldonça Morán– (f. 56)[283], *Bernardo* –hijo de Morén y Ana Díaz– (f. 56), *Brégida* –hija de Francisco de Carança– y *Damiana* –hija de Francisco y ¿Obesa? de Morales– (f. 97v). Dos ejemplos especialmente representativos son los de los maestres Jerónimo y Miguel. El primero es padre de

---

279. Por orden alfabético, *Ana* (ff. 4v –hija de Isabel Sánchez–, 8 –hija de Juana–, 30 –hija de Catalina–, 78v –hija de esclava–), *Antona* –hija de una esclava– (f. 37), *Beatriz* –hija de Isabel– (f. 147), *Catalina* –hija de Philipa– (f. 12v), *Francisca* –hija de Beatriz– (f. 22), *Isabel* –hija de Catalina– (f. 23v), *Juana* (ff. 76v –hija de esclava– [2 casos], 78v –hija de esclava–, 112 –hija de criada), *Luisa* (ff. 51 –hija de Sebastián y Virgeda–, 82v –hija de una esclava–) y *María* –hija de Pº y Fátima– (f. 147v).

280. *Ángela* solo se registra dos veces; *Bárbara*, seis; *Cosma* es ejemplo único; *Elena*, nueve (tres de ellos de esclavas); *Juliana*, cuatro (dos de ellos de esclavas); y *Úrsola*, cinco (un caso de esclava).

281. Tratamiento que se confunde en algunos casos con el de *micer*.

282. El maestre o micer Francisco –casado con Francisca Rodríguez– es padre de *Francisco* (f. 40v) y *Juan* (f. 123); el maestre Martín, «barvero», de *Juana* (f. 56); el maestre Juan, «viscaíno», de *Francisca* (f. 69v); el maestre Pº –casado con Ana Hernández–, de *Isabel* (f. 134) y *Catalina* (f. 145v); el maestre Cristóval –casado con Beatriz Núñez–, de *Juana* (f. 144); micer Antonio –casado con Beatriz de Silva–, de *Ana* (f. 96v); el maestre o micer Niculás –casado con Melchiora Cerezo– de *Isabel* (f. 96) y *Cristóval* (f. 130); y micer Francisco de Carança, «mercader», –casado con Catalina Ruiz de Astorga–, de *Ana* (f. 8).

283. Padres igualmente de *Juana* (f. 144v).

Ángela (f. 42v)[284], *Luis* (f. 63v) y *Carlos* (f. 89)[285]. El maestre (o maestro) Miguel, «imaginero» casado con Juana Hernández, lo es de *Bárvola* (f. 125) y de *Rafael* (f. 144)[286].

Con el tratamiento de *doña* ante el nombre de la madre del recién nacido, por su parte, se constata una disposición favorable hacia una serie de nombres de pila que había sido frecuente en la Edad Media pero cuya aparición decreció desde el siglo xvi[287], de hecho, el número de sus ejemplos es medio o bajo en el *Libro*: se trata de los masculinos *Gonçalo, Lope, Martín* y *Rodrigo*, y de los femeninos *Aldonça, Marina, Mayor, Mencía* y *Teresa*[288]. La preferencia por estos antropónimos reflejaría, pues, una actitud conservadora de algunos miembros de las clases dominantes, con lo que esos nombres entonces tenidos como «arcaicos» se habrían acabado convirtiendo para ellos en una marca distinguidora del grupo social que integraban. Quede claro que dichos nombres no son exclusivos de las familias cuya madre presenta *doña* en las partidas, sino que se documentan también en las demás, aunque en mucha menor medida[289]; tampoco significa que todas las madres con esta fórmula de tratamiento prefirieran esos nombres, puesto que se registran algunos ejemplos que incluso contradicen la tendencia apuntada[290].

A pesar de que los datos de los asientos del *Libro* –como ya se ha afirmado con anterioridad– no permiten por su brevedad más que conjeturar en muchos casos, el análisis de las partidas de bautismos relativas a unas mismas familias a lo largo del período considerado confirmaría la tendencia apuntada. Los ejemplos más representativos son los siguientes:

— El «veinticuatro» Diego de la Fuente y su esposa doña Juana de Esquivel: *Rodrigo* (f. 4), *Martín* (f. 103), *Gonçalo* (f. 125) y *Marina* (f. 141).

— El licenciado Juan de la Fuente y su esposa doña María de la Cueva: *Aldonça* (f. 5v)[291] y *Teresa* (f. 143).

— Juan Bautista Pinelo y su esposa doña Catalina Farfán: *Mencía* (f. 50), *Gonçalo* (f. 66), *Catalina* (f. 89v) y *Feliz* (f. 127v).

---

284. Del otro ejemplo de este nombre se acaba de tratar en los hijos de esclavos o criados.

285. El otro caso de este nombre se encuentra en el f. 127v, *Carlos* hijo de Peralta e Inés franca.

286. Caso único. Otro nombre de extranjeros según el DHNAE, 756.

287. Esta apreciación general se basa en los datos procedentes del DHNAE como se verá a continuación.

288. El DHNAE incluye en este listado, entre otros, a *Arias, Gil* y *Marta*, que aquí solo se van a considerar de manera tangencial. El único ejemplo de *Marta* en el *Libro* correspondía a una criada, como ya se indicó, lo que también pudiera interpretarse como un indicio del ocaso de este nombre en la época.

289. Los únicos casos de *Arias* (f. 8v) o de *Gil* (f. 92v) no se registran en familias cuya madre tiene el tratamiento de *doña*.

290. Por ejemplo, *Alº* (f. 127), *Ana* (f. 14), *Francisco* (f. 107v), *Inés* (f. 84), *Isabel* (ff. 50v, 98v), *Juan* (ff. 21, 141), *Juana* (ff. 43, 81v), *María* (f. 49), *Pedro* (ff. 58, 68), entre los nombres más abundantes del *Libro*, aparecen en los ff. cit. como nombres de hijos de madres con la fórmula *doña*.

291. Partida que repite el escribano en el f. 16.

— Diego Pardo y su esposa doña María de Saavedra: *Marina* (f. 1v) y *Gonçalo* (f. 30).

— El licenciado Infante y su esposa doña Beatriz de las Casas: *Luis* (f. 47) y *Mayor* (f. 74v).

— Francisco Marmolejo y su esposa la «señora» doña Luisa: *Mencía* (f. 50v) y *Niculás* (f. 86v).

— Juan de Recalde y su esposa doña Lorenço: *Lope* (f. 64).

— Juan de Cueva? y su esposa doña Mencía [...]: *Rodrigo* (f. 88v).

— Lope Hernández y su esposa doña María Ortiz: *Lope* (f. 82)[292].

Otra prueba más del carácter particular que distinguiría a este grupo social estriba en que no participa de algunas de las innovaciones detectadas en el repertorio de antropónimos si se comparan los nombres de los progenitores con los de los recién nacidos[293]. Por considerar uno de los cambios más significativos entre las dos generaciones en liza en el *Libro*, ni ninguno de ellos se llama *Melchior* (*Melchiora*), *Gaspar* o *Baltasar*, ni bautizan a sus hijos con estos nombres. No en vano, los nombres de los reyes magos apenas se documentan en el siglo XV en Sevilla[294], dato que confirman los testimonios recogidos por el DHNAE (cf. DHNAE, 658, 443, 174, respectivamente). El aumento de frecuencia que hubo de darse entre finales del siglo XV y principios del siglo XVI puede comprobarse en el *Libro* mediante el contraste entre las dos generaciones convivientes: los padres con estos nombres son catorce –*Melchior* (1), *Melchiora* (1), *Gaspar* (9), *Baltasar* (3)[295]–, los recién nacidos, sesenta y dos –*Melchior* (26), *Melchiora* (3), *Gaspar* (20), *Baltasar* (13)[296].

---

292. No se ha tenido en cuenta el caso de *Blanca* –hija de Rodrigo [...] de Sossa y su esposa doña Antonia de Mendoza– (f. 95v), ejemplo único en el *Libro* de nombre que, según el DHNAE, era característico de los nobles (DHNAE, 205).

293. Solo indirectamente se ha aludido en este trabajo a los nombres de pila de los padres de los niños bautizados. Un listado de los nombres exclusivos de los padres dará una idea de la riqueza antroponímica contenida en el *Libro*: *Adriana* (f. 89), *Aparicio* (f. 27v), *Apolona* (f. 99v), *Esperança* (f. 108), *Estrella Mar* (f. 99), *Felipe* (f. 129v), *Flor* (f. 29v), *Ginés* (f. 24), *Gómez* (f. 47v), *Gudina* (f. 91), *Iseo* (f. 144), *Justo* (f. 23), *Leonís* (f. 33), *Lorença* (f. 64), *Macías* (f. 30v), *Ochoa* (f. 39v), *Pascual* (f. 74), *Quiteria* (f. 76), *Ruy*, *Theodora / Theodor* (f. 41), *Thomé* (f. 87v), *Toribia* (f. 11v) y *Vasco* (f. 68v).

294. El único documentado de los tres es *Baltasar* (caso único con la forma *Baltrasar*) en un censo sevillano de San Lorenzo del año 1488.

295. Por orden de aparición en el *Libro*, Gaspar López (f. 9v), Baltasar de Alcocer (f. 15), Gaspar de Jaén (f. 27v), Gaspar Çuárez (f. 28v), Melchior –casado con Francisca de Cuadros– (f. 31), Baltasar de Ocaña (f. 35v), Gaspar de Silva (f. 52v), Gaspar Hernández (f. 58v), Gaspar Rodríguez (f. 80v), Gaspar Sánchez (f. 94v), Melchiora Cereço (ff. 96 y 130), Gaspar de Herrera (f. 102), Jaspar López (f. 142) y Baltasar Ximénez (f. 145v).

296. No están incluidos los nueve esclavos –Gaspar (6), Baltasar (1), Melchior (2). Ningún amo se llama así.

En suma, el grupo social distinguido habría preferido para sus hijos conservar nombres que habían sido frecuentes en la Baja Edad Media (*Gonçalo, Lope, Marina, Rodrigo…*) o, como mucho, bautizarlos con los nombres más frecuentes tanto en la época anterior como en esa (*Juan, Francisco, Catalina, Isabel…*), pero en ningún caso adoptar innovaciones como la considerada, de la que habría querido quedarse al margen[297].

Conclusión

La Sevilla de principios del siglo XVI, en los albores del Siglo de Oro, pudiera equivaler *mutatis mutandis* a la Madrid de la actualidad –entre ambas median justamente cinco siglos–: la urbe habitada por una población muy variada, con aportes de todas las regiones del país y de otras naciones (europeas o no), de otras razas y que profesa religiones diversas; población que acude, de una u otra manera, atraída por la riqueza que se genera allí. Y en ese entorno físico, la convivencia entre gente tan distinta queda reflejada inevitablemente en un aspecto tan inasible como es el de los nombres propios personales, de tanto interés para el hablante común pero que, por las dificultades que plantea su estudio, el investigador no suele considerar de entidad suficiente. Pero si parece relativamente fácil extraer las cantidades de los nombres de un documento pasado, no es nada fácil entender el porqué de unos nombres y no de otros. Y para dar cuenta de ello quede claro que no vale la mera trasposición de las condiciones hodiernas a las que habrían actuado entonces.

Si para el nombre de pila medieval se habían revelado de enorme utilidad los libros de repartimiento y los padrones fiscales o militares, desde el siglo XVI se antoja imprescindible el análisis de los libros sacramentales de bautismo. Las partidas en ellos contenidas siguen siendo escuetas (el investigador siempre lo va a creer así) pero al menos están más cerca de permitir la interpretación de algunas preferencias, algo imposible de conseguir con los otros tipos de documentos. Este trabajo ha pretendido explicar determinados cambios en el repertorio tradicional de antropónimos –tradicional por cuanto se atestiguan con frecuencia en la Edad Media– basándose en el origen geográfico o en la condición socioeconómica de los padres, responsables últimos de la elección del nombre de pila del recién nacido. Y aunque *Juan, Francisco* o *Pedro* y *Catalina, Isabel* o *Juana* sigan ocupando los primeros lugares del listado (tanto si se consideran las cantidades globales como si se

---

297. Merecería alguna alusión que ejemplos como *Dionisio* (f. 141v) o *Virgilio* (f. 53v), nombres de claras resonancias clásicas, no se dan tampoco entre recién nacidos de las familias que presentan las citadas fórmulas de tratamiento. El del caso único de *Feliciano*, hijo de doña Mencía Manuel (f. 95), cabría plantearse si se debería a que la madre era una extranjera (¿tal vez portuguesa?).

atiende a minorías tales como los expósitos o los esclavos), se vislumbran ciertas transformaciones en las que pudiera haber influido el elemento foráneo al mismo tiempo que la clase social más elevada, cual reducto, conservaba nombres que habían dejado de contar con la aceptación de décadas antes.

Por las razones argüidas relativas al lugar y al tipo de texto analizado, el *Libro de la Catedral de Sevilla* representaría, con todas las limitaciones que se quiera, una contribución a la «historia de la onomástica iberorrománica» pretendida por Kremer, algo que ha conseguido el DHNAE partiendo sobre todo de la situación actual de Madrid. Por apuntar solo una aportación del documento sevillano, anterior en un siglo al de bautismos que en el diccionario citado se emplea, el *Libro* permite adelantar las fechas de los testimonios de varios de los nombres aquí estudiados.

Capítulo 8
Baltasar, Gaspar y *Melchor* en el siglo XVI (el Sagrario, Sevilla)*

Introducción

Es de sobra conocido que San Mateo (capítulo 2, versículos 1-12) fue el único evangelista que refirió la presentación en Jerusalén de «unos magos que venían del Oriente» para adorar a Jesús recién nacido, aunque apenas se detuvo en la identificación de estos misteriosos personajes, algo que sí haría la literatura apócrifa posterior. Porque San Mateo ni precisó de dónde provenían, ni cuántos eran, ni qué aspecto tenían, ni cómo llegaron a Jerusalén, ni qué presentes entregaron… Tampoco aclaró cómo se llamaban.

El *Libro de la Caverna de los Tesoros*, texto sirio redactado en Mesopotamia entre los siglos V y VI, nombró a los magos como *Hormizd de Makhodzi*, rey de los persas, *Jazdegerd*, rey de Sabá, y *Peroz*, rey de Seba. En el *Evangelio armenio de la Infancia*, en cambio, ya habían aparecido como *Melkon*, rey de los persas, *Gaspar*, rey de los indios, y *Balthasar*, rey de los árabes, denominaciones que a la postre se consolidaron en Occidente como demuestra un manuscrito de los *Excerpta latina barbari* fechado entre los siglos VII y VIII, en que se encuentran *Bithisarea*, *Melichior* y *Gathaspa*, y sobre todo el *Liber pontificalis Ecclesiae Ravennatis* de Agnello (siglo IX), que propuso *Melchior, Caspar* y *Balthasar*, formas que aceptaron Sedulio Escoto en su comentario al Evangelio de San Mateo, el Pseudo Beda o *Excerptiones patrum, collectanea et flores* y, gracias a este último, las leyendas hagiográficas de Jacobo de Vorágine y Juan de Hildesheim (Cardini 2001: 24, 29-30, 32, 40, 71-72)[298].

---

* Publicado en Alda Rossebastiano, Elena Papa y Daniela Cacia (eds.), *Sulle orme di Pietro Massia. Strumenti e metodi per il rinnovamento della ricerca onomastica*. Torino: Edizioni dell'Orso, 2019, 123-134 [ISBN 978-88-6274-969-5].

298. Añade Cardini (2001: 72), eso sí, que «solo Pietro Comestore, complicando de nuevo las cosas, junto a una forma de los tres nombres que él llama *latina* y que es la tradicional (este adjetivo

El conocimiento de estos antropónimos en la península ibérica queda suficientemente demostrado con la aparición de los reyes magos como personajes en algunas de las obras literarias más destacadas de la Edad Media: *Cantar de Mio Cid* (versos 336-338), *Libro de Buen Amor* (estrofas 26-27) y, en especial, *Auto de los Reyes Magos*. Sin embargo, según se desprende de su ausencia en la documentación (Simón 2008: 232-237), parece que hasta mediados del siglo XV nadie fue bautizado en España con los nombres *Baltasar*, *Gaspar* o *Melchor* tal y como puede comprobarse en el CORDE: los testimonios más antiguos en esta base de datos de la Real Academia Española corresponden respectivamente al Capitán Baltasar[299], hijo del vizconde de Chelva (año 1489), a Gaspar de Ariño, secretario de los Reyes Católicos (año 1475), y a Melchior Maldonado, veinticuatro de Sevilla (año 1476). Las fechas aportadas por el DHNAE son, salvo en el primero, bastante similares: Balthasar (año 1532), Gaspar (1480) y Melchior (1477)[300].

Además de aportar, como acaba de decirse, el año del primer testimonio, el citado DHNAE atribuye la extensión de estos nombres por Europa al culto popular de los reyes magos y, al menos en dos de las tres entradas (ss.vv. *Gaspar* y *Melchor*), alude a su frecuencia alta en el siglo XVII basándose para ello en los libros de bautismo de la parroquia madrileña de San Sebastián fechados entre 1600 y 1630. Y aunque para la época se contaba ya con el trabajo de Boyd-Bowman sobre los nombres de pila de la ciudad de México, asimismo fundado en libros de bautismo (Boyd-Bowman 1970), sigue faltando una monografía que precise la difusión social de los nombres de los reyes magos en la España del Siglo de Oro. El presente trabajo pretende, en relación con esto, proporcionar datos que permitan comprender el referido proceso de popularización de *Baltasar*, *Gaspar* y *Melchor* en el siglo XVI, para lo cual se han analizado los veintiún libros sacramentales de bautismo del Sagrario de la Catedral de Sevilla, donde han quedado registradas las partidas datadas entre el 1 de enero de 1515 y el 27 de marzo de 1600[301]. En particular, se ha

---

significaba tal vez que prevaleció en la cristiandad latina), enumera otras dos: la judía (con nombres que parecen algo latinizados: Appelus, Amerus, Damasius) y la griega (con nombres que, en cambio, tienen algo de semita: Galgalath, Malgalath y Sarachim) […] todas son formas bastante increíbles, probablemente mal entendidas».

299. No se han tenido en cuenta los casos, frecuentes en los textos medievales, en que Baltasar es el nombre babilonio de Daniel o se refiere al hijo de Nabucodonosor.

300. De los tres nombres solo el de Gaspar aparece como «nombre de varón» en el *Vocabulario español-latino* de Antonio de Nebrija (Ariza 1993a: 419). Los padrones de Sevilla del siglo XV son también parcos al respecto: un único caso de *Baltrasar* (*sic*, del que se dice que es «ladrón») en la colación de San Lorenzo (año 1488) y otro de *Gaspar* en la de San Esteban (año 1489). En el Padrón General de la misma ciudad, fechado en 1533, se documentan 17 ejemplos de *Baltasar*, 38 de *Gaspar* y 22 de *Melchor*.

301. Debe recordarse la importancia, al comienzo de la Edad Moderna, de Sevilla y, en el seno de esta, de la colación de Santa María la Mayor, de la que proceden los libros de bautismo estudiados (depositados actualmente, dentro del Fondo Sagrario-Libros Sacramentales, en la Biblioteca Capitular

calculado la frecuencia de los tres nombres a lo largo de todo el siglo intentando discernir si se imponen solo a recién nacidos (o también a esclavos y niños abandonados) y si los portaban asimismo sus padres o sus padrinos. Se ha procurado, en suma, aprovechar toda la información recogida en las partidas bautismales –por ejemplo, la fecha de la celebración en relación con la fiesta de la Epifanía– para inferir cualesquier tendencias onomásticas relativas a la difusión social de los nombres estudiados.

8.1. La frecuencia de *Baltasar*, *Gaspar* y *Melchor* en los libros del Sagrario

Los libros parroquiales del Sagrario de Sevilla recogen a lo largo del período analizado un total de 320, 207 y 206[302] bautizados con los nombres de *Gaspar*, *Melchor* y *Baltasar*[303], respectivamente, cantidades por lo demás algo semejantes entre sí, lo que ya de entrada se antoja bastante significativo para este estudio. Dichos datos contrastados con los procedentes del Índice de los baptismos administrados en el Sagrario de la Santa Metropolitana Iglesia de Sevilla –realizado a principios del siglo XIX por el «confesor y capellán» Manuel Merino de Heredia y en el que se registran 17830 bautizos de varones[304] entre las fechas consideradas– muestran que los nombres de los reyes magos presentan una frecuencia medio-alta en el corpus, en el que ocupan los puestos 14º, 16º y 17º de la lista de los nombres masculinos de pila del Sagrario durante el siglo XVI, tal y como puede comprobarse en la tabla nº 1:

---

y Colombina). Tras el Descubrimiento del Nuevo Mundo y gracias a su puerto, esta ciudad ostentó el monopolio del comercio americano y se convirtió en el principal mercado dinerario de España. La actividad comercial y la acumulación de capitales impulsaron la industria, que abandonó su carácter exclusivamente artesanal. Como resultado de todas estas transformaciones económicas, la población de la ciudad aumentó hasta convertirse en la más habitada del país y situarse entre las principales del continente. El incremento demográfico se caracterizó por la heterogeneidad de los nuevos vecinos y moradores pues, atraídos por los beneficios, se instalaron en ella comerciantes tanto extranjeros como procedentes de otras zonas de Castilla, al tiempo que se requirió como mano de obra la llegada de negros y moros (Sevilla controlaba junto a Lisboa el mercado esclavista de la península ibérica) (entre otros, Domínguez Ortiz 1946; Domínguez Ortiz 2003; Morales Padrón 1989).

302. En dichos números están incluidos seis casos de nombre compuesto, a saber: *Gaspar Francisco* (libro 2, f. 108v), *Gaspar de los Reyes* (libro 2, f. 132), *Gaspar Alonso de Santo Domingo* (libro 2, f. 174v), *Gaspar de los Ramos* (libro 2, f. 214v), *Gaspar Grigorio* (libro 3, f. 5v), *Melchior de la Trinidad* (libro 3, f. 105). No deja de ser interesante que todos los casos referidos son anteriores a 1550, ninguno se da con posterioridad a esa fecha: ¿no se generalizaron estos nombres a partir del siglo XVII?

303. Las variantes que presentan los nombres en los textos originales son *Gaspar / Jaspar, Melchor / Melchior / Mechior / Merchior* y *Baltasar / Balthasar / Baltazar*. En lo que sigue se citarán por la primera de ellas.

304. El Índice citado registra 167 nombres masculinos simples diferentes.

Tabla nº 1

Nombre	Número de casos registrados
Juan	4.210[305]
Francisco	1.931
Pedro	1.419
Diego	1.141[306]
Antonio	730
Alonso	722
Luis	586
Cristóbal	523
Fernando	422
Andrés	413
Jerónimo	399
Bartolomé	374
Sebastián	332
Gaspar	320
Miguel	253
Melchor	207
Baltasar	206

Y si bien estos números son reveladores de la frecuencia total de la antroponimia masculina en el siglo investigado, un análisis por secciones temporales menores permite conocer con más exactitud la evolución de los tres nombres objeto de estudio. En efecto, la segmentación en ocho períodos de tiempo (de una duración de en torno a la década y determinada por los libros analizados[307]) arroja los datos de la tabla nº 2:

---

305. En tanto por ciento supone el 23,7.

306. Los cuatro nombres más frecuentes (*Juan, Francisco, Pedro* y *Diego*) representan en conjunto el 49,1 %, prácticamente la mitad de los nombres impuestos.

307. Se han agrupado de la siguiente manera: período 1º) libro 1; período 2º) libro 2; período 3º) libro 3; período 4º) libros 4 y 5; período 5º) libros 6, 7 y 8; período 6º) libros 9, 10, 11 y 12; período 7º) libros 13, 14, 15 y 16; y período 8º) libros 17, 18, 19, 20 y 21.

Tabla nº 2

Períodos	Baltasar	Gaspar	Melchor
1°) 1/I/1515-3/III/1524	15	27	31
2°) II/1533-6/VIII/1541	23	30	16
3°) 16/II/1542-6/VIII/1549	27	38	27
4°) 27/VIII/1549-16/II/1558	30	38	24
5°) III/1558-19/V/1569	31	61	31
6°) 2/VI/1569-1/X/1578	28	49	21
7°) 4/X/1578-27/III/1589	28	44	27
8°) 5/IV/1589-27/III/1600	24	33	30

En líneas generales, según puede comprobarse en la tabla, el número de bautizados con estos tres antropónimos apenas varió a lo largo del siglo XVI. Ahora bien, un análisis por nombre revela algunas diferencias entre, por una parte, *Baltasar* y *Gaspar*, de trayectorias más regulares, y, por otra, *Melchor*, con una evolución marcada por los altibajos. Salvo en el período nº 1 con quince bautizos, *Baltasar* supera siempre la veintena de casos, cantidad que iguala e incluso supera la treintena a mediados del siglo (períodos nº 4 y 5). Por su parte, *Gaspar* dibuja una línea ascendente desde el período nº 1 al período nº 5, en que sobrepasa los 60 bautizos. Desde finales de la década de 1560 comienza un descenso claro hasta llegar a finales de siglo, momento en que presenta un número poco mayor que el de principios del XVI (27 en el período nº 1 frente a 33 en el período nº 8).

En cuanto a *Melchor*, su curso irregular quizá se deba al hecho de ser el único de los tres antropónimos que cuenta con su correspondiente femenino en el siglo XVI: pudiera pensarse que, en un análisis conjunto de los nombres de uno y otro sexo, *Melchor* vería compensados sus altibajos con la documentación de *Melchora*[308].

Así pues, la tabla 2 revela que los índices más altos se registraron en el período nº 5, es decir, entre los años 1558 y 1569 (con la salvedad de *Melchor* que ya había alcanzado los 31 casos en el período nº 1): ¿pudiera estar relacionado este incremento con las disposiciones emanadas del Concilio de Trento en materia de

---

308. En efecto, durante el siglo XVI, según el Índice, se registraron 91 bautizos con el nombre *Melchora*. De *Baltasara* solo hay dos casos (libro 6, f. 137v y libro 14, f. 95) y de *Gaspara*, ninguno.

nombres de bautismo[309]? Se observa también una ligera caída desde ese período al último analizado (es decir, desde finales de la d-écada de 1560 hasta finales de siglo) en dos de los tres nombres: ¿anunciaría este descenso el declive de los nombres de los reyes magos en el siglo XVII[310]?

Respecto del siglo anterior al analizado, el siglo XV, en que –como ya se ha señalado– apenas se documentan estos antropónimos, pudiera ser de interés la comparación, en el libro 1, entre los índices de frecuencia de los nombres estudiados en la generación de los progenitores y en la generación de los recién nacidos, las dos convivientes en este tipo de documento. Y, efectivamente, mientras que en dicho libro se testimonian solo trece padres (3 casos de *Baltasar*, 9 de *Gaspar*, 1 de *Melchor*) y una madre (1 caso de *Melchora*)[311], los recién nacidos alcanzan el número de setenta y dos (13 casos de *Baltasar*, 20 de *Gaspar*, 26 de *Melchor* y 3 de *Melchora*)[312]. Esa clara diferencia entre las dos generaciones constituiría, pues, la primera evidencia de la popularización que aquí pretende analizarse.

8.2. La difusión social de *Baltasar, Gaspar* y *Melchor*

Además de los datos con valor cuantitativo relativos a la frecuencia total, a la evolución a lo largo del período analizado o respecto del siglo XV, para conocer la difusión social de los nombres de los reyes magos en la época, conviene atender a su penetración en las dos minorías que distinguen, siquiera de modo aproximado, las partidas contenidas en los libros sacramentales de bautismo: porque junto a las correspondientes a los neonatos libres, se cuentan los casos anotados como de adultos esclavos, ya negros ya moros, convertidos al cristianismo, así como los

---

309. Según el Catecismo de Trento (*apud* Castro 2014: 29), como nombre del que ha de ser bautizado «elíjase alguno de quien por lo excelso de su piedad y devoción se cuente entre el número de los santos, para que de la similitud del nombre resulte fácilmente excitado a imitarle en santidad y virtud, y que además a aplicarse a la imitación le haga esperar en él un abogado ya para la preservación del alma, ya para la del cuerpo. Por tanto son censurables los que imponen al niño nombres de gentiles, principalmente de aquellos que fueron perversísimos, […] viéndose tan complacida la memoria de hombres impíos que se quiera hacer resonar por doquiera nombres profanos en oídos creyentes».

310. «Los reyes magos, que al principio gozaban de cierta boga [*Gaspar* 11, *Melchior* 11 y *Baltasar* 11 en 1540], para 1660 habían desaparecido totalmente» (Boyd-Bowman 1970: 17).

311. Por orden de aparición en el libro 1, Gaspar López (f. 9v), Baltasar de Alcocer (f. 15), Gaspar de Jaén (f. 27v), Gaspar Çuárez (f. 28v), Melchior –casado con Francisca de Cuadros– (f. 31), Baltasar de Ocaña (f. 35v), Gaspar de Silva (f. 52v), Gaspar Hernández (f. 58v), Gaspar Rodríguez (f. 80v), Gaspar Sánchez (f. 94v), Melchiora Cereço (ff. 96 y 130), Gaspar de Herrera (f. 102), Jaspar López (f. 142) y Baltasar Ximénez (f. 145v).

312. A los que cabría sumar los nueve esclavos registrados en el libro 1 (1 caso de *Baltasar*, 6 de *Gaspar*, 2 de *Melchor*).

hijos recién nacidos de esclavas. Tanto unos como otros habrían adoptado uno de los tres antropónimos en su deseo por incorporarse en la nueva fe. Así, *Baltasar* «de color negro» (libro 7, f. 211), *Gaspar* «boçal esclavo» (libro 6, f. 220), *Gaspar* «que de antes era moro y se tornó cristiano[313]» (libro 5, f. 81) o *Baltasar* «de edad de 2 años poco más o menos venido de Fez[314]» (libro 7, f. 245). En la tabla nº 3 se recogen los ejemplos y, entre paréntesis, el tanto por ciento de cada nombre:

Tabla nº 3

Baltasar	Gaspar	Melchor
25 (12,13%)	31 (9,68%)	10 (4,83%)

Por otro lado, están los niños cuyas partidas carecen de la mención a las identidades de los padres, es decir, los niños abandonados: en estos últimos se puede pensar que, a la hora de la elección de los nombres de pila, la influencia de la Iglesia habría pesado más. Se trata de los asientos más variados de los libros, pues aparecen en ellos con las anotaciones de «hijo de la Iglesia», «hijo de Dios y de Santa María», «hijo de la tierra», «hijo de la cuna» así como «hijo de padres no conocidos»[315], «hijo de incógnitos padres» o «hijo de fulano y de fulana» (libro 2, f. 138v). La tabla nº 4 recoge los datos y, entre paréntesis, los tantos por ciento según nombre:

Tabla nº 4

Baltasar	Gaspar	Melchor
18 (8,73%)	19 (5,93%)	15 (7,24%)

8.3. La elección de *Baltasar, Gaspar* y *Melchor*. Factores de su imposición

La elección del nombre de pila ha revestido desde siempre una notable trascendencia para los cristianos (se trata del primero de sus siete sacramentos), si bien no resulta fácil establecer qué preferencias la guían, más aún cuando se están analizando, como es el caso, libros de bautismo del siglo XVI: ¿cómo podrían conocerse

---

313. Por lo demás «esclavo del magnífico y reverendo señor Provisor».

314. Del que también se dice que «vino rescatado del Rey de Fez por el reverendo padre fray Luis de Sandoval, fraile de la orden del señor San Francisco».

315. Como es el caso de *Gaspar*, que «es hermafrodita» (libro 16, f. 87v).

las razones que entonces concurrían para escoger los nombres de *Baltasar, Gaspar* o *Melchor* para un hijo (o para un esclavo)? La respuesta a esta pregunta, como se entenderá, no es sencilla, pero en lo que sigue se procurará al menos intentar un acercamiento a ella mediante la indicación de los motivos probables que habrían condicionado la predilección de estos antropónimos en lugar de otros.

Un primer factor que cabría considerar es la fecha de la celebración del bautismo: si este hubiera tenido lugar en la «pascua de reyes» o en torno a ese día de enero, podría pensarse que dicha festividad había influido en la elección del nombre[316]. Y, de hecho, algunas partidas recogen noticias tan interesantes como esta que a continuación se transcribe:

> Un morito de xv años, hijo de Alí Alhaquen y de Mari Díaz su muger, que era antes e primera fue cristiana nascida vezina de la ciudad de Baça e agora vezina de Baeça, *ovo nombre Gaspar* por mandado de los Reyes nuestros señores, que así le llamasen porque quiso ser cristiano en el aquel día [8 de enero] (libro 1, f. 158)

También se observa una mayor abundancia de los nombres de los reyes en las partidas de bautismo asentadas los primeros días de cada año (por ejemplo, en el libro 7, ff. 2v-3 y 287-287v). Pero el dato sin duda más interesante consiste en el número de los bautizos celebrados en enero y su porcentaje en relación con el número total de partidas de *Baltasar, Gaspar* y *Melchor* contenidas en los veintiún libros del Sagrario, según puede verse en la tabla nº 5:

Tabla nº 5

Baltasar	Gaspar	Melchor
50 (24,27 %)	84 (26,25 %)	60 (28,98 %)

La tabla revela que, con pequeñas diferencias entre los tres nombres estudiados, alrededor de uno de cada cuatro bautizos se celebró en el mes de la fiesta de la Epifanía[317].

Otro factor que podría aducirse para comprender la imposición del nombre es la *homonimia* o coincidencia con el nombre del responsable de su elección. Dicho

---

316. La relación ha sido apuntada por muchos especialistas. Así, Castro (2014: 59), afirma que «la imposición de uno o más de los nombres de los Reyes a los niños, y a las niñas, nacidos en días inmediatos a la festividad de la Epifanía parece haber sido muy general».

317. El número más alto corresponde a *Melchor*. La frecuencia de bautizos en enero de su femenino *Melchora* es verdaderamente llamativa: de 63 bautizos computados en los libros 3 a 15, 46 (es decir, el 73 %) se celebraron en el primer mes del año.

de otro modo, la razón del nombre del hijo residiría en que es el mismo del padre, de quien lo hereda[318]. La incidencia de la homonimia en los bautizos analizados puede observarse en la tabla nº 6[319]:

Tabla nº 6

Baltasar	Gaspar	Melchor
21 (12,88%)	40 (14,81%)	16 (8,79%)

En cuanto a los esclavos, se ha indicado la posibilidad de que fuera el nombre del amo el que adoptara el bautizado[320], pero los casos hallados son escasísimos en el corpus investigado, apenas sendos ejemplos de *Gaspar* en el libro 1, f. 64v[321] y en el libro 14, f. 140. Algunos casos más, pero tampoco demasiados, cabría atribuir a la influencia del padrino en la imposición del nombre de bautismo del ahijado, según queda reflejado en la tabla nº 7[322]:

Tabla nº 7

Baltasar	Gaspar	Melchor
3 (1,45%)	23 (7,18%)	11 (5,3%)

En la elección, como nombre de bautismo, de *Baltasar, Gaspar* y *Melchor* debió asimismo de influir la estrecha vinculación que la colectividad interpreta que existe entre ellos como nombres que son de los tres reyes magos. Por este motivo se registran casos de hermanos llamados así[323], ya sean de distinta edad –*Baltasar* (libro 1, f. 52) y *Gaspar* (libro 1, f. 78v), hijos de Álvaro Morcillo y Elvira López;

---

318. Algunos de los ejemplos que reflejan dicho fenómeno pudieran, además, constituir casos de *necronimia*, «la extendida costumbre de dar a un nuevo hijo el nombre de un hermano premuerto» (Castro 2014: 49): Baltasar López –casado con María del Río–, bautizó a dos de sus hijos como *Baltasar*, el primero en el año 1595 (libro 19, f. 188), el segundo en el año 1599 (libro 21, f. 188); Gaspar de los Reyes –casado con Isabel Salamanca– bautizó a dos niños con el nombre de *Gaspar*, uno en 1592 (libro 18, f. 1), otro en 1594 (libro 19, f. 143v).

319. Como es fácil comprender, el porcentaje de la tabla 6 no se ha calculado sobre el total de ejemplos de nombres estudiado sino sobre el número de los hijos de padres identificados (163 casos de *Baltasar*, 270 de *Gaspar* y 182 de *Melchor*).

320. Así lo ha hecho Franco Silva (1979: 185); contraría esta hipótesis Lansley (1983: 60).

321. En este primer caso, «Baltasar y Gaspar y Alonso criados de Gaspar Centurión».

322. Sobre la institución del padrinazgo y su impacto negativo en la antroponimia, véase Castro (214: 24).

323. Al respecto, en Cáceres, Diego de Carvajal «bautizó a sus tres primeros hijos con los nombres de Baltasar, Melchor y Gaspar. Es un caso único» (Ariza 2008a: 106).

Gaspar (libro 1, f. 29) y *Melchor* (libro 1, f. 89v), hijos de Juan de Castro y Catalina de Castro…—, ya sean de nacidos en el mismo parto –*Baltasar* y *Melchor* «de un vientre» (libro 2, f. 169v); *Gaspar* y *Baltazar* «ermanos» (libro 4, f. 171), *Gaspar* y *Baltasar* «entrambos de un vientre» (libro 6, f. 46v), *Gaspar* y *Baltasar* (libro 7, f. 71)[324]… Esta idea también presidió, según parece, algún bautismo de convertidos a la fe católica: así el día 3 de julio de 1547 Cristóbal Núñez bautizó a cuatro «naturales del reino de Fez de generación moros» y lo hizo como Juan Bautista, «Gaspar, Melchor y Baltasar», a lo que añade el escribano que «púsose esto ansí para que sea memoria a las venturas generaciones y para que sea a todos claro y manifiesto el milagro que Nuestro Señor ha hecho en darles a estos gracia para recebir agua de baptismo y ser cristianos» (libro 3, f. 176v).

Cabría pensar, por último, en condicionamientos derivados del nivel socioeconómico de la familia del neonato como justificación de la preferencia por uno de los nombres de los reyes magos. Y a falta de otros índices de esta condición pudiera emplearse la aparición como *prenombre* de *don / doña* en los miembros de las clases más altas. Pues bien, dicha fórmula de tratamiento falta en las partidas de *Baltasar*, *Gaspar* y *Melchor* de los primeros tres libros de bautismo, los que abarcan la primera mitad del siglo XVI, salvo en un caso –*Melchor* hijo de García de Vascones y *doña* Juana Muñiz, libro 3, f. 52–, de lo que pudiera deducirse que eran antropónimos que no gozaban en principio de prestigio social. Por el contrario, los ejemplos con *don / doña* ante el nombre de los padres del bautizado se hacen más frecuentes en los períodos nº 7 y 8[325], precisamente cuando se señaló un descenso en la frecuencia de los bautismos de *Baltasar*, *Gaspar* y *Melchor*: ¿guardaría alguna relación el declive de los nombres de los reyes magos y la mejora de su estimación social? ¿A menor abundancia mayor exclusividad?

---

324. Lo que no quita que también se puedan dar casos como «Cosme y Melchior de un vientre» (libro 19, f. 118).

325. A saber, *Baltasar* hijo de Gaspar de Astudillo y *doña* Petronila de Maçuelo (libro 16, f. 71v; libro 17, f. 81v); *Baltasar* hijo de Gaspar de Ribera y *doña* María de Truxillo (libro 16, f. 129v); *Melchor* hijo de Juan Antonio del Alcaçar y *doña* Leonor de Alvo (libro 16, f. 139); *Baltasar* hijo de Juan de Perea y *doña* Juana Raigón (libro 16, f. 251); *Baltasar* hijo de don Fernando de Jaén y *doña* Catalina Pérez de Guzmán (libro 17, f. 162v); *Gaspar* hijo de Pedro de Ulloa de Toro y *doña* Isabel de Torre (libro 18, f. 7); *Melchor* hijo del doctor Fernando Maldonado de Matute y *doña* Francisca Cataño (libro 18, f. 31); *Baltasar* hijo de Andrés de Montilla y *doña* Ginesa Bernal (libro 19, f. 5v); *Gaspar* hijo de Francisco de la Torre Ayala y *doña* Leonor de Sevilla (libro 19, f. 78); *Gaspar* hijo de Alonso Rodríguez de León y *doña* Isabel de los Olivos (libro 19, f. 176v); *Melchor* hijo de Andrés de Solórzano y *doña* María Reyes de León (libro 19, f. 186v); *Melchor* hijo del doctor Sebastián Bermúdez chaparro y *doña* María de Algarín (libro 20, f. 70v); *Melchor* hijo de Rodrigo de Vera y *doña* Florentina de Medina (libro 21, f. 146).

Conclusión

Según el Instituto Nacional de Estadística (INE), la media de edad de los españoles que se llaman en la actualidad *Baltasar, Gaspar* y *Melchor* oscila entre 55,8 (*Gaspar*) y 58,2 (*Baltasar* y *Melchor*) años, y las provincias en las que el tanto por mil es más alto son casi las mismas (*Baltasar* y *Melchor*: León, Zamora, Salamanca, Jaén, Almería, Islas Baleares; *Gaspar*: León, Zamora, Salamanca, Islas Baleares, Huelva, Albacete, Alicante)[326]. Curiosa coincidencia reveladora de que, al margen de cualquier diferencia (mínima) entre ellos, la extensión de estos nombres debiera interpretarse de manera conjunta. Parece persistir en el imaginario colectivo la motivación que preside su imposición: *Baltasar, Gaspar* y *Melchor* son los nombres de los reyes magos.

Lo mismo, con muy pequeñas matizaciones, podría afirmarse de su historia. En efecto, *Baltasar, Gaspar* y *Melchor* se documentan como nombre de bautismo al mismo tiempo (a mediados del cuatrocientos) y presentan una frecuencia muy similar a lo largo del siglo XVI, en que se difundieron socialmente, pues se dan tanto en recién nacidos como en esclavos adultos. En estos porque sus amos habrían deseado cristianarlos con un nombre acorde con los gustos de la época. Los miembros del clero también bautizaban con los nombres de los reyes magos a los niños abandonados a las puertas de los templos, prueba inequívoca del papel de la Iglesia en la extensión aquí estudiada.

Así pues, tal y como en su interesante análisis de los cambios que afectaron a la onomástica del *español medio* (años 1450-1650) García Gallarín (2009) consideró, entre otros, la desaparición de los nombres de origen semítico o la renovación de la antroponimia femenina por la introducción de las advocaciones marianas (ambos bajo la clara influencia de la acción de la Iglesia Católica), quizá cabría incluir en esas transformaciones que caracterizaron a la antroponimia del español clásico, la popularización de los nombres de los reyes magos, asunto que ha ocupado las páginas precedentes.

---

326. La edad media de las mujeres llamadas hoy *Baltasara, Gaspara* y *Melchora* supera los 70 años (*Baltasara*: 72,7 años; *Gaspara*: 73,8 años; *Melchora*: 70,2 años). Son también más abundantes en León, Zamora y Salamanca (entre otras provincias).

Capítulo 9

De los nombres de *María* en la Sevilla del quinientos*

Introducción

María, el nombre de la madre de Jesucristo, ocupa sin ningún género de duda una posición central en la onomástica cristiana. Como han puesto de relieve numerosas obras sobre antroponimia hispánica, es el nombre femenino más empleado desde la Edad Media hasta la actualidad[327], pero no solo destaca por su alta frecuencia a lo largo de la historia, sino también por el papel que desempeñó en las transformaciones que en el Siglo de Oro revolucionaron la onomástica personal española. Y es que, tal y como afirma García Gallarín (2014: 635):

> desde el siglo XVI, *María* es un recurso óptimo para que se cumpla la unirreferenciali-
> dad, también un constituyente necesario cuando el elector se ha inspirado en una ad-
> vocación mariana (*María de la Concepción*), además, es un procedimiento adecuado
> para aplicar a mujeres hagiónimos tradicionalmente de varón (*María Alphonsa*, des-
> pués *María José*), y se extendió a otros nombres portados exclusivamente por muje-
> res (*María Ana*)[328].

---

* Publicado en *Moenia. Revista lucense de lingüística & literatura*, 25, 2019, 237-255 [ISSN: 1137-2346].

327. Sin ánimo de exhaustividad, Boullón Agrelo (1999: 297) o Becker (2009: 691-692). Sobre su abundancia hasta el siglo XIII, cf. los trabajos que componen Martínez Sopena (1995); para la época bajomedieval, cf. Simón Parra (2008: 237-250), quien se basa en el *Corpus de Documentos Españoles Anteriores a 1800* (CODEA), o Viejo (1998: 258-266), que compara la frecuencia de los nombres femeninos asturianos con la de otras zonas de la península ibérica en tres décadas: 1220 a 1229, 1270 a 1279 y 1450 a 1459. Para la Edad Moderna, cf. la síntesis ofrecida por Sánchez Rubio y Testón Núñez (2012: 99). Además de todos estos datos históricos, téngase en cuenta que, según la Estadística del Padrón Continuo del INE a fecha de 1 de enero de 2017, *María* es el nombre de 6.224.392 mujeres en España sumando sus apariciones como simple y como integrante de un nombre complejo (en *María Carmen, Ana María, María Pilar, María Dolores* o *María Teresa*, entre otros).

328. Cf. también García Gallarín (2009: 99-102).

En efecto, entre los «factores del cambio antroponímico» en el *español medio* (1450-1650) señalados por García Gallarín, se dan «la popularización de nombres múltiples» en que «al menos uno de los constituyentes es un nombre muy frecuente o multívoco» –condición que cumple *María* (y *Juan* en los nombres masculinos)– (García Gallarín 2009: 77) y «la influencia de las advocaciones marianas en la onomástica personal» (García Gallarín 2009: 99)[329]. El segundo proceso consiste, de acuerdo con Menéndez Pidal (1965)[330], en la aplicación de las advocaciones usadas en el culto de la Virgen, en un principio, a la toponimia (por ejemplo, *La Asunción* de Paraguay se fundó en 1536)[331] y, con posterioridad, a la antroponimia de los miembros de las órdenes religiosas, quienes al profesar adoptaban sobrenombres como *Antonius a Nativitate* o *Isabel de la Concepción*, y en especial a la de los seglares «siendo costumbre imponer al bautizado el nombre del santo en cuya festividad u octava había nacido» (Menéndez Pidal 1965: 10). De este modo, a las niñas pudo llamárselas a partir del siglo XVI *María de la Candelaria*, *María de la Encarnación* o *María de la Concepción* si habían nacido en torno al 2 de febrero, al 25 de marzo o al 8 de diciembre, respectivamente (Menéndez Pidal 1965: 11). Dichos nombres, según don Ramón, reflejarían la influencia ejercida por «la lengua de los doctos sobre el habla común» o, más en particular, por «los usos religiosos» «sobre la onomástica corriente» (Menéndez Pidal 1965: 9), y aunque eran poco numerosos al principio, menudearon en el siglo XVII «obedeciendo en gran parte a un impulso docto de la Contrarreforma», un buen ejemplo del cual constituyó el «entusiasta movimiento teológico en pro de la Inmaculada Concepción» que comenzó el año 1615 (Menéndez Pidal 1965: 11)[332].

Desde la perspectiva de la sociología y de la historia cultural, también Castro (2014) ha subrayado el papel de la Iglesia en la conformación del «sistema antroponímico moderno»: en el caso particular de España, la Contrarreforma influyó

---

329. Otros fenómenos de la época estudiados por García Gallarín son la desaparición de los nombres de origen semítico (2009: 87-89) y la decadencia o desaparición de los nombres de origen germánico y de los nombres vascos (2009: 96-98).

330. Reproducido, con leves modificaciones, en Menéndez Pidal (2005: 1317-1324).

331. También se encontrarían antecedentes de esta antroponimia en los nombres que se daban entonces a los navíos (García Gallarín 2009: 99).

332. Acerca de la cronología de esta onomástica, precisan Sánchez Rubio y Testón Núñez (2012: 105) que «no se generalizaría en España hasta el final del período moderno y durante el siglo XIX» y Castro (2014: 35) que «el uso de nombres compuestos fue un fenómeno […] que alcanzó su máxima irradiación durante el siglo XVIII si bien estuvo ya ampliamente extendido en la centuria anterior». En el caso de México, «se buscará en vano, entre los nombres de las niñas nacidas […] hasta fines del siglo XVII, esas alusiones a las advocaciones de la Virgen tan característica de la onomástica de los siglos XVIII y XIX» (Boyd-Bowman 1970: 17), pues «la Nueva España siguió con cierto retraso las tendencias registradas en la Península» (Boyd-Bowman 1970: 19). Cf. asimismo Boyd-Bowman (1970: 20-21).

en la popularización de «algunos santos postridentinos nacionales canonizados en el siglo XVII» (por ejemplo, San Ignacio de Loyola, San Francisco Javier o Santa Teresa de Jesús), de San José[333] y, sobre todo, de «las distintas advocaciones marianas que no dejaron de multiplicarse desde el siglo XVI en forma de nombres compuestos de mujer sobre el ya muy extendido *María* y modificando profundamente el repertorio de nombres femeninos» (Castro 2014: 30)[334]. Porque en contraste con el «sistema antroponímico tradicional», que se caracterizaba por unos índices altos de homonimia (es decir, la mayoría de los individuos compartía unos mismos nombres), fenómeno ocasionado por la costumbre inveterada de elegir el nombre del bautizado de entre los portados por los progenitores o los familiares próximos, desde el siglo XVI el repertorio de antropónimos se amplió en los países de fe católica mediante la imposición al neófito del santo del día de nacimiento o de bautizo (o de la octava de cualquiera de las dos fechas), así como mediante la generalización de nombres «múltiples (dobles o triples)» constituidos en principio por nombres frecuentes pero también por «el correspondiente al santo conmemorado por la Iglesia el día del bautizo o nacimiento» (Castro 2014: 34). Esta práctica en su origen se reduciría a los sectores privilegiados de aquella sociedad, pero luego se propagaría a los demás estratos[335].

Para extraer todas estas conclusiones, Castro (2014: 45-76) se sirvió de libros sacramentales de bautismo y de defunción[336] dado que, como ha reconocido en

---

333. Según Menéndez Pidal (2005: 853), *José* «era inusitado en la España medieval y aun en Europa, salvo entre judíos y musulmanes, pero comienza a propagarse cuando en Roma, hacia 1530, aumenta la devoción a la excelsa santidad de José como inmediata a la Virgen María». La difusión, pues, habría comenzado con anterioridad a 1621, que es cuando se fijó la fecha del santo. Los datos procedentes de los libros de bautismo sevillanos parecen confirmar la opinión de Menéndez Pidal: ausente de las partidas de la Catedral en la década de 1515 a 1524, el primer caso en el principal templo de la ciudad, documentado bajo la forma de *Josepe*, data del 14 de abril de 1533.

334. Cf. además Castro (2018: 34-36), en que sintetiza estas mismas ideas.

335. Castro, muy oportunamente, se esfuerza por diferenciar el nombre impuesto del verdaderamente usado: «en la medida en que quienes los recibían [los nombres múltiples] no usasen en el curso de su vida esos nombres adicionales, o mejor, no se los aplicasen los demás, se podría entender que su sentido se condensaba en un acto de devoción» (Castro 2014: 34-35). Insiste Castro en la distinción *impuesto / usado* más adelante (Castro 2014: 63-64), así como al afirmar que «estas nuevas advocaciones se consignarían en el libro de bautismo y quizá en algún documento muy formal a lo largo de la vida de quienes lo llevasen, pero es dudoso que la mayoría usase en la vida cotidiana y fuese conocido por el nombre completo, el originario más su aposición. Esta misma presunción puede aplicarse a la mayoría de los nombres compuestos. Alguien bautizado como *Juan Benito Antonio* o *Francisca Agustina Margarita* no sería nunca llamado en la vida diaria por esos tres nombres, sino por alguno de ellos, y no necesariamente por el primero, o quizá por dos, en función de circunstancias derivadas de una casuística inabarcable» (Castro 2018: 36).

336. Procedentes de las parroquias de la ciudad navarra de Tudela (Castro 2104: 46-47). El período contemplado por Castro abarca desde mediados del siglo XVI hasta el último decenio del siglo XX, aunque «de este amplio universo se han obtenido cinco muestras que corresponde a

un artículo más reciente, «la documentación más precisa en materia de nombre personal es, en España, la conservada en los registros parroquiales y en concreto en los libros de bautismo» (Castro 2018: 36), opinión en la que viene a coincidir con Kremer (1988), quien postulaba que la historia de la onomástica iberorrománica habría de sustentarse en las listas de personas, escasas antes del siglo XIII pero dignas de atención desde el siglo XVI, cuando se confeccionaron «para los grandes censos de población o a consecuencia de la introducción de los registros parroquiales» (Kremer 1988: 1585). Al emplear dicho corpus de investigación, Castro (2014) también sigue el camino iniciado por el trabajo pionero, ya citado, de Menéndez Pidal (1965), que se fundamentaba en datos de los libros de bautismo de cuatro parroquias, dos sevillanas –Santa Ana y San Vicente, desde el año 1600– y dos madrileñas –San Ginés, desde 1522, y San Sebastián, desde 1593. En cualquier caso, don Ramón hubo de admitir que «para juzgar la importancia de los bautizos aquí registrados, que se refieren a una o dos parroquias de Madrid o de Sevilla, [...] es preciso añadir el de muchas otras parroquias de ambas ciudades para que nos imaginemos el total» (Menéndez Pidal 1965: 13)[337]. Y si bien es cierto que los sucesivos trabajos de García Gallarín sobre la parroquia de San Sebastián (en especial, García Gallarín 2009) han conseguido ampliar el conocimiento de la onomástica moderna de Madrid, no puede afirmarse lo mismo de Sevilla, que carece aún de un estudio análogo. Acaso su realización arrojaría luz sobre las condiciones en que, habida cuenta la relevancia de esta ciudad en la época[338], se desenvolvió el nombre de pila complejo y, en íntima relación con él, la extensión de las advocaciones marianas en la antroponomástica común. A este fin contribuiría el enorme fondo documental de las parroquias sevillanas anterior a 1600 –el año que tomó como *terminus a quo* Menéndez Pidal (1965)–, como pretende demostrar el presente trabajo mediante el análisis de los

---

cinco tramos cronológicos de cuarenta o cincuenta años cada uno: 1540-1590; 1610-1660; 1690-1730; 1760-1810; 1830-1870, dejando, pues, entre cada uno de ellos intervalos de veinte o treinta años (período equivalente, *grosso modo*, a una generación) en los que no se extrajo muestra» (Castro 2104: 48).

337. Otro mérito de Menéndez Pidal (1965) estriba en la consideración de las diferencias sociales en la población de las parroquias confrontadas. Y ello, a su vez, sobre la oposición misma de *Sevilla frente a Madrid*, que, como es bien sabido, propugnaba para explicar el origen del español de América.

338. Debe recordarse la importancia de Sevilla al comienzo de la Edad Moderna: a raíz del Descubrimiento del Nuevo Mundo y gracias a su puerto fluvial, esta ciudad ostentó el monopolio del comercio americano y se convirtió en el principal mercado dinerario de España. La actividad comercial y la acumulación de capitales impulsaron la industria, que abandonó su carácter exclusivamente artesanal. Como resultado de todas estas transformaciones económicas, su población aumentó hasta convertirse en la más habitada del país y situarse entre las principales del continente (cf., entre otros, Domínguez Ortiz 1946, Domínguez Ortiz 2003 o Morales Padrón 1989).

nombres de pila femeninos que constan de *María*[339] como uno de sus elementos integrantes[340].

9.1. Datos cuantitativos generales

En los libros de bautismo sevillanos del siglo XVI se registra un total de 211 nombres complejos femeninos, de los que solo 51 (esto es, el 24,17 %) presentan *María* como uno de sus antropónimos constituyentes[341]. Ahora bien, mientras que los 160 nombres sin *María*[342] los llevan 214 mujeres –pues 136 de esos 160 nombres son casos únicos[343]–, se bautizan 403 mujeres con un nombre que incluye el de la Madre de Jesús, número que supone el 65,31 % de las partidas estudiadas[344]. La tabla nº 1 resume estos datos generales:

_____

339. García Gallarín (2017a: 419; 2017b: 104) subsume bajo el término de *nombre múltiple* los nombres formados con antropónimos muy frecuentes mediante construcciones aposicionales (por ejemplo, *Ana María*) y los nombres que «imitan la antroponimia religiosa, afianzada desde el siglo XVI y en fase de extensión al sector laico». Estos constan de nombre de pila + *de* + nombre alusivo a misterios, símbolos o personajes religiosos (por ejemplo, *María de la O*). Por su parte, Castro (2014: 30, 34) habla indistintamente de *nombres compuestos* y de *nombres múltiples*. El presente trabajo prescindirá de estos términos para evitar equívocos.

340. El corpus está constituido por las partidas bautismales del Quinientos conservadas en los archivos de las parroquias de Santa Ana (Morales Padrón 1982: 3-4), San Andrés (Morales Padrón 1982: 65), San Bartolomé (Morales Padrón 1982: 85), San Bernardo (Morales Padrón 1982: 93), Santa Catalina (Morales Padrón 1982: 109), Santa Cruz (Morales Padrón 1982: 123), San Esteban (Morales Padrón 1982: 135), San Ildefonso (Morales Padrón 1982: 149), San Isidoro (Morales Padrón 1982: 161), Santa Marina (Morales Padrón 1982: 199), San Juan de Acre (Morales Padrón 1982: 231), El Sagrario (Morales Padrón 1982: 235-236), Santa María la Blanca (Morales Padrón 1982: 255), La Magdalena (Morales Padrón 1982: 261-262), San Miguel (Morales Padrón 1982: 287), San Martín (Morales Padrón 1982: 293), San Nicolás (Morales Padrón 1982: 305), San Pedro (Morales Padrón 1982: 323), San Román (Morales Padrón 1982: 373), El Salvador (Morales Padrón 1982: 383-384) y San Vicente (Morales Padrón 1982: 409). El mal estado de conservación ha impedido la consulta de los dos libros de bautismos más antiguos de El Salvador (partidas fechadas de 26 de junio de 1511 a 25 de enero de 1540), así como del fondo completo de San Lorenzo (Morales Padrón 1982: 209). En lo que sigue, los casos considerados se citan mediante el nombre de la parroquia, el número del libro según el catálogo publicado por Morales Padrón (1982) y, tras un guion, el número de folio.

341. En ese número se incluye el único ejemplo de nombre *triple* hallado (*Isabel María Luciana* [El Sagrario 21-25]), no así el de *María de Sobranuça* [El Salvador 3-163] porque no ha sido posible su correcta interpretación.

342. Algunos de los cuales son *Agustina de San Bartolomé, Ana Agustina, Ana de los Ángeles, Ana Antonia, Ana Benita, Ana Catalina, Ana Clemente, Ana de Espíritu Santo, Ana Felipa, Andrea Juana, Ángela Gregoria, Antonia Francisca, Beatriz Ana, Brígida Agustina, Catalina Andrea, Clara Eugenia*…

343. Entre los veinticuatro restantes se cuentan, como más repetidos, *Juana Bautista* (11 casos), *Justa Rufina* (9) y *Ana Francisca* (8). Estos datos proceden de una investigación en curso, por lo que aún son provisionales.

344. Las partidas del siglo XVI en Sevilla «ofrecen fecha tópica y crónica (lugar y día) del bautismo, nombre del cura párroco, nombre del bautizado, nombre de los padres y vecindad, nombre de

Tabla nº 1

Nombres complejos	Número de nombres (y %)	Número de bautizadas (y %)
Sin *María*	160 (75,83%)	214 (34,68%)
Con *María*	51 (24,17%)	403 (65,32%)

Los nombres integrados por *María* –objeto, como ya se ha adelantado, de este trabajo– se han analizado teniendo en cuenta los siguientes aspectos: la frecuencia de aparición, la incidencia del santoral en su imposición[345], la difusión social según la información que recogen las partidas de bautismo[346], la fijeza de los elementos componentes y, en relación con esto último, la posición del nombre estudiado en el compuesto resultante (ya que *María* puede darse tanto antepuesto como pospuesto). Una vez conjugados todos estos criterios, se ha observado que podrían establecerse tres categorías diferentes –a) nombres integrados por *María* y un sintagma introducido por la preposición *de* (por ejemplo, *María de la Concepción* o *María de San José*); b) nombres dobles con anteposición de *María* (por ejemplo, *María Ana* o *María Juana*); y c) nombres dobles con posposición de *María* (por ejemplo, *Ana María* o *Inés María*)–, a las que por separado se les dedican los tres apartados siguientes.

9.2. *María + de +* nombre alusivo a misterios, símbolos o personajes religiosos

Este primer apartado presenta los resultados del estudio realizado a los nombres que en el corpus están constituidos por *María* y un sintagma nominal encabezado

---

los padrinos cuya profesión y vecindad puede aparecer» (Morales Padrón 1982: XIII), de ahí su provecho en un trabajo como este.

345. Para lo que han resultado de suma utilidad las referencias tomadas de Alonso de Villegas (*Flos Sanctorum, y Historia general, de la vida y hechos de Iesu Christo [...] y de todos los Santos de que reza y haze fiesta la Yglesia catolica [...] junto con las vidas de los santos propios de España, y de otros Extrauagantes [...]* de 1591) y de Antonio de Quintanadueñas (*Santos de la ciudad de Sevilla y su arzobispado. Fiestas que la Santa Iglesia Metropolitana celebra* de 1637). Cf., por estar centrados en el santoral sevillano, Rubio Merino (2002) y Martín Riego (2004).

346. A tal efecto son pertinentes las fórmulas que aparecen ante las identidades de los progenitores: *don / doña, el (ilustre) señor / la señora, el doctor, el licenciado, el capitán, el almirante* o *el jurado*. Solo ocasionalmente se incluyen referencias a sus títulos nobiliarios (por ejemplo, *condes de Niebla*) o a sus cargos en la administración (por ejemplo, *fiscal de la Audiencia Real de esta ciudad*). Las partidas también son exhaustivas en cuanto a las anotaciones de niñas abandonadas (*hija de la Iglesia* o *hija de Dios y de Santa María*, sobre todo), esclavas o moriscas. Los registros que no presentan indicación de ningún tipo, que son la mayoría, se han considerado en lo que sigue como de personas «no marcadas» desde el punto de vista social.

por *de*. Atendiendo al contenido referido por dicho sintagma, pueden distinguirse al menos dos series de estos nombres: en la primera serie, el sintagma alude a alguno de los misterios de la vida de la Virgen; en la segunda, el sintagma consta de un hagiónimo.

En las partidas sevillanas del siglo XVI se registran seis nombres alusivos a misterios marianos: por orden de frecuencia[347], *María de la O* (10)[348], *María de los Ángeles*[349] (3) [San Pedro 1-17, El Sagrario 3-180v, Santa Ana 5-50], *María de la Concepción*[350] (2) [San Vicente 6-10, El Sagrario 13-30], *María de la Cruz*[351] (2) [Santa Ana 2-183, La Magdalena 4-71], *María de la Encarnación*[352] [El Salvador 10-345] y *María de Nieves*[353] [El Salvador 3-142v]. A ellos se añade el caso análogo de *María de la Trinidad* (2) [San Juan de Acre 1-6v, San Román 3-130], que hace referencia al dogma de la Santísima Trinidad[354], así como *María de Vitoria*[355] [El Sagrario 7-299]. *María de Jesús*[356] (3) [Santa Ana 5-11, San Ildefonso 7-37v, El Sagrario 21-120] presenta la particularidad de incluir un nombre de varón «entonces totalmente inusitado, por respeto» (Menéndez Pidal 1965: 11)[357].

---

347. Entre paréntesis consta el número de casos documentados si se cuenta más de uno, entre corchetes su localización en el corpus. Sobre la forma como se citan los nombres estudiados, se ha optado por evitar la variación gráfica que muestran en los textos originales.

348. Cf. Santa Catalina 1-40, San Miguel 1-118v, El Salvador 3-170, La Magdalena 4-50, El Salvador 4-102v, Santa Ana 7-50v, El Salvador 9-25, El Salvador 11-60v, El Salvador 11-61. Quizá la mayor abundancia de ejemplos de *la O* en las partidas sevillanas del XVI esté relacionada con el hecho de que esta celebración fue instituida en el X Concilio de Toledo y aprobada el año 656, por lo que es «la única advocación mariana celebrada antes del siglo IX» y «la primera de las fiestas marianas del Calendario Mozárabe hispalense» (Rubio Merino 2002: 681). Sobre este nombre, cf. García Gallarín (2014: 703).

349. Cf. García Gallarín (2014: 128-129).

350. Cf. García Gallarín (2014: 262-264).

351. Cf. García Gallarín (2014: 283-284).

352. Cf. García Gallarín (2014: 359).

353. Cf. García Gallarín (2014: 697-698).

354. Cf. García Gallarín (2014: 866-867).

355. Cf. García Gallarín (2014: 885).

356. Cf. García Gallarín (2014: 542).

357. Debe aclararse que, salvo *la O* y *la Concepción*, las citadas advocaciones no eran en Sevilla exclusivas de *María*, sino que podían combinarse con otros nombres femeninos: se documentan, en este sentido, *Ana de los Ángeles* [San Vicente 1-56], *Isabel de los Ángeles* [El Salvador 4-99] y *Jerónima de los Ángeles* [El Sagrario 4-161v]; *Magdalena de la Cruz* [San Miguel 2-187v]; *Clara de la Encarnación* [San Miguel 3-216]; y *Elvira de las Nieves* [Santa Catalina 1-125v]. Son posibles incluso con nombres masculinos: *Fernando de los Ángeles* [Santa Ana 1-438v] y *Juan de los Ángeles* [Santa Ana 2-110]; *Diego de la Cruz* [El Sagrario 17-10v], *Jacinto de la Cruz* [La Magdalena 12-278v] y *Marcos de la Cruz* [La Magdalena 3-150v]; *Antonio de la Trinidad* [El Sagrario 3-208v] y *Melchor de la Trinidad* [El Sagrario 3-105]. *De Jesús* se adjunta, además, a *Ana* [San Pedro 1-133], *Isabel* [San Vicente 5-4v] o *Mariana* [San Miguel 4-45], y a un nombre masculino (*Juan* [Santa Ana 5-458v]).

Uno de los aspectos fundamentales de los nombres que incluyen advocaciones marianas estriba en el alto grado de incidencia del calendario litúrgico en la imposición de estos antropónimos a las neófitas. La tabla nº 2 recoge todos los datos relativos a dicha influencia:

Tabla nº 2

Nombre de bautizada	Fecha de bautizo	Fecha del misterio mariano	Nombre de la celebración
María de la O [Santa Catalina 1-40]	27/12/1545	18 de diciembre	Expectación de Nuestra Señora y, por otro nombre, de la O
María de la O [San Miguel 1-118v]	22/12/1548	Id.	Id.
María de la O [El Salvador 3-170]	17/12/1549	Id.	Id.
María de la O [La Magdalena 4-50]	28/12/1549	Id.	Id.
María de la O [El Salvador 4-102v]	30/12/1555	Id.	Id.
María de la O [Santa Ana 7-50v]	25/12/1570	Id.	Id.
María de la O [El Salvador 9-25]	26/12/1583	Id.	Id.
María de la O [Santa Ana 15-72v]	18/12/1588	Id.	Id.
María de la O [El Salvador 11-60v]	26/12/1597	Id.	Id.
María de la O[358] [El Salvador 11-61]	1/1/1598	Id.	Id.
María de los Ángeles[359] [San Pedro 1-17]	27/8/1531	2 de agosto	María, reina de los ángeles

---

358. La madre de esta niña se llamaba también *María de la O*.

359. Entre los demás nombres que se combinan con *de los Ángeles* solo dos casos están datados en agosto: *Ana de los Ángeles* (11/8/1527) y *Juan de los* Ángeles (12/8/1537); los demás en octubre y noviembre.

Nombre de bautizada	Fecha de bautizo	Fecha del misterio mariano	Nombre de la celebración
María de los Ángeles [El Sagrario 3-180v]	8/8/1547	Id.	Id.
María de los Ángeles [Santa Ana 5-50]	8/8/1558	Id.	Id.
María de la Concepción [San Vicente 6-10]	14/12/1568	8 de diciembre	Concepción de Nuestra Señora
María de la Concepción [El Sagrario 13-30]	16/12/1578	Id.	Id.
María de la Trinidad [San Román 3-130]	22/6/1590	Fecha variable (domingo posterior al de Pentecostés)	Fiesta de la Santísima Trinidad
María de la Cruz [La Magdalena 4-71]	8/6/1550	3 de mayo	Invención de la Santa Cruz
María de la Encarnación[360]	9/4/1596	25 de marzo	Anunciación de Nuestra Señora
María de Nieves[361]	13/8/1548	5 de agosto	Fiesta de Nuestra Señora de las Nieves

De los casos considerados, por lo tanto, solo uno de *María de la Cruz* [Santa Ana 2-183], con fecha de 4/4/1540, y otro de *María de la Trinidad* [San Juan de Acre 1-6v], con fecha de 28/2/1563, escaparían al citado influjo, lo que se antoja poco significativo en comparación con los que sí están determinados por el calendario litúrgico[362].

La segunda serie de nombres con *María* y sintagma precedido por *de*, según ya se ha adelantado, es la que presenta, en lugar de una advocación como las enumeradas, el nombre de un santo. Se han registrado siete antropónimos de este tipo, todos salvo el último con un único caso: por orden alfabético, *María de San Blas* [La

---

360. El citado ejemplo de *Clara de la Enc*arnación está fechado, por el contrario, el 23/1/90.

361. La fecha del bautizo de *Elvira de la*s Nieves es el 13/8/1550.

362. Algo similar cabría afirmar de los tres ejemplos de *María de Jesús* cuyas fechas de bautismo son 20/9/1557, 7/2/1597 y 25/10/1598. En cuanto a *María de Vitoria*, bautizada el 4/3/1566, Alonso de Villegas en su *Flos Sanctorum* recoge el 30 de octubre para la «victoria de Benamarín (o del Salado)». La festividad de Santa María de la Victoria (7 de octubre) es posterior, pues celebra la batalla naval de Lepanto.

Magdalena 3-4], *María de San José* [El Salvador 10-129v], *María de San Juan* [El Salvador 5-160], *María de San Pedro* [El Sagrario 21-89v], *María de San Roque* [Santa Ana 10-177], *María de Santa Ana* [El Salvador 10-346v] y *María de los Santos* (2) [San Isidoro 0-89v, Santa Ana 5-64]. Al igual que los anteriores, su imposición estaba claramente determinada por el santoral (excepto en el caso de *María de Santa Ana*[363]) como puede comprobarse en la tabla nº 3:

Tabla nº 3

Nombre de bautizada	Fecha de bautizo	Santo (fecha)
María de San Blas	9/2/1544	Blas, obispo y mártir (3 de febrero)
María de San José	28/3/1591	José, esposo de la Madre de Dios (19 de marzo)
María de San Juan[364]	25/6/1568	Natividad de San Juan Bautista (24 de junio)
María de San Pedro[365]	5/7/1598	Pedro, apóstol (29 de junio)
María de San Roque	23/8/1580	Roque, confesor (16 de agosto)
María de los Santos[366] [San Isidoro 0-89v]	8/11/1553	Todos los santos (1 de noviembre)
María de los Santos [Santa Ana 5-64]	12/11/1558	Id.

Una vez comprobada la influencia alta de la Iglesia en la elección de casi todos los nombres de este primer apartado, cabe considerar la difusión social que tuvieron, para lo que, como ya se dijo, pueden emplearse algunos datos contenidos

---

363. Su fecha es 21/4/1596, luego no coincide con el 26 de julio, día en que se celebra el santo de *Ana, madre de la madre de Dios*. De *Santa Ana* se adjunta, además, a *Catalina* [San Nicolás 1-117v], *Juan* [Santa Ana 1-65] y *Leonor* [Santa Ana 1-436v]. Al menos, en estos dos casos últimos el giro podría explicarse por la denominación de la parroquia, no por la fecha del bautizo.

364. Asimismo, con *Francisca* [San Andrés 2-316] y *Juan* [Santa Ana 1-75v]. El segundo sí estaría condicionado por el santoral.

365. También con nombres distintos de *María*: *Juana de San Pedro* [San Ildefonso 5-26v] y *Melchor de San Pedro* [La Magdalena 3-155], cuyos bautizos se celebraron a primeros de julio. *Hernando de San Pedro* [San Pedro 1-47v] quizá se llamara así por la parroquia, pues la celebración del sacramento fue el 12/3/1534.

366. De *los Santos* es muy frecuente con otros nombres: *Ana de los Santos* [Santa Ana 5-288] y *Juana de los Santos* [Santa Ana 1-256v, San Bartolomé 2-58]; *Guillermo de los Santos* [El Salvador 4-283], *Juan de los Santos* [Santa Ana 2-90], *Luis de los Santos* [San Andrés 2-85v], *Pedro de los Santos* [El Sagrario 3-191v] y *Simón de los Santos* [Santa Cruz 1-4v]. Sus bautizos se celebraron también los primeros días de noviembre.

en las partidas bautismales estudiadas. Así, la adscripción al patriciado sevillano se demostraría mediante la indicación de alguna fórmula de tratamiento ante los nombres de los padres de la bautizada (por ejemplo, *don / doña*); en el caso de las niñas abandonadas, se anota principalmente que son hijas *de la Iglesia* o *de Dios y de Santa María*; otros grupos de interés marcados explícitamente son los esclavos y los moriscos. Teniendo en cuenta todas estas indicaciones se hace patente la preferencia que por estos nombres muestran los grupos sociales desfavorecidos[367]: son de niñas abandonadas los dos ejemplos de *María de la Trinidad* y uno de los dos de *María de la Concepción* [El Sagrario 13-30] y de *María de los Santos* [San Isidoro 0-89v]. Son de esclavas el único caso de *María de San Roque* y uno de los dos de *María de la Cruz* [La Magdalena 4-71], e hija de un matrimonio de esclavos uno de los casos de *María de la O* [San Miguel 1-118v].

9.3. *María*, primer elemento de nombres dobles

María se documenta en el corpus analizado como primer elemento de catorce nombres dobles: por orden alfabético, *María Agustina* [Santa Catalina 1-103], *María Ana* (84)[368], *María Andrea* (3) [El Sagrario 9-119, La Magdalena 8-152v, San Martín 2-248], *María Apolonia* [El Salvador 11-9], *María Blanca* [San Pedro 3-16v], *María Casilda* [Santa Marina 1-156v], *María Clemencia* [Santa María la Blanca 2-64v, San Vicente 8-147v, San Bernardo 2-133], *María Eugenia* [La Magdalena 12-305], *María Jacinta* (2) [El Sagrario 21-156, El Sagrario 21-174v], *María Jerónima* [El Salvador 3-87v], *María José* (2) [San Pedro 3-130v, Santa María la Blanca 2-70v], *María Juana* (2) [El Sagrario 6-5, El Salvador 4-260v], *María Lorenzo*[369] [Santa Marina 1-113v] y *María Matía* [La Magdalena 3-145v]. *María Egipciaca* (2) [El Salvador 5-144v, El Sagrario 10-123] y *María Magdalena* (28)[370] pertenecen a este grupo desde el punto de vista formal, pero, como se dirá a continuación, no resultan de la adición de un nombre simple a otro.

---

367. Con la excepción acaso del único ejemplo de *María de Nieves*. Si bien no figura anotación explícita de pertenencia a clase social alguna, no deja de ser curioso que sus padres –el mercader «Juan de Xerez» y «Mencía Micergilio»– bautizaran a todos sus hijos con nombres complejos. Porque los hermanos de la citada *María de Nieves* se llamaron *Juan de Santiago* [El Salvador 3-38v], *Gregorio de Santa María* [El Salvador 3-90] y *Miguel Jerónimo* [El Salvador 4-120].

368. Se han excluido los casos, bastante numerosos, por cierto, en que no quedaba claro si se trataba de *María Ana* o de *Mariana*. Para la localización en el corpus de todos los ejemplos considerados de *María Ana*, cf. Anexo.

369. Hermana de *Luis Lorenzo* «entrambos de un vientre» [Santa Marina 1-113v].

370. Para la localización de sus ejemplos en el corpus, cf. Anexo.

De entre todos los nombres de la serie, dejando aparte a *María Magdalena*, destaca *María Ana* por su alta frecuencia, lo que también ocurre, si bien de manera mucho más acentuada como se verá, en la combinación opuesta *Ana María*[371]. Hay que comprender que *María* y *Ana* por separado se usaban bastante en la época[372], por lo que, al menos en los dos nombres dobles resultantes de su combinación, podría discutirse la función desambiguadora que cabe atribuir en su origen a estas formaciones.

En relación con los factores «externos» que ayudan a entender el porqué de las elecciones de los nombres para los neófitos, tal vez el rasgo más característico de los nombres dobles del presente apartado sea la impronta del santoral en la configuración de muchos de sus ejemplos, puesto que la fecha del bautizo es poco posterior a la celebración de la festividad en que, se supone, habría nacido la niña. La tabla nº 4 reúne las coincidencias testimoniadas:

Tabla nº 4

Nombre de bautizada	Fecha de bautizo	Fecha del santoral	Nombre del santo
María Agustina	1/9/1549	28 de agosto	Agustín, obispo y doctor de la Iglesia, confesor
María Andrea [El Sagrario 9-119]	10/12/1570	30 de noviembre	Andrés, apóstol
María Apolonia	23/2/1597	9 de febrero	Apolonia, virgen y mártir
María Casilda	4/5/1592	9 de abril	Casilda, virgen
María Clemencia [San Vicente 8-147v]	6/12/1584	23 de noviembre	Clemente, papa y mártir
María Eugenia	25/11/1596	15 de noviembre	Eugenio, obispo y mártir

---

371. *María Ana* es uno de los dos nombres «compuestos» femeninos que encuentra Castro en Tudela durante el siglo XVI (Castro 2014: 51) y *Ana María* «uno de los que aparecen como nuevo [en el período de 1610 a 1660], y con una aceptación notable» (Castro 2014: 55).

372. Algo que confirman los datos extraídos del Índice de los baptismos administrados en el Sagrario de la Santa Metropolitana Iglesia de Sevilla –realizado a principios del siglo XIX por el «confesor y capellán» Manuel Merino de Heredia– por Velázquez Acuña (2018): de las 16322 mujeres bautizadas en El Sagrario entre 1515 y 1600, *María* y *Ana* son los dos nombres más impuestos: 4046 y 1701 casos, respectivamente.

Nombre de bautizada	Fecha de bautizo	Fecha del santoral	Nombre del santo
María Jerónima	6/10/1544	30 de septiembre	Hierónimo, doctor de la Iglesia, confesor
María José [San Pedro 3-130v]	26/3/1575	19 de marzo	Joseph, esposo de la madre de Dios
María José [Santa María la Blanca 2-70v]	26/3/1585	Id.	Id.
María Lorenzo	18/8/1588	10 de agosto	Laurencio, mártir
María Matía	4/3/1548	24 de febrero	Mathía, apóstol

También los casos especiales –especiales en tanto que no son, con propiedad, nombres dobles constituidos a partir de la adición de dos nombres simples[373]– de *María Egipciaca* y *María Magdalena* parecen condicionados por el santoral: respectivamente, «María Egipciaca, penitente» (2 de abril) y «María Magdalena» (22 de julio). Y esto es así porque los dos ejemplos de *María Egipciaca* tienen fecha de 12 de abril (de 1567 y 1573) y veinte de los veintiocho de *María Magdalena* corresponden a bautizos celebrados los últimos días de julio o los primeros de agosto. De todos modos, tal y como puede observarse, el fenómeno aducido no se cumple en todos los casos recopilados, empezando por *María Ana*, cuyos bautismos se registran en cualquier día del año, lo que no resta validez a la motivación que determinaría este tipo de combinación[374].

En cuanto a la extensión social de este tipo de nombre doble, no parece en principio que ninguno de los sectores distinguidos en las partidas analizadas (hijas de la aristocracia o patriciado, niñas abandonadas e hijas de esclavos o criados) muestre una especial predilección por ellos. Es muy ilustrativo que, de los ochenta y cuatro ejemplos de *María Ana*, tan solo diez pertenezcan a la clase alta[375], mientras que cuatro son o *hijas de Dios y de Santa María* [San Isidoro 0-234, San Pedro 4-54v] o *hijas de la Iglesia* [El Sagrario 9-162v] o *de la Cuna* [El Sagrario 19-213], tres son hijas de esclavos [San Pedro 1-173, El Salvador 5-135v, San Isidoro 3-90] y una es hija de *moriscos del Reino de Granada* [San Vicente 10-67v], por lo que la gran

---

373. Coincidiendo en esto con Castro (2014: 49), quien considera como «simples aquellos nombres formados por más de un elemento, pero propios de un santo epónimo denominado así: *Pedro Martín, Pascual Bailón, Juan de Mata, Pedro Nolasco, Francisco de Sales*, etc.».

374. Tampoco afectaría a dos de los tres ejemplos de *María Andrea* y *María Clemencia*, a los dos de *María Jacinta* y *María Juana* y al caso único de *María Blanca*.

375. Cf. El Salvador 3-63, San Andrés 1-173v, San Pedro 2-186, El Salvador 5-85, La Magdalena 7-104v, El Sagrario 11-44, San Vicente 7-178v, Santa Ana 8-191, San Isidoro 2-239, San Ildefonso 7-21.

mayoría de las llamadas *María Ana* corresponde a vástagos del grupo de población que no figura en los libros con una marca social específica. Análogamente, de las veintiocho niñas bautizadas con el nombre de *María Magdalena*, tan solo tres pertenecen a familias de la clase alta –la primera es hija del «licenciado Pedro Bejarano y de doña Inés Daça» [El Sagrario 7-181v], la segunda es hija de «Mateo Vázquez y de doña Mariana Falcón» [Santa Cruz 2-59] y la tercera es hija de «los muy ilustres señores don Diego de Portugal y de doña Isabel Botti» [La Magdalena 10-359]–, en contraste con su imposición a cuatro niñas abandonadas [San Andrés 1-38v, San Isidoro 0-122, San Andrés 2-71v, El Sagrario 10-148v[376]], dos esclavas [San Miguel 4-56, El Salvador 11-20[377]] y la hija de un matrimonio de moriscos [San Miguel 4-79].

Algunos casos concretos de los demás nombres merecerían un comentario semejante, pues de los tres ejemplos de *María Clemencia*, dos son *hijas de la Iglesia* y la tercera es hija de *moriscos de Granada* [San Bernardo 2-133]; de los dos de *María José*, una es *hija de Dios y de Santa María* [San Pedro 3-130v]; y en la partida de *María Matía* se anota que «no dixeron cuya hija es». En el polo opuesto, los ejemplos únicos de *María Blanca*, *María Casilda* y *María Lorenzo* sí que pertenecen a la clase alta sevillana.

9.4. *María*, segundo elemento de nombres dobles

María, por último, también se registra como segundo elemento constituyente de nombres dobles. En el corpus analizado aparece integrando dieciocho nombres femeninos de este otro tipo[378]: por orden alfabético, *Ambrosia María* [San Isidoro 3-73v], *Ana María* (172)[379], *Andrea María* [El Salvador 10-244v], *Antonia María* (2) [El Salvador 11-54, San Miguel 4-55], *Beatriz María* (3) [San Miguel 2-150, Santa Catalina 4-198v, San Martín 3-238], *Clara María* (6)[380], *Constanza María* [La Magdalena 10-154v], *Elena María* [Santa Cruz 2-149v], *Francisca María* (2) [Santa Ana 8-146, El Sagrario 17-68v], *Gregoria María* [El Salvador 10-215], *Inés María* (5)[381], *Isabel*

---

376. Este último caso presenta la peculiaridad de que la madrina de la neófita se llamaba *María Magdalena*.

377. De esta esclava se lee, además, que era «adulta de nación mora de Berbería».

378. Y uno de varón, *Luis María* [San Esteban 2-79]. El único caso de nombre triple, *Isabel María Luciana* [El Sagrario 21-25], también presenta *María* pospuesto.

379. Para la localización de sus ejemplos en el corpus, cf. Anexo.

380. Cf. El Sagrario 3-49v, San Isidoro 2-149v, San Bernardo 2-76, San Bernardo 2-97, El Salvador 10-65, El Sagrario 18-79v.

381. Cf. San Miguel 3-105, Santa Catalina 4-24, San Martín 3-56, El Salvador 10-128v, San Martín 3-137.

María (10)[382], *Josefa María* [La Magdalena 10-321v], *Juana María* (18)[383], *Leonor María* (9)[384], *Luisa María* (2) [San Bartolomé 1-27, San Ildefonso 6-88], *Marta María* [San Isidoro 0-70] y *Teresa María* [San Ildefonso 5-118v].

Tal y como se había indicado en el apartado anterior en referencia a *María Ana*, la combinación *Ana María* se caracteriza por su acusada homonimia, no en vano, es el nombre doble más repetido en los libros sevillanos del Quinientos, no solo mucho más que *Juana María*, *Isabel María*, *Leonor María*, *Clara María*, *Inés María*, *Beatriz María*, *Antonia María*, *Francisca María* y *Luisa María*, que son los otros nombres femeninos de este tipo superiores a la unidad, sino incluso más que cualquiera de los nombres de varón integrados por *Juan* (*Juan Antonio*, 35 ejemplos; *Juan Bautista*, 59 ejemplos; *Juan Francisco*, 52 ejemplos)[385], el antropónimo masculino por excelencia en la época. Ahora bien, la alta frecuencia de *Ana María* se concentra en el período final del siglo estudiado[386]. El análisis de los numerosos casos recopilados permite, de manera bastante clarificadora, comprobar el vertiginoso ritmo que adquirió la progresión de este antropónimo en Sevilla. Salvo el caso de «doña Ana María», hija de «los muy ilustres señores don Juan Claros y doña Leonor Manrique Sotomayor, condes de Niebla», cuyo bautizo se celebró el 31 de enero de 1545 [San Pedro 1-167], todas las niñas así llamadas se testimonian a partir de enero de 1561, con la siguiente distribución por décadas:

Tabla nº 5

Período de tiempo	Número de casos
9/1/1561-20/2/1570	8
18/9/1573-17/12/1580	16
8/1/1581-22/11/1590	44
2/6/1591-16/2/1600	103

---

382. Cf. San Esteban 1-11, San Miguel 2-156, San Martín 2-250, El Salvador 9-71v, San Vicente 9-59v, San Miguel 4-38v, La Magdalena 12-161v, El Sagrario 19-217v, San Miguel 4-89, La Magdalena 13-198.

383. Cf. Santa Ana 2-239v, San Miguel 1-34, El Salvador 6-55, San Bernardo 1-12, San Nicolás 2-44, San Pedro 3-150, El Salvador 8-72, San Martín 3-79, El Salvador 10-134v, San Miguel 4-30v, El Sagrario 19-86v, El Sagrario 19-94v, El Salvador 11-79, El Salvador 11-82v, El Sagrario 21-104v, San Ildefonso 7-57v, La Magdalena 13-155v, El Sagrario 21-222v.

384. Cf. El Salvador 9-21, San Vicente 8-145, La Magdalena 11-64, San Miguel 3-210, San Nicolás 2-250v, El Salvador 10-305v, Santa Catalina 4-181v, San Esteban 2-123v, San Martín 3-246.

385. Estos datos, procedentes de un estudio en curso, no son definitivos.

386. Como ya se ha indicado, en Tudela es nombre que aparece en el período comprendido entre 1610 y 1660 (Castro 2014: 55).

La tabla nº 5 muestra, en suma, cómo: 1º) la década de 1570 supuso la duplicación de los ejemplos de *Ana María* de la década de 1560; 2º) en la década de 1580 se triplicaron los ejemplos del período inmediatamente anterior; y 3º) en la última década estudiada se superó con creces el doble de la década de 1580.

En relación con la abundancia de casos –sobre todo de *Ana María*, pero no solo– se comprueba que la imposición, en el bautismo, de los nombres dobles con *María* como segundo constituyente no parece determinada por el santoral, lo que se manifiesta en que las partidas correspondientes se registran en cualquier día del calendario. Esta es una de las diferencias más claras respecto de los nombres estudiados en los dos apartados anteriores. Con la salvedad tal vez de *Ambrosia María* –bautizada el 28/12/1597–, *Andrea María* –bautizada el 9/12/1593– y *Gregoria María* –bautizada el 13/3/1593–, casos únicos que podrían interpretarse como condicionados por los días dedicados a «Ambrosio, obispo, doctor de la Iglesia y confesor» (7 de diciembre), «Andrés, apóstol» (30 de noviembre) y «Gregorio, papa, doctor de la Iglesia» (12 de marzo), respectivamente, los nombres dobles constituidos por *María* como segundo elemento se testimonian a lo largo de todo el año, sin restricción alguna.

El otro aspecto de interés es el relativo a la difusión que presenta este tipo de antropónimo en la sociedad sevillana del siglo XVI. En efecto, no hay grupo humano, de los que permiten distinguir las partidas de bautismo estudiadas, en que no se den estos nombres, tal y como puede verse en la tabla nº 6:

Tabla nº 6

Nombre	Nº total	Clase alta	Abandonados	Esclavos, criados	Moriscos
Ana María	172	49	15	3	3
Antonia María	2	1	1		
Beatriz María	3	1	1		
Clara María	6	3	1		
Francisca María	2	1			
Inés María	5	2	1	1	
Isabel María	10	5		1	
Juana María	18	3		1	
Leonor María	9	6			
Luisa María	2				1

CAPÍTULO 9. DE LOS NOMBRES DE *MARÍA* EN LA SEVILLA DEL QUINIENTOS | 157

Pero parece haber, eso sí, una clara preferencia del patriciado sevillano por estos nombres[387], como demuestra que la aparición entre sus recién nacidas represente en torno al cincuenta por ciento de los casos de muchos de ellos, sin que esto suponga, claro está, que los sectores desfavorecidos de la sociedad no los emplearan en su afán –cabría pensar– por imitar los gustos de las familias más distinguidas de Sevilla. Así, de los diez casos de *Isabel María*, cinco son de hijas de miembros de la clase privilegiada[388] y uno es de una esclava [San Miguel 4-89]; de los seis casos de *Clara María*, tres proceden de familia ilustre [San Isidoro 2-149v, San Bernardo 2-76, El Sagrario 18-79v] frente a una *hija de Dios y de Santa María* [El Salvador 10-65]; de los cinco casos de *Inés María*, hay dos hijas de personas ilustres [Santa Catalina 4-24, San Martín 3-137], una *hija de Dios y de Santa María* [San Miguel 3-105] y una esclava [San Martín 3-56]; de los tres de *Beatriz María*, una es hija del señor Alonso Pérez de Medina y de la señora doña Inés [San Miguel 2-150] y otra es *hija de la Iglesia* [Santa Catalina 4-198v]; de los dos de *Antonia María*, una es *hija de la Iglesia* [San Miguel 4-55] mientras que la otra es hija del «almirante» Aparicio de Artiaga y de doña Leonor de Zamudio [El Salvador 11-54]; de los dos de *Francisca María*, una es de familia ilustre (hija de Agustín de Cetina y doña Antonia de Leiva) [El Sagrario 17-68v]; de los dos casos de *Luisa María*, por el contrario, uno corresponde a una *esclava morisca* [San Bartolomé 1-27][389].

Entre los nombres más repetidos del presente apartado, pudiera interesar la confrontación entre los datos de *Juana María* y *Leonor María*, puesto que quizá informen de las preferencias que guiaban entonces la elección de estos dos nombres de bautismo. De este modo, de los dieciocho ejemplos de *Juana María*, solo tres de las niñas así bautizadas pertenecían a la clase alta[390], en tanto que de los nueve ejemplos hallados de *Leonor María*, seis se adscribían a dicho estrato[391]. Tampoco se registra ejemplo alguno de esclava o niña abandonada con este nombre, en tanto que al menos hay un caso de *Juana María* impuesto a la hija de una esclava [San Miguel 1-34]: ¿acaso la clase social alta de Sevilla prefería *Leonor María* a *Juana María* por considerar que este no era suficientemente distinguido?

---

387. Que también caracterizaría al único nombre triple hallado, el ya citado *Isabel María Luciana*, que era «hija de Pedro Bravo y de *doña María Bravo*».

388. Cf. San Miguel 2-156, San Martín 2-250, El Salvador 9-71v, San Vicente 9-59v, El Sagrario 19-217v.

389. No permiten el contraste, pues, como ya se ha indicado, son casos únicos los de *Ambrosia María, Constanza María, Elena María, Gregoria María, Josefa María* y *Teresa María*. Los ejemplos de *Ambrosia María, Constanza María, Gregoria María* y *Josefa María* pertenecen a la clase social favorecida. El único de *Elena María* es hija de una esclava. De *Teresa María* consta que es «de 13 años» e hija de «vezinos de Lebrixa».

390. Cf. San Martín 3-79, El Sagrario 21-104v, La Magdalena 13-155v.

391. Cf. El Salvador 9-21, San Vicente 8-145, La Magdalena 11-64, San Miguel 3-210, San Nicolás 2-250v, San Esteban 2-123v.

Ahora bien, la generalización a todas las capas de la sociedad se comprueba bastante mejor en *Ana María*, dada la abundancia ya comentada de este nombre: de los 172 homónimos atestiguados, cuarenta y nueve son de hijas de familias ilustres, pero, cierto que mucho menos numerosos, también se cuentan quince niñas abandonadas (anotadas en las partidas como hijas *de Dios y de Santa María, de Dios y de Nuestra Señora*, de *la Iglesia*, de *la Cuna* o de *padres no conocidos*)[392], tres hijas de moriscos [San Vicente 8-170, San Miguel 3-169v, San Bernardo 2-137], una esclava [La Magdalena 8-126v], la hija de una esclava [San Vicente 7-37] y la hija de una criada [San Miguel 4-17v].

Conclusión

Parece haber consenso en los estudios sobre antroponimia hispánica acerca de que los nombres complejos eran aún poco numerosos en el Quinientos. Así, según Boyd-Bowman, «los españoles del siglo XVI se contentaban casi siempre con un solo nombre de pila» (1970: 12)[393] y, según Castro, «casi sin excepción los nombres registrados en esta primera etapa [de 1540 a 1590] son nombres simples» (Castro 2014: 51). Pero, además, se suele afirmar que estos nombres se adscribían, al menos en un principio, a la alta sociedad, no en balde «cuando aparecen se relacionan frecuentemente con personas de cierto estatus, de tal manera que los nombres compuestos se convierten en un elemento distintivo de clase» (Sánchez Rubio y Testón Núñez 2012: 107). Las dos ideas pueden rastrearse sin apenas dificultad espigando aquí y allá, tanto en obras de perspectiva amplia (caso de Becker 2018: 19) como en monografías que se circunscriben a la onomástica de alguna región de la península ibérica[394].

Este trabajo ha pretendido, en relación con ello, mostrar los datos relativos a los nombres femeninos que incluyen *María* como uno de sus elementos constituyentes en las partidas de bautismo de Sevilla anteriores al año 1600, algo que hasta

---

392. Cf. San Andrés 2-117v, La Magdalena 8-107v, La Magdalena 8-149v, San Miguel 3-53v, San Vicente 8-172, Santa Marina 1-83v, El Sagrario 16-21v, El Sagrario 16-170, San Pedro 4-189, San Esteban 2-77v, San Juan de Acre 1-71, San Bartolomé 2-28v, Santa Catalina 4-140v, Santa Marina 1-306v, La Magdalena 13-80.

393. Para, poco más adelante, reiterar que «los españoles y criollos se contentan con bautizar a sus hijos con un solo nombre» (Boyd-Bowman 1970: 16)

394. Por ejemplo, en Extremadura «no aparece ningún nombre compuesto, salvo a finales de siglo [XVI]» (Ariza 2008a: 105) y «entre nobles» (Ariza 2008b: 120); en Navarra «hasta el siglo XVIII, los nombres compuestos son infrecuentes, y se dan sobre todo entre la nobleza, mientras que el campesinado asigna uno único» (Zabalza 2003: 255), asimismo, cf. Castro (2014: 45-76), centrado, como ya se ha dicho, en la localidad de Tudela; para Galicia cf. Boullón Agrelo (2017: 87-88).

ahora no se había acometido pese a la importancia de la ciudad en la época y al extraordinario fondo archivístico conservado en sus parroquias. El análisis ha revelado la conveniencia de diferenciar al menos tres clases de antropónimos del tipo de los estudiados: a) nombres que, mediante un sintagma introducido por *de*, adjuntan a *María* el nombre de un misterio relativo a la vida de la Virgen (por ejemplo, *María de la Concepción*) o el nombre de un santo o hagiónimo (por ejemplo, *María de San José*); b) nombres dobles con *María* antepuesto (por ejemplo, *María Ana*); y c) nombres dobles con *María* pospuesto (por ejemplo, *Ana María*). Los nombres de la primera clase aparecen claramente determinados por el calendario católico, de manera que la niña solía recibir en el bautismo el nombre del santo celebrado el día de su nacimiento (o los días inmediatamente posteriores a este). Este condicionamiento es algo menos fuerte en los nombres dobles con *María* antepuesto y apenas presenta casos análogos en los nombres dobles con *María* pospuesto. Por el contrario, aquellos nombres habrían sido los menos aceptados para sus vástagos por las familias distinguidas, quienes preferirían los dobles con posposición de *María*. Dicho con otras palabras, la mayor incidencia de la Iglesia en la elección del nombre de pila mediante la imposición del santoral se correspondería con los grupos sociales menos favorecidos y, a la inversa, la menor influencia de la Iglesia se daría en la clase social alta, que se habría guiado por otras preferencias.

Anexo

María Magdalena: Santa Ana 1-410, Santa Ana 1-434v, La Magdalena 1-155v, La Magdalena 2-67v, San Andrés 1-38v, San Isidoro 0-122, El Salvador 4-259, El Sagrario 7-181v, San Andrés 2-71v, San Vicente 5-364, La Magdalena 7-136, San Andrés 2-131, El Sagrario 10-148v, San Vicente 7-131, La Magdalena 10-66v, El Salvador 8-114v, El Salvador 8-141, San Vicente 8-124v, El Sagrario 15-70v, San Isidoro 2-157, Santa Cruz 2-59, La Magdalena 10-359, San Miguel 4-56, San Martín 3-188, El Salvador 11-20, San Miguel 4-79, La Magdalena 13-98v, El Sagrario 21-242.

María Ana: San Nicolás 1-32, El Salvador 3-30, El Salvador 3-63, San Pedro 1-173, Santa Cruz 1-2, El Salvador 3-187v, La Magdalena 4-147, El Salvador 3-228, San Miguel 2-25v, San Ildefonso 4-88, San Andrés 1-173v, San Isidoro 0-234, San Andrés 2-37v, San Andrés 2-39, San Pedro 2-186, Santa María la Blanca 2-22v, El Sagrario 7-192v, San Vicente 5-180, El Sagrario 7-206v, San Ildefonso 5-2, El Salvador 5-76v, San Isidoro 0-391, El Salvador 5-85, El Sagrario 7-258v, El Salvador 5-122v, El Salvador 5-133, El Salvador 5-135v, El Salvador 5-169v, La Magdalena 7-104v, El Sagrario 9-93v, San Esteban 1-39v, El Sagrario 9-162v, El Sagrario 9-175, El Sagrario 10-63v, El Salvador 6-121v, El Sagrario 10-122v, El Sagrario 11-12, El Sagrario 11-28, El

Sagrario 11-44, La Magdalena 8-109v, El Sagrario 11-60v, El Sagrario 11-80v, Santa Ana 8-191, San Pedro 3-133v, El Salvador 7-43v, San Isidoro 2-21v, San Esteban 1-93, San Vicente 7-108, El Sagrario 12-213v, El Salvador 7-176v, El Sagrario 12-235v, El Sagrario 12-238, El Sagrario 13-41v, El Sagrario 13-48v, El Sagrario 13-58, San Vicente 7-178v, San Pedro 4-54v, El Salvador 8-146v, El Sagrario 14-129v, San Bartolomé 1-71, Santa Marina 1-66v, El Salvador 9-79, El Salvador 9-110, La Magdalena 11-140, San Vicente 9-11, San Isidoro 2-239, San Isidoro 2-250v, El Sagrario 19-107, El Sagrario 19-119, El Salvador 10-286v, El Sagrario 19-182v, El Sagrario 19-213, San Ildefonso 7-21, San Isidoro 3-41, San Vicente 9-318, El Sagrario 20-59v, El Sagrario 20-98v, El Sagrario 20-110v, El Salvador 11-7, San Vicente 10-67v, El Salvador 11-107, San Miguel 4-101, San Isidoro 3-90, El Salvador 11-141.

Ana María: San Pedro 1-167, El Salvador 4-276, San Vicente 5-39, Santa Ana 5-288v, El Sagrario 7-67, San Vicente 5-346, San Miguel 2-168v, San Andrés 2-117v, San Isidoro 1-54v, San Martín 2-67v, La Magdalena 8-107v, El Sagrario 11-61, La Magdalena 8-126v, La Magdalena 8-149v, San Vicente 7-37, San Esteban 1-90v, San Miguel 3-53v, San Vicente 7-72, San Juan de Acre 1-35, El Sagrario 13-29, San Isidoro 2-55v, San Bartolomé 1-23, La Magdalena 9-200, San Esteban 1-119v, San Martín 2-179v, Santa Cruz 2-31, La Magdalena 10-85, El Salvador 8-132, San Martín 2-200, Santa Ana 11-176v, San Pedro 4-69v, San Vicente 8-75v, San Isidoro 2-126, El Sagrario 15-11, San Martín 2-226, San Bartolomé 1-70v, San Juan de Acre 1-42v, El Sagrario 15-51, San Vicente 8-124, San Martín 2-238v, San Miguel 3-142, San Vicente 8-170, San Vicente 8-172, El Sagrario 15-134v, El Salvador 9-76, San Bartolomé 1-89v, El Salvador 9-81, El Salvador 9-87, Santa Marina 1-83v, San Vicente 8-241, San Miguel 3-169v, San Esteban 2-32v, El Sagrario 16-21v, El Sagrario 16-26v, San Bernardo 2-67, San Bartolomé 1-115, Santa Catalina 4-14v, El Sagrario 16-170, El Salvador 10-15v, El Sagrario 16-243v, El Salvador 10-46v, El Sagrario 17-7v, El Salvador 10-56v, San Vicente 9-24v, El Salvador 10-74, San Miguel 3-214, San Esteban 2-63v, El Sagrario 17-131v, San Miguel 4-1v, San Pedro 4-189, San Miguel 4-8, San Bernardo 2-137, El Sagrario 17-211v, San Isidoro 2-251v, Santa Marina 1-153v, San Miguel 4-14v, San Andrés 2-290v, El Sagrario 18-29, San Vicente 9-154v, San Miguel 4-17v, San Bernardo 3-15, San Esteban 2-77v, El Sagrario 18-56v, San Pedro 4-207, San Vicente 9-172, San Miguel 4-25, El Salvador 10-205v, San Juan de Acre 1-71, San Andrés 2-307, El Sagrario 19-29, El Salvador 10-227v, El Salvador 10-236, San Miguel 4-37v, San Bernardo 3-24v, El Salvador 10-244, La Magdalena 12-156, San Miguel 4-42, El Salvador 10-257v, El Sagrario 19-106v, San Esteban 2-87v, El Salvador 10-264v, San Román 3-176, San Nicolás 2-251v, El Sagrario 19-119v, San Bernardo 3-29, San Bartolomé 2-28v, El Salvador 10-277, El Sagrario 19-144, El Salvador 10-283v, Santa Catalina 4-140v, La Magdalena 12-210v, San Román 3-184v, La Magdalena 12-230, El Salvador 10-307v, La Magdalena 12-230v, San Andrés 2-331v, El

Salvador 10-311v, San Martín 3-161, San Andrés 2-335, La Magdalena 12-249, El Sagrario 20-20, San Pedro 5-12, San Esteban 2-98v, San Vicente 9-311, El Salvador 10-340v, San Bernardo 3-44, El Salvador 10-355, San Martín 3-176, San Nicolás 3-9, San Martín 3-179v, El Salvador 11-1v, Santa Cruz 2-146v, San Andrés 2-350v, San Ildefonso 7-39, El Salvador 11-24, El Sagrario 20-194v, El Salvador 11-31v, El Salvador 11-34, San Martín 3-196, El Salvador 11-41, Santa Marina 1-306v, El Salvador 11-52, La Magdalena 13-49v, El Salvador 11-55v, San Martín 3-202, El Sagrario 21-34, Santa Marina 1-311v, El Sagrario 21-37, La Magdalena 13-80, Santa Cruz 2-158, El Salvador 11-81v, San Román 3-233v, El Salvador 11-87v, San Vicente 10-77, El Salvador 11-91, San Martín 3-224v, El Sagrario 21-138v, El Sagrario 21-152v, El Sagrario 21-163, San Miguel 4-103v, El Sagrario 21-174, San Martín 3-232v, El Salvador 11-127, El Salvador 11-132, La Magdalena 13-163, El Sagrario 21-222, El Salvador 11-143, El Sagrario 21-235, El Salvador 11-145, La Magdalena 13-193v, San Miguel 4-111, El Salvador 11-164v.

Capítulo 10

Acercamiento a la onomástica de tres minorías sevillanas del siglo XVI*

El libro sacramental de bautismo no es en absoluto un medio novedoso para conocer la antroponimia hispánica de la Edad Moderna. De este tipo de documentación, tomada como fuente de datos fundamental en sus investigaciones sobre el nombre de pila, se han servido historiadores de la lengua española como Ramón Menéndez Pidal, Peter Boyd-Bowman, Manuel Ariza Viguera y, más recientemente, Consuelo García Gallarín[395]. Menéndez Pidal (1965) estudió la difusión de las advocaciones marianas basándose para ello en los volúmenes de los siglos XVI, XVII y XVIII procedentes de las parroquias madrileñas de San Ginés y San Sebastián y de las sevillanas de San Vicente y Santa Ana de Triana, en menor medida de las de San Miguel de los Navarros (Zaragoza) y Nuestra Señora del Pi (Barcelona)[396]. La curiosidad que el nombre de pila del siglo XVI despertó en Boyd-Bowman (1970), asombrado por las diferencias respecto al del siglo XX[397], le impulsó a analizar estadísticamente los registros de los criollos bautizados en el Sagrario Metropolitano de la Catedral de México entre los años 1540 y 1950 (y en el Sagrario de Mérida, Yucatán, entre 1570 y 1606). Ariza Viguera (1979) –en colaboración con Ángel Rodríguez Sánchez– se centró en la onomástica de la parroquia cacereña de San Mateo durante el siglo XVI[398], estudio que ha merecido los calificativos de «pionero y

---

* Publicado en *Rivista Italiana di Onomástica*, 27 (1), 2021, 31-44 [ISSN: 1124-8890].

395. E historiadores como Demetrio Castro Alfín, pero aquí solo se hace referencia a los filólogos que han dedicado parte de sus afanes al nombre propio de persona. Véase Castro (2014: 45-76), en que se estudia el nombre de pila en Tudela a partir de los datos contenidos en libros sacramentales de la localidad.

396. Las indagaciones que dieron lugar a este breve pero enjundioso estudio, según reconoció el mismo autor, se remontan a 1935 y 1936, pero el artículo no vio la luz hasta treinta años después. Con muy leves modificaciones se recoge también en Menéndez Pidal (2005).

397. Lo que ocurrió mientras preparaba su *Índice geobiográfico de 40000 pobladores españoles de América en el siglo XVI*. De esta magna obra, como es bien sabido, se publicaron varios tomos.

398. Reeditado en Ariza (2008a); una continuación a este estudio es Ariza (1993b), asimismo recogido en Ariza (2008b).

anticipador en muchos sentidos»[399]. Por último, los sucesivos trabajos de García Gallarín sobre la parroquia de San Sebastián (Madrid) han conseguido ampliar el conocimiento de la antroponimia moderna de la capital de España: esta autora ha prestado atención, entre otros aspectos de interés, a los factores del cambio antroponímico acaecido en el *español medio* (período historicolingüístico que abarca desde 1450 a 1650), tales como la propagación de los nombres dobles o de las advocaciones marianas, y a la onomástica de los niños abandonados[400].

Porque frente a los padrones o censos de población, documentos también empleados por los investigadores del nombre propio de persona[401], los libros de bautismo implican una serie de incontestables ventajas[402]. Mientras que en aquellos, dada su naturaleza fiscal o militar, solo figura el cabeza de familia, que correspondía a un varón en la práctica totalidad de los casos, los registros bautismales recogen, en consonancia con el crecimiento vegetativo, un número parejo de hombres y mujeres, con lo que el reflejo de la onomástica analizada no resulta distorsionado. Otro inconveniente de los padrones estriba en la confusión de las generaciones convivientes en el período de tiempo sometido a estudio, por lo que pocas veces será posible verificar la transmisión de los antropónimos entre grupos sucesivos de edad o aventurar hipótesis sobre los cambios en las preferencias a la hora de elegir un nombre de pila.

Las partidas bautismales permiten, por el contrario, inferir el porqué de los nombres impuestos, aspecto nada desdeñable para la investigación onomástica, dado que contienen al menos tres datos relevantes al respecto:

1) las identidades de los progenitores[403] en relación con la transferencia intergeneracional de la antroponimia;
2) la fecha de administración del sacramento y, en consecuencia, la posible incidencia del santoral en la elección del nombre[404];

---

399. A saber, «la propia colaboración interdisciplinar de sus autores (uno filólogo y otro historiador), el método de reconstrucción de familias del que se parte, o la extensión de los resultados a todo el tejido social en su conjunto (nobles, moriscos y población pechera)», Sánchez Rubio y Testón Núñez (2012: 87).

400. Especialmente, García Gallarín (2009), García Gallarín (2017a), García Gallarín (2017b). La información procedente de los libros parroquiales de San Sebastián ha sido asimismo incorporada al DHNAE.

401. Una muestra significativa de esta dirección está representada en Álvarez, Ariza y Mendoza (2001).

402. Señaladas, entre otros, por Sánchez Rubio y Testón Núñez (2012: 90-91). Una opinión favorable puede leerse en Castro (2018: 36): «la documentación más precisa en materia de nombre personal es, en España, la conservada en los registros parroquiales y en concreto en los libros de bautismo».

403. Y de los padrinos, cuya influencia se tornaría más decisiva si el bautizado era un niño abandonado.

404. Como decía Sebastián de Covarrubias, s. v. *colgar*, «colgar a uno el día de su santo es cosa muy recibida, y nació de que ordinariamente tomamos el nombre del santo que cayó el día que nacimos u otro próximo». [consulta en línea: ntlle.rae.es].

3) y cualquier referencia socioeconómica del bautizado (si era hijo de un extranjero o de un esclavo, por ejemplo) o de su familia (si esta pertenecía a la nobleza, por ejemplo) que pueda justificar la diversidad antroponímica reflejada en los textos.

En relación con todo lo dicho –y muy especialmente con respecto a las informaciones precitadas, inasequibles en los padrones o censos–, el presente artículo persigue insistir en las posibilidades que ofrece el análisis de la onomástica contenida en los libros de bautismo del siglo XVI por constituir un recurso que, tal vez, no se ha aprovechado aún hasta sus últimas consecuencias[405]. A tal fin se han discernido en la documentación tres grupos diferenciados de individuos, diversos entre sí, tres *minorías* integradas por los hermanos nacidos de un parto doble o gemelos, los conversos o «cristianos nuevos» y los extranjeros, y se ha procedido a comprobar en dichos sectores la especificidad (o inespecificidad) de sus nombres de pila. Se ha abordado cada una de las minorías en apartados independientes del trabajo; el corpus investigado procede de los archivos parroquiales de Sevilla y lo integran todas las partidas bautismales conservadas del siglo XVI[406].

10.1. La onomástica de los hermanos gemelos

Los márgenes de los libros de bautismo sevillanos del siglo XVI incluyen la anotación «de un vientre» para señalar a los hermanos alumbrados en un parto doble[407], circunstancia que raramente queda consignada con denominaciones equivalentes, como *gemelos*[408] o *géminos*[409], sin duda más cultas pero mucho menos plásticas que el giro preposicional mencionado[410]. A diferencia de las partidas bautismales individuales, que representan –como corresponde que sea– la gran mayoría de los asientos recogidos en los libros sacramentales, los registros de estos neófitos

---

405. Sin querer negar con ello los logros alcanzados por trabajos como los reseñados al principio.

406. Este amplio fondo documental está catalogado en Morales Padrón (1982). Cf. nota al pie nº 340. Los casos considerados aquí se citarán de la misma manera que en dicha nota se indica.

407. Según los datos del CORDE, la expresión se documenta en español desde principios del siglo XIV (*Libro del Caballero Cifar*). Francisco de Osuna (*Quinta parte del Abecedario espiritual*, año 1540) traduce el signo zodiacal *Géminis* como «gemellos, hermanos de un vientre» [consulta en línea: corpus.rae.es].

408. Así, «Isabel y Marina, gemellas» (El Salvador 5-16v) o «Luis y Beatriz, gemellos» (El Sagrario 12-48).

409. El excepcional «María y Francisca, hijas géminas» (El Sagrario 1-8).

410. De hecho, solo una vez se lee algo distinto como «nacidas ambas de un parto» (San Nicolás 3-47v).

contienen dos nombres de pila distintos[411]: un análisis de dicha antroponimia constituye el propósito del primer apartado, con una atención especial a los factores –sociales, culturales o históricos– que pudieron haber condicionado la elección de estos nombres en detrimento de otros.

Así, entre los ejemplos de hermanos nacidos en un mismo parto procedentes del corpus investigado, se cuentan casos tales como, por una parte, «Rodrigo y María» –hijos de «Rodrigo de la Vega y María de Mercado» (El Sagrario 11-75)– o «Juan y María» –hijos de «Juan Aguilar de Campo y María de la Trinidad» (El Sagrario 21-100)–, y, por otra, «Desiderio y Leonor» –ahijados de «Desiderio Tabelión y Leonor Saavedra» (El Salvador 3-187v)– o «Diego y Juan» –ahijados de «Diego Francisco de Espinosa y Juan Lázaro López» (El Sagrario 19-117)–, en que la razón de que se les impusieran esos nombres estribaría en la coincidencia con los de sus progenitores[412] y los de sus padrinos[413], respectivamente. La perpetuación de los nombres de la generación anterior, reflejada con claridad en ejemplos como los aducidos, había caracterizado al «sistema antroponímico tradicional» hasta acabar provocando su colapso: cierto que mediante la preservación del «patrimonio onomástico familiar» se conseguía reforzar la identidad de la estirpe, pero con el tiempo se redujo drásticamente el repertorio de nombres disponibles[414].

Tal vez más específico de la onomástica de los gemelos sevillanos del Quinientos –y, por ello mismo, de mayor interés al respecto–, según se desprende de los libros estudiados, resulta no obstante la repetición del nombre en hermanos «de un vientre» de distinto sexo, algo que hoy se antoja verdaderamente insólito: por orden alfabético, *Agustín* y *Agustina* (El Sagrario 18-56), *Clemente* y *Clemencia* (El Sagrario 2-43v), *Jacinto* y *Jacinta* (El Sagrario 20-108v), *Juan* y *Juana* (El Salvador 4-251, El Salvador 9-76v, El Sagrario 19-30vº), *Lorenço* y *Lorença* (El Salvador 9-158v), *Luis* y *Luisa* (La Magdalena 1-162), *Miguel* y *Micaela* (La Magdalena 11-52v), *Pedro* y *Petronila* (El Sagrario 7-21v)…, en la elección de los cuales influyó, con bastante seguridad, el santoral. En efecto, el santo del natalicio determinó –valgan como muestra– el nombre de *Agustín*, *Clemente* o *Lorenço* y el de sus hermanas,

---

411. Salvo en un único caso, el de las trillizas «Angelina, Girómina y María», hijas de los genoveses «Blas y Girómina de Monardis» (El Sagrario 1-11v).

412. En cuanto a «Juan y Cristóval» –hijos de «Cristóval Rodríguez y Juana de Osorio» (El Salvador 5-64v) –, podría interpretarse que al primero de ellos se le había puesto el nombre de la madre, aunque la altísima frecuencia de *Juan* en la época tal vez sea motivo suficiente para comprender la imposición.

413. En cuanto a «Pedro y Antonio» –hijos de «Pedro de la Madera y Catalina de la Madera», ahijados de «Adán Béquer [Pedro] y Antonio Banbringen [Antonio]» (El Sagrario 21-220) –, el primero se llama como el padre y el segundo como su padrino.

414. Sobre la «concentración onomástica» que comportó la costumbre de imponer a los bautizados el nombre del padre o el del padrino ha tratado con detalle Castro (2014: 21-27).

pues fueron bautizados a finales de agosto, a primeros de diciembre y a mediados de agosto, respectivamente, condicionados pues por las festividades de «Agustín, obispo y doctor de la Iglesia, confesor» (28 de agosto), «Clemente, Papa y mártir» (23 de noviembre) y «Lorenzo mártir» (10 de agosto).

El calendario católico debió de ejercer una influencia semejante sobre los pares de gemelos integrados por *Pedro* y *Pablo* (Sta. Cruz 2-88v, La Magdalena 5-148v, Sta. Ana 3-192v, El Sagrario 3-258), *Cosme* y *Damián* (El Sagrario 4-23v, El Sagrario 7-304v), *Felipe* y *Diego* (Sta. Ana 6-396v) y, sobre todo –por ser con mucho el más frecuente–, *Justa* y *Rufina*, con ejemplos de hermanas así llamadas en la mayoría de las parroquias sevillanas[415]. Ahora bien, el citado condicionamiento no se trasluciría tanto por la fecha de la administración del sacramento a los neófitos, coincidencia válida solo en algunos casos, como por la estrecha vinculación que aquella sociedad entendía que existía en el santoral entre dichos nombres[416], habida cuenta, por un lado, de la simultaneidad en la celebración de las festividades de «Pedro apóstol» y «Pablo apóstol» (día 29 de junio)[417] y en las de «Felipe apóstol» y «Jacobo el menor, apóstol» (día 1 de mayo), y, por otro, de la condición de hermanos de los epónimos («Cosme y Damián, médicos, mártires», 27 de septiembre, y «Justa y Rufina, vírgenes y mártires», 17 de julio).

Una asociación análoga, por último, habría llevado a imponer a nacidos en un mismo parto los nombres de los Reyes Magos, muchos de ellos bautizados en el mes de enero, a continuación de la «Epifanía o fiesta de Reyes» (6 de enero): *Melchor* y *Gaspar* (S. Ildefonso 4-14, S. Pedro 4-138v), *Gaspar* y *Baltasar* (S. Andrés 1-28v, El Salvador 4-88v, El Sagrario 4-171, El Sagrario 6-46v, El Sagrario 7-71), *Baltasar* y *Melchor* (Sta. Cruz 1-176, El Sagrario 2-169v), *Gaspar* y *Melchiora* (S. Bartolomé 1-125), *Melchor* y *Baltasar* (La Magdalena 2-40, La Magdalena 4-156, El Salvador 3-91[418], El Salvador 4-91v[419], El Salvador 5-42)…, elección que evidencia la relación

---

415. El listado de ejemplos es suficientemente representativo: S. Pedro (1-47, 3-100, 5-59), Sta. Mª la Blanca (2-26v), S. Nicolás (3-47v), S. Martín (2-93v), S. Esteban (1-126), La Magdalena (6-155, 7-216, 10-227, 10-269, 11-70v, 13-24, 13-58), S. Vicente (1-139v, 5-35v, 6-61, 7-63v, 8-28v, 8-102), S. Ildefonso (4-37, 6-45), S. Isidoro (2-205v, 3-61), Sta. Ana (2-286), El Sagrario (1-88v, 3-57v, 5-133v, 6-22v, 12-167v, 15-213v, 16-36v, 17-198, 18-54v) y El Salvador (4-195v, 5-154, 11-21, 11-101v). Esta profusión está seguramente relacionada con la inclusión temprana «de la nómina de santos sevillanos, como las Santas Justa y Rufina», patronas de la ciudad, «en el calendario local hispalense» (Rubio Merino 2002: 681).

416. Lo que explica asimismo la atestiguación como «nombres dobles» de *Pedro Pablo, Cosme Damián* (y *Damián Cosme*), *Diego Felipe* y *Justa Rufina* en el corpus investigado.

417. Si bien es verdad que, según la *Flos Sanctorum* de Alonso de Villegas, «Pedro apóstol» se celebraba el 29 de junio y «Pablo apóstol» el 30 de junio.

418. Estos eran «dos esclavitos» del pastelero Villasaña, hijos de su esclava Beatriz, bautizados el 10 de enero de 1545.

419. «De color negros, hijos de María esclava».

que aquel imaginario colectivo –el de los sevillanos de la época– interpretaba que también se daba entre los antropónimos *Baltasar*, *Gaspar* y *Melchor*.

10.2. La onomástica de los «cristianos nuevos»

De entre los centenares de asientos que conforman cada uno de los libros de bautismo sevillanos del siglo XVI, una serie de partidas, no nutrida pero sí homogénea, se significa por contener más datos de los que figuran en las correspondientes a recién nacidos con padres identificados, caracterizadas normalmente por su laconismo[420]. En efecto, en los registros en cuestión se cita la procedencia geográfica del neófito, de manera que es posible encontrar indios americanos –«*Pedro*, natural de la Florida» (El Sagrario 10-169v)—[421], turcos o turquescos –«*Juan*, turco de nación» (El Sagrario 15-105), «*Antonia*, adulta de nación turquesca» (El Sagrario 15-231)– y, sobre todo, norteafricanos[422], etiquetados bien como moros o moriscos –«*Magdalena*, morisca de Túnez» (El Salvador 3-44v), «*Diego*, moro de nación» (El Sagrario 19-87)–, bien como berberiscos –«*Diego*, de nación berberisco» (El Sagrario 16-180). En «*Juan*, [h]ebreo de nación» (El Sagrario 4-169v) pudiera estar aludiéndose no tanto a su origen como a su religión[423]; en cuanto a «*Juan Cornelio*, muchacho de 13 años de nación flamenco» (El Sagrario 16-178) y «*Juan Bernal*, adulto de nación inglés» (El Sagrario 17-185), cabría pensar en primigenios protestantes. Otras informaciones que se incluyen en estas partidas son la edad (de muchos de ellos suele afirmarse que se trata de «adultos») y la condición de «esclavo» o «criado», conceptos indiferenciados en la documentación sevillana del Quinientos. En los casos más prolijos, por último, se indica la experiencia ya superada del cautiverio: «*Mateo*, captivo de los que sacó el señor padre Contreras» (El Sagrario 3-212) o «niña cativa venida de tierra de moros, que es de Marruecos, huérfana de padre y madre» (El Sagrario 6-198v).

---

420. El esquema de una partida bautismal es muy simple y consta de los siguientes cinco datos (en el mismo orden de aparición): 1) fecha del bautizo; 2) identidad del cura (nombre e iglesia-parroquia); 3) nombre del bautizado; 4) identidades de los padres; y 5) identidades de los padrinos.

421. Al monopolizar Sevilla el comercio con América durante el Quinientos, cf. apartado 3, no extraña su abundancia en la documentación, especialmente, en El Sagrario de la Catedral: «*Pedro* indio» (El Sagrario 3-128), «*Andrés* indio» (El Sagrario 8-49), «*Pedro* indio» (El Sagrario 8-83), varios «indios naturales de la Florida, ya adultos» (El Sagrario 8-125v), etc.

422. Los lugares de dicha zona mencionados son Argel (El Sagrario 7-245), Fez (El Sagrario 12-36v), Marruecos (El Sagrario 17-76v), Orán (El Sagrario 16-175), Tetuán (El Sagrario 21-84v) y Túnez (El Salvador 3-44v).

423. Pues, como recoge *Autoridades* s. v., «además del sentido recto del que es de la nación hebrea, o cosa perteneciente a ella, se toma también por el que profesa la Ley de Moisés» [consulta en línea: ntlle.rae.es].

Todas estas partidas informan, según es fácil suponer, de la conversión a la «Santa Fe católica» del bautizado; no en vano, la Iglesia consignaba en los libros estudiados la administración del primero de los siete sacramentos, que posee por lo demás el valor añadido de imprimir como cristiano a quien lo recibe. Ahora bien, solo en algunos de dichos asientos se explicita que se trataba de un «convertido» –«*Alberto*, turco convertido» (El Sagrario 14-146v), «*Fernando*, convertido de moro verberisco» (El Sagrario 19-27)[424]– o, de modo más expresivo, que cierto individuo «se tornó»[425] o «se volvió»[426] cristiano, adopción que podía caracterizarse por la devoción manifestada públicamente por el neófito:

> Bauticé en la enfermería de la Cárcel Real […] a *Juan* de nación moro, enfermo esclavo […] hizo protestación de la Santa Fe católica por intérprete y mostró señales exteriores de recibir el bautismo de muy buena gana, que estaba en peligro de muerte (El Salvador 9-104vº).

Como ha podido comprobarse en los ejemplos aducidos hasta este punto, los nombres de pila elegidos para los «cristianos nuevos» –objetivo del segundo apartado del artículo–, tal los masculinos *Juan, Francisco, Pedro, Diego, Luis…*, no difieren de los más impuestos en la Sevilla de la época[427]. Esta preferencia habría estado guiada por el deseo de integración de los individuos –y, por supuesto, de sus respectivos «padrinos», Iglesia incluida– en la sociedad de acogida, a cuya doctrina oficial se sometían. En ello reside uno de los rasgos destacables de la onomástica de los conversos sevillanos.

En estrecha relación con la tendencia observada, no faltan los casos en que concuerda el nombre de bautismo con el del padrino o del amo (porque a

---

424. «*Luis* adulto de edad de 24, el cual pidió el santo bautismo […] dijo ser natural de Argel, el cual se convirtió» (El Sagrario 7-245), «de nación morisca de edad de 10 años que se convirtió a nuestra sancta fee cathólica» (El Sagrario 13-149)…

425. «*Francisco* morisco que se tornó cristiano» (El Sagrario 5-168v), «*Jerónimo* morisco que se tornó cristiano de edad de 12 años» (El Sagrario 6-67v), «*Diego* de nación berberisco que se tornó cristiano» (El Sagrario 16-180)…

426. «*Pedro* adulto, el cual era ya hombre y siendo moro se volvió de su propia voluntad cristiano» (El Sagrario 19-27).

427. Al no disponer aún del recuento de los nombres de bautismo de todas las parroquias sevillanas, se ha optado por tomar como referencia el realizado a los de la principal, la del Sagrario de la Catedral, a partir fundamentalmente del Índice de los baptismos administrados en el Sagrario de la Santa Metropolitana Iglesia de Sevilla del «confesor y capellán» Manuel Merino de Heredia, en el que se registraron los bautizos de 17.830 varones y 16.322 mujeres entre el 1 de enero de 1515 y el 27 de marzo de 1600. Según dicho recuento, los nombres masculinos más frecuentes son *Juan* (4210 ejemplos), *Francisco* (1931), *Pedro* (1419), *Diego* (1141), *Antonio* (730) y *Alonso* (722). Los nombres de las mujeres más repetidos son *María* (4046), *Ana* (1701), *Isabel* (1562), *Francisca* (1446), *Juana* (1444) y *Catalina* (1181): cf. Velázquez Acuña (2018).

veces coincide la identidad de esta persona), responsable en último término de la elección:

> *Francisco*, hijo de la Iglesia que vino de tierra de moros y era de 63 años [Fue su padrino] Francisco Loçano ciruxano (El Sagrario 16-17v)
>
> *Juan*, esclavo de Juan Castellanos de Espinossa, el cual *Juan* era moro natural de Marruecos [Fue su padrino] Juan Castellanos de Espinossa, su amo (El Sagrario 16-57v)
>
> *Sebastián* de edad de 3 años, esclavo de Sebastián Gutiérrez, el cual lo trajo de Orán habido de poder de moros (El Sagrario 16-175)
>
> *Francisco* catecúmeno natural de Marruecos, ververisco [Fue su padrino] el Sr. Don Francisco Caravajal, asistente de esta ciudad (El Sagrario 17-76v)
>
> *Luis* adulto moro de Tetuán, esclavo de Leonardo de Ayala [Fue su padrino] Luis de Toledo (El Sagrario 21-84v)

Por el contrario, solo en una ocasión se ha testimoniado la influencia del santoral: «Marcos Evangelista, convertido» (El Sagrario 14-65), bautizado el 25 de abril de 1582, esto es, el mismo día que se conmemora al santo epónimo. Ahora bien, quizá las partidas más interesantes desde el punto de vista onomástico sean las escasas que recogen el nombre previo al bautismo:

> *Juan* morisco, que siendo moro se llamaba *Halí*, que estaba preso en la cárcel de la Hermandad por ser fugitivo (S. Pedro 1-92)
>
> *Cristóval*, que antes se llamaba *Zigrin*, esclavo (La Magdalena 1-29v)
>
> Un *Juan* natural de Tremecén, que en su tierra siendo moro se llamaba *Maimón* (S. Ildefonso 6-20)
>
> *Francisco* turco llamado *Mames* (S. Miguel 4-63v)

En este particular, destaca el libro primero de la parroquia de Santa Ana de Triana (Sta. Ana 1-2, 2v y 47v) en que, con fecha de abril de 1502, se asentaron varios casos seguidos de esta clase, lo que hace pensar en que se celebraran por aquel entonces conversiones en masa de moriscos[428]: por orden de aparición en el libro, *Almançor > Diego*, *Yuça* (toledano) *> Baltasar*, *Aodalla > Juan* (de Toledo), *Odalla > Pedro*, *Agona > Alonso*, *Gamate* (¿?) *> Melchor*, *Cabrahen* (¿?) *> Baltasar*, *Aodalla > Lope* (ollero) e *Içaque > Juan*[429].

---

428. Véase por sus similitudes, en aquel contexto histórico, Guillén (1963).

429. Sobre la onomástica de los moriscos, aparte de Martínez Ruiz (1968) y Labarta (1987), véase Carrasco García (2008-2010).

10.3. La onomástica de los extranjeros

Sevilla alcanzó su apogeo en el siglo XVI, era entonces, en palabras de Miguel de Cervantes, «Roma triunfante en ánimo y grandeza»[430]. En efecto, tras el Descubrimiento del Nuevo Mundo y gracias a su puerto –el único situado en el interior de la península ibérica y, por este motivo, a salvo del ataque de los piratas–, ostentó el monopolio del comercio americano, puesto que en 1503 los Reyes Católicos habían establecido allí la Casa de Contratación. Convertida en el principal mercado dinerario del país, la actividad económica y la acumulación de capitales impulsaron la industria, que abandonó su carácter exclusivamente artesanal. A resultas de todas estas transformaciones, su población aumentó hasta convertirse en una de las más habitadas de España y situarse entre las principales del continente. El incremento demográfico se caracterizó sobre todo por la heterogeneidad de los nuevos vecinos y moradores: un número considerable, proveniente de otras naciones europeas, vio en Sevilla el lugar idóneo para desarrollar sus proyectos mercantiles[431].

Los libros de bautismo del Quinientos contienen, como es fácil suponer, alusiones a esos extranjeros –franceses, flamencos, genoveses, alemanes, portugueses…– que vivían en cualquiera de las colaciones, si bien muchos prefirieron la de Santa María la Mayor, correspondiente a la parroquia de El Sagrario de la Santa Catedral, porque allí se localizaba el centro político y económico[432]. Los nombres de los integrantes de estas colonias foráneas constituyen el objeto del tercer apartado, en un intento por responder a la pregunta de si se caracterizaban por presentar una onomástica específica.

Porque si se tienen en cuenta los índices de frecuencia de aparición, se comprueba, de entrada, que la antroponimia sometida a análisis es minoritaria[433]. Dicho de otra manera, son nombres escasamente testimoniados en las partidas sevillanas. Ahora bien –y este sería el segundo rasgo de los nombres de los extranjeros–, solo algunos de ellos pueden adscribirse a una única nacionalidad, sino que lo más habitual es que correspondan a varias. Por ejemplo, el nombre femenino *Argenta* parece propio de genovesas –así se llamaban sendas hijas de «Antonio Garibaldo» (El Sagrario 1-47), «Roberto Ordio» (El Sagrario 1-12) y «micer Jácome

---

430. Del soneto «al túmulo del rey Felipe II en Sevilla».

431. Entre otros, Domínguez Ortiz (1946), Morales Padrón (1989) o Núñez Roldán (2004).

432. Lo que justifica que en este apartado del trabajo los ejemplos procedan solo de dicha parroquia. Se han añadido por su interés algunos casos de la vecina parroquia de El Salvador.

433. Es muy útil la información recogida en el DHNAE acerca de los nombres que se estudian en este apartado, pues en dicha obra se afirma que *Guillermo*, *Lamberto* o *Roberto* eran propios de extranjeros y que *Adrián* o *Alexandro* eran poco frecuentes en Madrid (años 1600-1630).

Burlengo» (El Sagrario 1-26v)–, mientras que *Bárbola / Bárbara* lo imponen flamencos (entre otros, El Sagrario 10-8v, 10-67v, 15-54…), pero también ingleses («hija de Pedro de Londres y Leonor de Londres», El Salvador 3-40v). Análogamente, *Alexandro* (El Sagrario 3-6) pertenece a una familia de genoveses y *Geraldo* (El Sagrario 9-25) a una de flamencos[434], en tanto que *Guillermo*, más frecuente que cualquiera de los anteriores[435], se documenta como hijo de un flamenco (El Sagrario 10-16v) o de un francés (El Sagrario 15-29), y *Roberto* (El Sagrario 7-276) pertenece a una familia inglesa, pero puede tener origen francés («hijo de Juan Morel *francés* y de Bárbola Corbete», El Sagrario 21-200) o ser portado por genoveses como el apellidado «Ordio» al que ya se ha hecho referencia.

La serie de nombres integrada por *Adrián, Cornieles, Erasmo* y *Lamberto* es atribuible con bastante seguridad a vecinos flamencos de Sevilla. *Adrián, Cornieles* y *Lamberto* aparecen estrechamente vinculados en varios de los casos seleccionados, lo que refuerza su relación: *Adrián* (El Sagrario 19-173v) y *Cornieles* (El Sagrario 17-150) son dos de los hijos de «Niculás Vilán y Cornelia Calvarte»[436]; *Cornieles Lamberto* figura como padrino (El Sagrario 19-160v); por último, «Adrián de Cornieles», padre de *Adrián* (El Sagrario 17-30v), se atestigua en otros pasajes como «Cornieles de Adrianes» (El Sagrario 20-87v), «Cornieles Adrianse» (El Sagrario 21-236) y «Cornieles Adriance» (El Sagrario 16-190v). En cuanto a *Erasmo*, el espigueo en varios libros ha permitido comprobar su transmisión a través de varias generaciones de la misma estirpe: «*Erasmo* de Lovaina», el primero en documentarse, consta como padre de *Juana* (El Sagrario 7-213v), *Félix* (El Sagrario 11-29v) y *Erasmo* (El Sagrario 12-70v). A su vez, la primogénita, conocida como «Juana de Lovaina» o «Juana de *Erasmos*»[437], es madre de *Erasmo* (El Sagrario 15-104), que se llamaba, en fin, como su abuelo y su tío[438].

---

434. También se llaman así los hijos de «Jeraldo Silvius» (El Sagrario 14-55) y de «Lamberto Hese» (¿?) (El Sagrario 19-192), acaso flamencos.

435. Frente a los doce ejemplos de *Guillermo*, de *Gerardo / Giraldo* solo hay cuatro y de *Alexandro*, ocho.

436. Padres además de *Niculás* (El Sagrario 18-51), *Pedro* (El Sagrario 20-140v) y *Juan* (El Sagrario 21-183v).

437. Juana, casada con Juan Florido, fue también la madre de *Juana* (El Sagrario 16-187) y *María* (El Sagrario 17-109v). No se ha conseguido esclarecer la relación de parentesco que mantenía con «María de *Erasmo*» (El Sagrario 17-178v).

438. En otros nombres impuestos a vástagos de familias foráneas, tales como *Margarita / Malgarida* o *Reinaldo(s)*, la carencia de alusiones explícitas no permite que pueda concretarse la nacionalidad. Cf. los casos de *Margarita / Malgarida*, nombre de sendas hijas de «Roberto de Fermón» (El Sagrario 1-99v), «Miguel Ángel Lambias» (El Sagrario 12-134) y «Gerardo Esmit» (El Sagrario 17-150v). Las dos apariciones de *Reinaldo(s)* corresponden a hijos de «Salamón Paradi» (El Sagrario 21-53v) y «Reinaldo de Colonia» (El Sagrario 21-223); este al menos parece alemán.

Otro factor relevante al respecto es que, pese a que los extranjeros que se instalaron en Sevilla pretenderían integrarse en aquella sociedad[439], no queda tan claro que esta fuera su intención a la hora de elegir el nombre de pila de un neonato, pues algunos habrían deseado mantenerse al margen, como un grupo humano diferenciado: al menos eso es lo que se deduce del contraste realizado entre ciertos casos. En este sentido, destacan las preferencias que revelan algunos genoveses, integrantes no en vano de la colonia más importante de la ciudad: la familia de los *Negrón*, representada por «micer Bartolomé de Negrón» en El Sagrario y el «doctor Carlos de Negrón» en El Salvador, eligió para sus descendientes nombres verdaderamente singulares entonces: por un lado, *Carlo*[440] (El Sagrario 1-35) y *Otaviano* (El Sagrario 1-62v), por otro, *Otavio* (El Salvador 3-161v), *Julio* (El Salvador 3-196v) y *Camilo* (El Salvador 3-235). Algo similar se observa en «Ortencio de Santi», padre de *Silvio* (El Sagrario 8-104) y *Polonia* (El Sagrario 9-132v) y «Julio Ferrofino», padre de *Aurelio*[441] (El Sagrario 9-78v), *Rafael* (El Sagrario 11-49v) y *Otavia* (El Sagrario 12-54)[442]. Por el contrario, los alemanes se inclinaron por imponer nombres que se cuentan entre los más repetidos de la época: «Conrado de Colonia» fue el padre de *Alonso* (El Salvador 4-237), *Ana* (El Salvador 4-295v) y *Juan* (El Salvador 5-32v), «Francisco Rulam» lo fue de *Juan* (El Sagrario 16-47) y *Francisco* (El Sagrario 16-262v).

Una mención especial, por último, merecen *Abel, Daniel* y *Elías*, atestiguados en el corpus, pero no como nombres de neófitos sino de sendos extranjeros avecindados entonces en Sevilla: el francés «*Abel* Bidet(e)» (o «*Abal* Vilete») –casado con «Mariana de Burgos» y padre de *Luis* (El Sagrario 16-11), *Juan* (El Sagrario 17-199v) y de nuevo *Luis* (El Sagrario 20-174v)– y los flamencos «*Daniel* Adriance» (o «*Daniel* Adrians»)– casado con «Sara Monel(a)» y padre de *Margarita* (El Sagrario 15-220), *Pedro* (El Sagrario 17-182v) y *Francisco* (El Sagrario 18-74)– y «*Elías* Sirman» (o «*Alías* Silman») –casado en primeras nupcias con «María Isaac» y en segundas con «Francisca Chot» y padre de *Juan* (El Sagrario 18-69), *Melchor* (El Sagrario 19-78v) y *Luis* (El Sagrario 21-150v). Su ausencia del repertorio de nombres de bautismo recopilado se debe a que eran antropónimos veterotestamentarios cuya imposición

---

439. De ahí que, como paso previo, muchos de ellos se casaran con mujeres españolas. A decir de Montoto (1938: 217), «para gozar de los mismos privilegios que los nobles de [Sevilla], los extranjeros se naturalizaban, emparentaban con familias del país».

440. *Carlo(s)* se repite bastante entre los genoveses, así «Carlo(s) de Vivaldo», padrino de *Mateo*, «hijo de Vadrusiano Marteneli y Angélica de Martineli» (El Sagrario 16-210) y de *Francisco*, «hijo de Antonio Varisio y Camila Varisia» (El Sagrario 16-211).

441. Lo que no quita que se dé un caso de «*Aurelio,* hijo de la tierra» (El Sagrario 5-69).

442. Responsable, eso sí, de los nombres «autóctonos» de otras dos hijas, *Justa* (El Sagrario 10-148v) y *Elvira* (El Sagrario 12-177).

la Iglesia católica no aprobaba en el Siglo de Oro[443]. Frente a ellos, *Julián* o *Lamberto*, asimismo nombres de foráneos –el francés «*Julián* Lecleque» (o «*Julián* Enclerque»), padre de *Julián* (El Sagrario 19-121v)[444]; el flamenco «*Lamberto* Berubén», padre de *Lamberto* (El Sagrario 17-73v)–, contaban sin embargo con sus santos respectivos en el calendario litúrgico[445], por lo que podían convertirse en nombres de bautismo sin mayor dificultad.

Conclusión

Mejor que cualquier otra clase de documento, caso de los padrones o censos, los libros sacramentales de bautismo esclarecen los entresijos de la onomástica personal de la Edad Moderna, también lo hacen de manera más completa dada la variada información que recogen las partidas que los integran. Con este artículo, concebido como una primera aproximación a la onomástica de ciertas minorías sociales del siglo XVI testimoniadas en la documentación eclesiástica, se ha pretendido tan solo destacar las particularidades observadas en los nombres de pila de los gemelos, de los «cristianos nuevos» y de los extranjeros. Para ello se han consultado todas las partidas bautismales de Sevilla anteriores al año 1600, cuando por otra parte esta ciudad vivía su época dorada. Cabe pensar que los datos extraídos permitirán el contraste con los procedentes de otras zonas de la península ibérica o, incluso, de fuera de esta.

En cualquier caso, por encima de las peculiaridades que pudieran distinguir a dichos grupos respecto de la *mayoría*, hay un aspecto que conviene subrayar, la impronta de la Iglesia, reflejada en especial a través del santoral, lo que favorece la comprensión, por ejemplo, del emparejamiento de ciertos nombres impuestos a los «hermanos de un vientre» (¿por qué *Pedro* y *Pablo* o *Justa* y *Rufina*?, ¿por qué *Gaspar* y *Melchor*?), de la inevitable cristianización de los «convertidos» manifestada precisamente por medio del bautismo y, para terminar, de la preterición de nombres del Antiguo Testamento contrarios a las recomendaciones de la institución.

---

443. Como explica Castro (2014: 31-32), estos nombres sí que fueron preferidos por las «iglesias reformadas».

444. Y padrino de otro niño así bautizado (El Sagrario 17-90vº).

445. «Julián mártir» (9 de enero) y «Lamberto, Obispo y mártir» (17 de septiembre).

Capítulo 11

Para la historia de los antropónimos compuestos con la preposición *de* (Sevilla, siglo XVI)*

Introducción

Como es bien sabido, una de las principales particularidades de la antroponimia hispánica consiste en los nombres femeninos integrados por *María*, la preposición *de* y un sintagma alusivo a una advocación (por ejemplo, *María de la Concepción, María de la Encarnación, María de la O*, etc.). Para los hispanohablantes estos nombres pasan desapercibidos dado su arraigo, pero han atraído desde siempre la atención de los foráneos, contraste que reflejan bien Ramón Menéndez Pidal y Karl Vossler en 1935[446]. No en vano, el encuentro entre ambos filólogos está en el origen del breve pero enjundioso artículo publicado por aquel treinta años más tarde[447]. En dicha investigación, Menéndez Pidal rastreaba la propagación de las advocaciones marianas en los libros bautismales de los siglos XVI, XVII y XVIII procedentes de las parroquias madrileñas de San Ginés y San Sebastián, de las sevillanas de San Vicente y Santa Ana de Triana y, en menor medida, de las de San Miguel de los

---

* Traducción al español de «Towards the history of spanish compound anthroponyms with the preposition *de* (based on the 16th century baptismal books of Seville's parishes)», publicado en *Voprosy onomastiki. Problems of onomastics*, 18 (2), 2021, 54-66 [ISSN 1994-2400].

446. «El interés por este tema se despertó en mí con ocasión del viaje de Karl Vossler a Madrid en 1935, cuando él publicaba la primera parte de su estudio sobre *La poesía de la soledad en España (Poesie der Einsamkeit in Spanien)* en las Actas de la Academia Bávara de Múnich en 1935, 36 y 38; al decirle yo que *Soledad* era usado como nombre de mujer entre nosotros, con otras muchas advocaciones de la Virgen María, se sorprendió mucho. Su curiosidad por este tema se me contagió y, por interés del insigne crítico alemán, emprendí diversas averiguaciones que él aprovechó en las primeras páginas de su estudio cuando lo publicó en forma de libro aparte» (Menéndez Pidal 1965: 9).

447. Menéndez Pidal (1965), reimpreso con algunas modificaciones en Menéndez Pidal (2005: 1317-1324).

Navarros (Zaragoza) y Nuestra Señora del Pi (Barcelona). Su estudio demuestra la costumbre de bautizar a las niñas con el nombre de la festividad religiosa que se celebra ese mismo día, de manera que, por ejemplo, se cristianaban como *María de la Encarnación* o *María de la Concepción* a las niñas nacidas en torno al 25 de marzo o al 8 de diciembre, respectivamente (Menéndez Pidal 1965: 10-11). La influencia de la Contrarreforma, del Concilio de Trento, debió de ser muy decisiva en este sentido.

Ahora bien, las advocaciones marianas se testimonian, en primer lugar, en los nombres de las ciudades fundadas por los españoles en América (por ejemplo, *La Asunción* en Paraguay, fundada en 1536) y en los nombres de los miembros de las órdenes religiosas (por ejemplo, *Antonius a Nativitate, Isabel de la Concepción*). En cuanto a las impuestas a neófitas laicas, los ejemplos aparecieron más tempranamente en Madrid (*María de la Paz*, 1569; *María de las Nieves,* 1569; *María de la O*, 1578) que en Sevilla, donde los primeros casos (a saber, *María de la Concepción* y *María de la O*) están fechados en 1615 (Menéndez Pidal 1965: 13).

Boyd-Bowman estudió también estos nombres en los registros de las criollas bautizadas en el Sagrario Metropolitano de la Catedral de México (desde 1540 a 1950) (Boyd-Bowman 1970: 19-21) para llegar a la conclusión de que en Nueva España las advocaciones marianas fueron muy poco frecuentes con anterioridad a los siglos XVIII y XIX[448]. Los primeros ejemplos suyos datan de 1665 (por ejemplo, *María de la O, María de la Candelaria, María de los Ángeles, María de la Concepción…*).

De entre las más recientes investigaciones sobre el tema, destacan sobre todo tres: Díaz de Martínez ha analizado las partidas de bautismo de Humahuaca (provincia de Jujuy, Argentina) del siglo XVIII (Díaz de Martínez 2003)[449] y García Gallarín las de la parroquia madrileña de San Sebastián entre 1600 y 1630 (García Gallarín 2009, García Gallarín 2017a, García Gallarín 2017b)[450]. Por su parte, el trabajo de Lončar tiene el valor añadido de estudiar la situación actual del fenómeno a partir de los datos recabados por el Instituto Nacional de Estadística (INE) (Lončar 2013).

Como puede comprobarse, pese a que se trataría de una de las características principales de la onomástica hispánica, no se ha escrito demasiado sobre el

---

448. «Aunque en aquellos tiempos ningún nombre de mujer rivalizaba en popularidad con el de *María*, la madre de Jesús, se buscará en vano, entre los nombres de niñas nacidas en México hasta fines del siglo XVII, esas alusiones a las advocaciones de la Virgen tan características de la onomástica de los siglos XVIII y XIX. Nada de *Concepción*, de *Encarnación*, de *Carmen*, de *Consuelo*, de *Dolores*, de *Mercedes*, de *Rosario* o de *Soledad*» (Boyd-Bowman 1970: 17).

449. «El culto mariano se manifiesta en el uso de otros nombres vinculados a hechos, virtudes, misterios, advocaciones de María: Guadalupe, del Carmen, del Rosario, Dolores, Concepción, Visitación, Natividad, Magdalena, etc.» (Díaz de Martínez 2003: 246).

450. «La influencia de las advocaciones marianas en la onomástica personal es quizá el fenómeno más llamativo de este período» (García Gallarín 2009: 99). El período historicolingüístico es conocido como *español medio* (años 1450-1650).

tema. De hecho, Menéndez Pidal aconsejó que se ampliara el corpus para cono-cer el origen de los nombres compuestos con referencias marianas[451], dado que él solo había estudiado en profundidad cuatro parroquias (Menéndez Pidal 1965: 13). El objeto de este trabajo es, por esta misma razón, presentar los resultados del aná-lisis de los antropónimos –*nombres compuestos*– consistentes en un primer nom-bre, no solo *María*, y un sintagma nominal introducido por la preposición *de*, lo que se hace a partir de las partidas bautismales del siglo XVI conservadas en los archi-vos parroquiales de Sevilla (España). Por un lado, porque esta ciudad era enton-ces la capital económica de España (hay que recordar que ostentaba el monopolio del comercio con América, continente recién descubierto) así como una de las más importantes de Europa (Morales Padrón 1989, Núñez Roldán 2004); por otro lado, porque la investigación de Menéndez Pidal comenzaba en 1600, sin haber tenido en cuenta el notable volumen de los fondos archivísticos del siglo anterior de los que se dispone allí[452].

Antes de proceder a su estudio, se han dividido los casos registrados según el contenido referido por el sintagma introducido por *de*. A tenor de dicho crite-rio se distinguen como mínimo dos series de estas combinaciones: en la primera, sin duda más heterogénea, el sintagma alude a «virtudes, devociones o símbolos cristianos» (Castro 2014: 28), «momentos del año litúrgico», «abstracciones, entida-des inmateriales» (Castro 2014: 30-31) (cf. apartado 11.1); la segunda serie, menos diversa y variada, se caracteriza por constar de un hagiónimo o nombre de santo (cf. apartado 11.2). Se han analizado la frecuencia de dichos nombres en el corpus, la posible influencia de la Iglesia en su elección, así como ciertos aspectos sociales o económicos que pudieran haberles afectado (cf. apartado 11.3).

11.1. Advocaciones marianas y similares (16 nombres)[453]

LOS ÁNGELES, ocho ejemplos –*Ana de los Ángeles* (S. Vicente 1-56, 11/8/1527), *Fer-nando de los Ángeles* (Sta. Ana 1-438v, 24/10/1531), *Isabel de los Ángeles* (El Salva-dor 4-99, 10/11/1555), *Jerónima de los Ángeles* (El Sagrario 4-161v, 10/10/1552),

---

451. «Téngase presente para juzgar la importancia de los bautizos aquí registrados, que se refie-ren a una o dos parroquias de Madrid o Sevilla, dato al que es preciso que añadir el de las muchas otras parroquias de ambas ciudades para que nos imaginemos el total» (Menéndez Pidal 1965: 13).

452. Los archivos parroquiales de Sevilla investigados han sido Sta. Ana de Triana, S. Andrés, S. Bartolomé, S. Bernardo, Sta. Catalina, Sta. Cruz, S. Esteban, S. Ildefonso, S. Isidoro, Sta. Marina, S. Juan de Acre, El Sagrario, Sta. María la Blanca, La Magdalena, S. Miguel, S. Martín, S. Nicolás, S. Pedro, S. Ro-mán, El Salvador y S. Vicente (Morales Padrón 1982). Para más detalles, cf. nota al pie nº 340.

453. Se utilizan las versales para destacar los nombres que son el objeto principal de estudio. Los ejemplos, entre paréntesis, se transcriben en cursiva; dentro de los paréntesis se indica la localización

Juan de los Ángeles (Sta. Ana 2-110, 12/8/1537), *María de los Ángeles* (S. Pedro 1-17, 27/8/1531; El Sagrario 3-180v, 8/8/1547; Sta. Ana 5-50, 8/8/1558): 'Virgen María, reina de los ángeles' (2 de agosto) (DHNAE, 128-129).

LA CONCEPCIÓN, dos ejemplos –*María de la Concepción* (S. Vicente 6-10, 14/12/1568; El Sagrario 13-30, 16/12/1578): 'Concepción de Nuestra Señora' (8 de diciembre) (DHNAE, 262-264).

LA (SANTA) CRUZ, nueve ejemplos –*Diego de la Cruz* (El Sagrario 17-10v, 15/5/1589), *Felipa de Santa Cruz* (S. Bernardo 3-21, 10/5/1593), *Jacinto de la Cruz* (La Magdalena 12-278v, 30/4/1596), *Juan de la Cruz* (S. Vicente 1-95v, 11/5/1530; S. Vicente 1-167, 8/3/1535), *Magdalena de la Cruz* (S. Miguel 2-187v, 26/2/1570), *Marcos de la Cruz* (La Magdalena 3-150v, 2/5/1548), *María de la Cruz* (Sta. Ana 2-183, 4/4/1540; La Magdalena 4-71, 8/6/1550): 'La Invención de la Santa Cruz' (3 de mayo) (DHNAE, 283-284).

LA ENCARNACIÓN, dos ejemplos –*Clara de la Encarnación* (S. Miguel 3-216, 23/1/1590), *María de la Encarnación* (El Salvador 10-345, 9/4/1596): 'Anunciación de Nuestra Señora' (25 de marzo) (DHNAE, 359).

ESPÍRITU SANTO, un ejemplo –*Ana de Espíritu Santo* (S. Martín 2-186v, 4/6/1581): 'Pentecostés' (cincuenta días después del Domingo de Resurrección).

GABRIEL, un ejemplo –*Constanza de Gabriel* (Sta. Mª la Blanca 1-66, 1/4/1538): 'Arcángel San Gabriel' (18 de marzo).

GRACIA, dos ejemplos –*Inés de Gracia* (Sta. Mª la Blanca 2-56, 4/5/1581), *Isabel de Gracia* (S. Ildefonso 3-64v, 9/7/1538): 'Anunciación de Nuestra Señora', porque el saludo de San Gabriel a la Virgen María fue «Ave *gratia* plena».

JESÚS, siete ejemplos –*Ana de Jesús* (S. Pedro 1-133, 20/8/1542), *Isabel de Jesús* (S. Vicente 5-4v, 26/1/1561), *Juan de Jesús* (Sta. Ana 5-458v, 24/1/1565), *María de Jesús* (Sta. Ana 5-11, 20/9/1557; S. Ildefonso 7-37v, 7/2/1597; El Sagrario 21-120, 25/10/1598), *Mariana de Jesús* (S. Miguel 4-45, 15/6/1594): 'Jesús' (sin fecha). Este nombre masculino era inusual entonces «por respeto» (Menéndez Pidal 1965: 11).

LAS NIEVES, dos ejemplos –*María de Nieves* (El Salvador 3-142v, 13/8/1548), *Elvira de las Nieves* (Sta. Catalina 1-125v, 13/8/1550): 'Fiesta de Nuestra Señora de las Nieves' (5 de agosto) (DHNAE, 697-698).

LA O, diez ejemplos –*María de la O* (Sta. Catalina 1-40, 27/12/1545; S. Miguel 1-118v, 22/12/1548; El Salvador 3-170, 17/12/1549; La Magdalena 4-50, 28/12/1549; El Salvador 4-102v, 30/12/1555; Sta. Ana 7-50vº, 25/12/1570; El Salvador 9-25, 26/12/1583; Sta. Ana 15-72v, 18/12/1588; El Salvador 11-60v, 26/12/1597;

---

del ejemplo (parroquia, número de libro y, separado por un guion, número de página) y, tras la coma, la fecha de celebración del bautismo.

El Salvador 11-61, 1/1/1598): 'Expectación de Nuestra Señora y, por otro nombre, de la O' (18 de diciembre) (DHNAE, 703). Esta celebración fue instituida en el X Concilio de Toledo y se aprobó el año 656, por lo que es «la única advocación mariana celebrada antes del siglo IX» y «la primera de las fiestas marianas del Calendario Mozárabe hispalense» (Rubio Merino 2002: 681).

RAMOS, dos ejemplos –*Gaspar de los Ramos* (El Sagrario 2-214v, 18/4/1541), *Juan Ramos* (Sta. Cruz 1-36v, 3/4/1553): 'Domingo de Ramos' (fecha variable, el domingo anterior al de Resurrección).

LOS REYES, diez ejemplos –*Baltasar de los Reyes* (La Magdalena 5-257, 20/1/1563), *Gaspar de los Reyes* (El Sagrario 2-132, 9/9/1539), *Inés de los Reyes* (El Sagrario 1-127, 11/1/1522), *Jacinto de los Reyes* (El Sagrario 20-33, 12/1/1596), *Juana de los Reyes* (S. Andrés 1-63v, 18/1/1549), *Melchor de los Reyes* (S. Isidoro 0-94v, 6/1/1554; Sta. María la Blanca 2-144, 21/1/1599), *Melchora de los Reyes* (Sta. Ana 9-213v°, 11/1/1578; Sta. Ana 11-7v°, 20/1/1581; Sta. Marina 1-201, 6/1/1597): 'Epifanía o fiesta de los Reyes' (6 de enero).

LOS SANTOS, doce ejemplos –*Ana de los Santos* (Sta. Ana 5-288, 9/11/1562), *Guillermo de los Santos* (El Salvador 4-263, 31/10/1560), *Juan de los Santos* (Sta. Ana 2-90, 9/11/1536; El Sagrario 2-181, 3/11/1538; El Sagrario 21-123v, 9/11/1598), *Juana de los Santos* (Sta. Ana 1-256v, ¿?/11/1520; S. Bartolomé 2-58, 1/11/1596), *Luis de los Santos* (S. Andrés 2-85v, 8/11/1565), *María de los Santos* (S. Isidoro 0-89v, 8/11/1553; Sta. Ana 5-64, 12/11/1558), *Pedro de los Santos* (El Sagrario 3-191v, 9/11/1547), *Simón de los Santos* (Sta. Cruz 1-4v, 3/11/1547): 'día de Todos los Santos' (1 de noviembre).

LA TRINIDAD, tres ejemplos –*Melchor de la Trinidad* (El Sagrario 3-105, 8/6/1545), *María de la Trinidad* (S. Juan de Acre 1-6v, 28/2/1563; S. Román 3-130, 22/6/1590): 'Santísima Trinidad' (primer domingo después de Pentecostés) (DHNAE, 866-867).

VICTORIA, un ejemplo –*María de Victoria* (El Sagrario 7-299, 4/3/1566): según Billy (2017: 58), «l'emploi de *Victoire* et de *Victor* montre à quel point les fêtes mariales mais aussi christiques (Nativité, Circoncision, Présentation, Incarnation, Rameaux, Pâques, Invention de la Croix) sont vécues comme autant de victoires du Christ sur les ténèbres, la mort, le péché, etc.».

LAS VÍRGENES, un ejemplo –*Margarita de las Vírgenes* (S. Martín 2-173v, 26/7/1580): 'Margarita, virgen y mártir' (20 de julio).

11.2. Hagiónimos (14 nombres)

SAN BARTOLOMÉ, un ejemplo –*Agustina de San Bartolomé* (S. Esteban 1-38v, 31/8/1570): 'Bartolomé apóstol' (24 de agosto).

SAN BLAS, un ejemplo –*María de San Blas* (La Magdalena 3-4, 9/2/1544): 'Blas, apóstol y mártir' (3 de febrero).

SAN FRANCISCO, dos ejemplos –*Catalina de San Francisco* (S. Miguel 4-24v, 6/12/1592), *Isabel de San Francisco* (S. Pedro 4-165, 15/10/1589): 'Francisco, instituidor del orden de los Menores, confesor' (4 de octubre).

SAN JOSÉ, un ejemplo –*María de San José* (El Salvador 10-129v, 28/3/1591): 'José, esposo de la madre de Dios' (19 de marzo).

SAN JUAN, tres ejemplos –*Francisca de San Juan* (S. Andrés 2-316, 9/3/1594), *Juan de San Juan* (Sta. Ana 1-75v, 29/6/1510), *María de San Juan* (El Salvador 5-160, 25/6/1568): 'Natividad de San Juan Bautista' (24 de junio).

SAN MIGUEL, dos ejemplos –*Juana de San Miguel* (S. Nicolás 1-4, 8/10/1536), *Micaela de San Miguel* (S. Miguel 2-20v, 10/10/1554): 'Dedicación de San Miguel' (29 de septiembre).

SAN PEDRO, cuatro ejemplos –*Fernando de San Pedro* (S. Pedro 1-47v, 12/3/1534), *Juana de San Pedro* (S. Ildefonso 5-26v, 10/7/1567), *María de San Pedro* (El Sagrario 21-89v, 5/7/1598), *Melchor de San Pedro* (La Magdalena 3-155, 4/7/1548): 'Pedro apóstol' (29 de junio).

SAN ROQUE, un ejemplo –*María de San Roque* (Sta. Ana 10-177, 23/8/1580): 'Roque confesor' (16 de agosto).

SAN VICENTE, un ejemplo –*Elvira de San Vicente* (S. Vicente 2-45v, 1/1/1538): 'Vicente mártir' (22 de enero).

SANTA ANA, seis ejemplos –*Catalina de Santa Ana* (S. Nicolás 1-117v, 5/8/1548), *Juan de Santa Ana* (Sta. Ana 1-65, 8/9/1508; S. Vicente 1-56, 28/7/1526; S. Isidoro 0-122v, 4/8/1555), *Leonor de Santa Ana* (Sta. Ana 1-436v, 22/9/1531), *María de Santa Ana* (El Salvador 10-346v, 21/4/1596): 'Ana, madre de la madre de Dios' (26 de julio).

SANTA MARÍA, cinco ejemplos –*Domingo de Santa María* (El Sagrario 13-29v, 15/12/1578), *Gregorio de Santa María* (El Salvador 3-90, 15/12/1544), *Juan de Santa María* (S. Isidoro 0-25, 14/9/1551; El Sagrario 12-98v, 2/2/1577), *Melchora de Santa María* (S. Vicente 1-157v, 3/9/1534): 'Concepción de Nuestra Señora' (8 de diciembre) o 'La Natividad de Nuestra Señora' (8 de septiembre)[454].

SANTIAGO, doce ejemplos –*Ana de Santiago* (S. Nicolás 1-2, 6/8/1536; El Sagrario 16-4, 17/8/1586; S. Esteban 2-104, 18/11/1596), *Catalina de Santiago* (Sta. Ana 1-435, 6/8/1531; S. Ildefonso 5-5, 24/7/1565; El Sagrario 8-168v, 25/7/1568), *Felipa de Santiago* (S. Miguel 1-140, 11/5/1550; El Salvador 10-221, 9/5/1593; El Salvador 10-264, 8/5/1594), *Felipe de Santiago* (El Salvador 10-221, 9/5/1593), *Francisco de Santiago* (Sta. Ana 2-78v, 31/7/1536), *Juan de Santiago* (El Salvador 3-38v,

---

454. Quizá el nombre *Santa María* pudiera incluirse en el apartado 11.1 (como una advocación mariana más).

9/8/1542): 'Jacobo el Mayor, apóstol' (25 de julio) o 'Jacobo el Menor, apóstol' (1 de mayo).

SANTO AGUSTÍN, un ejemplo –*Juan de Santo Agustín* (El Sagrario 19-118v, 5/6/1594): 'Agustín, obispo, Padre de la Iglesia, confesor' (28 de agosto).

SANTO DOMINGO, dos ejemplos –*Gaspar Alonso de Santo Domingo*[455] (El Sagrario 2-174v, 8/8/1538), *Juan de Santo Domingo* (Sta. María la Blanca 1-57, 19/9/1536). 'Domingo, fundador del orden de los predicadores' (4 de agosto).

11.3. Análisis de los datos

11.3.1. La frecuencia de los nombres compuestos con *de*

Hasta el siglo XVI, los nombres solían ser simples no solo entre los cristianos –tanto católicos como protestantes– sino también entre los judíos (Billy 2014: 56). En los países hispánicos como España o México, los nombres compuestos todavía eran raros entonces, pero desde el Siglo de Oro comenzaron a incrementar su frecuencia (Boyd-Bowman 1970: 15-16; Castro 2014: 51).

En los libros de bautismo sevillanos del siglo XVI se ha registrado un total de 476 nombres compuestos –documentados en 1311 partidas bautismales. La mayoría de ellos –423 nombres repartidos en 1073 partidas bautismales– son nombres dobles (por ejemplo, *Ana María*, *Juan Francisco*) en tanto que solo 30 son nombres compuestos que presentan la preposición *de*. Dichos nombres se documentan en 115 partidas distintas, 73 con una advocación mariana (o similar) y 42 con un hagiónimo: los sintagmas más frecuentes son *los Santos* y *Santiago* (12 ejemplos cada uno), *la O* y *los Reyes* (10 ejemplos cada uno), *la Cruz* (9 ejemplos), *los Ángeles* (8 ejemplos), *Jesús* (7 ejemplos) y *Santa Ana* y *Santa María* (6 ejemplos cada uno).

Estos sintagmas se adjuntan tanto a nombres masculinos como a nombres femeninos, si bien son más numerosos en estos últimos: de los 115 ejemplos, 76 (es decir, el 66,1%) son femeninos y solo 39 masculinos (33,9%). El nombre más frecuente de todos es *María* (33 ejemplos; 28,6%) mientras que *Juan* es el segundo con 17 ejemplos. Debe notarse al respecto que, de acuerdo con los datos totales extraídos de los libros sacramentales sevillanos, alrededor del 25% de los neófitos bautizados entonces recibían los nombres simples de *María* y de *Juan*. Además, *María* aparece exclusivamente con *la O* y *la Concepción*, nombres marianos que se cuentan entre los analizados por Menéndez Pidal y Boyd-Bowman (cf. Introducción).

---

455. En este ejemplo el sintagma se adjunta a un «nombre doble», algo inusual en el corpus analizado.

11.3.2. La influencia del santoral en la elección de los nombres compuestos con *de*

La influencia del calendario litúrgico en los nombres compuestos estudiados es sin ninguna duda su característica principal. Los datos obtenidos del corpus son bastante relevantes: efectivamente, 84 de los 115 ejemplos –esto es, el 73% del total de casos[456]– están relacionados con neófitos que fueron bautizados en vísperas de la celebración (o muy pocos días antes), el mismo día de la fiesta, o entre una y dos semanas después (cf. apartados 11.1 y 11.2, donde han quedado anotadas las fechas de bautizo). La última posibilidad es, con mucho, la más frecuente en el corpus investigado, tal vez porque fuera el período de cuarentena que, de media, se guardaba en Sevilla antes de llevar al recién nacido al templo.

El predominio indicado destaca aún más entre los nombres de mayor frecuencia, de manera que la totalidad de los ejemplos de *los Santos* corresponde a bautizados en torno al día de Todos los Santos y todas las niñas llamadas *María de la O* recibieron el sacramento alrededor de la fiesta de la 'Expectación de Nuestra Señora'. Los bautizos con nombres complementados por *los Reyes* están fechados los días 6, 11, 12, 18, 20 y 21 de enero, así que solo *Gaspar de los Reyes* fue cristianado en un mes diferente de todos los demás (9/9/1539)[457]. Cabe señalar que la mayoría de los ejemplos con *los Reyes* presentan el nombre de uno de los reyes magos (*Baltasar, Gaspar* y *Melchor-Melchora*), lo que refuerza todavía más la relación con dicha festividad.

Como ya se ha dicho, algunas fiestas no cuentan con una fecha fija en el calendario de la Iglesia, caso del Domingo de Ramos, Pentecostés o la Santísima Trinidad. No obstante, *Gaspar de los Ramos* y *Juan Ramos* se bautizaron en abril (18/4/1541 y 3/4/1553, respectivamente), y *Ana de Espíritu Santo, Melchor de la Trinidad* y *María de la Trinidad* (S. Román 3-130) en junio. Por esta razón, tales ejemplos también se considerarían válidos al respecto.

En lo relativo a los nombres de santos, interesa subrayar que *Santa María* y *Santiago* –dos de los más frecuentes por cierto (4/6 y 11/12 ejemplos)– podrían depender de dos fechas distintas. En efecto, *Santa María* se refiere tanto a la fiesta de la 'Concepción de Nuestra Señora' como a la de la 'Natividad de Nuestra Señora' y *Santiago* tanto a 'Santiago el Mayor' como a 'Santiago el Menor'.

Entre los ejemplos no determinados por el santo del día, hay cuatro en los que el nombre del neófito coincide con el nombre del templo (o parroquia) de Sevilla

---

456. Este porcentaje alcanzaría sin duda un índice más alto si no se hubiera tenido en cuenta el nombre *Jesús*, puesto que es de los más repetidos y carece de una fecha de celebración. Los bautismos que lo mencionan están fechados en diferentes meses del año (enero, febrero, junio, agosto, septiembre y octubre).

457. Y *Santiago* 11 de 12, *los Ángeles* 5 de 8, *la Cruz* 4 de 9, etc.

en el que el sacramento fue administrado, a saber, *Fernando de San Pedro, Elvira de San Vicente, Juan de Santa Ana* (Sta. Ana 1-65) y *Leonor de Santa Ana*. Al menos dos de ellos, *Elvira de San Vicente* y *Juan de Santa Ana*, fueron niños abandonados y acogidos en dicha parroquia.

11.3.3. Aspectos sociales y económicos de los nombres compuestos con *de*

Si se tomara en consideración la información socioeconómica de las partidas bautismales analizadas, podría observarse con bastante claridad que los sectores más desfavorecidos de la Sevilla del Quinientos –esto es, los niños abandonados y los esclavos– preferían los nombres compuestos con *de*. Dicho de otra manera, se registran escasos ejemplos de miembros de las clases altas con los nombres estudiados en el presente trabajo.

Los niños abandonados aparecen denominados en los libros de bautismo del siglo XVI como «hijo (hija) de la Iglesia» y como «hijo (hija) de Dios y de Santa María (o de Nuestra Señora)». Se han encontrado catorce ejemplos en el corpus investigado: en orden alfabético, *Ana de Jesús*[458], *Ana de Santiago* (S. Esteban 2-104), *Catalina de Santiago* (S. Ildefonso 5-5), *Elvira de las Nieves, Elvira de San Vicente, Jacinto de los Reyes, Juan de la Cruz* (S. Vicente 1-167), *Juan de Santo Domingo, Juana de San Pedro, María de la Concepción* (El Sagrario 13-30), *María de los Santos* (S. Isidoro 0-89v), *María de la Trinidad* (ambos ejemplos) y *Melchora de los Reyes* (Sta. Marina 1-201). *Guillermo de los Santos* –«no dixeron quién eran sus padres»–, *Juan de Santa Ana* (Sta. Ana 1-65) –quien figura como «un echadillo»– y *Luis de los Santos* –«hijo de Isabel García y de Dios»– pudieran asimismo incluirse en dicho grupo.

Son anotados como esclavos (o criados) e hijos de esclavos *Catalina de Santiago* (El Sagrario 8-168v), *Domingo de Santa María, Fernando de los Ángeles*[459], *Isabel de los Ángeles, Juan de la Cruz* (S. Vicente 1-95v), *Juan de Santa Ana* (S. Vicente 1-56), *Juan de Santa Ana* (S. Isidoro 0-122v), *Juan de Santa María* (El Sagrario 12-98v) –«esclavo de don Remón, de la galera porfiada»–, *Juan de Santo Agustín* –«adulto, moro de nación, de edad de setenta años»–, *Juana de los Santos* (S. Bartolomé 2-58) –«berberisca esclava»–, *Juana de los Santos* (Sta. Ana 1-256v) –«criadita»–, *Magdalena de la Cruz, María de la Cruz* (La Magdalena 4-71), *María de la O* (S. Miguel 1-118v), *María de San Roque* y *Mariana de Jesús* –«negra».

Así pues, 33 ejemplos –17 niños abandonados y 16 esclavos– de los nombres compuestos considerados, es decir, el 28,7 %, pertenecen a las clases bajas. Por el contrario, solo tres niñas se adscribían a la clase socioeconómica alta: *Ana de Espíritu*

---

458. «La cual tomó Antón de Salamanca y su mujer por amor de Dios para criarlla».
459. Su propietario se llamaba también *Fernando*.

Santo –hija de Luis de Hortiz y de «*doña* Bernardina Montesdoca», ahijada de «Gaspar de León, escribano público de Sevilla»–, *Catalina de San Francisco* –hija de Pedro Juan de Ribera y de «*doña* Beatriz de Gallegos», ahijada del «capitán Francisco Ramírez de Guzmán y doña Catalina de Reinosa»– y *Francisca de San Juan* –hija de Pedro Navarro Villena y de «*doña* Francisca de Salazar», ahijada de «Antonio de Padilla, presbítero capellán de San Andrés».

Finalmente, aunque no pueda saberse si también pertenecían a la clase alta, pues no consta explícitamente en la documentación, es interesante la preferencia que, en particular, dos matrimonios muestran por los nombres compuestos con *de*: en la década de 1540, el mercader «Juan de Jerez» y «Mencía de Mecirgilio» (o «Miçargilio») bautizaron a tres de sus hijos como *Gregorio de Santa María*, *Juan de Santiago* y *María de Nieves*; en la última década del siglo XVI, el herrero «Juan de Nieva» e «Isabel Adame» reprodujeron el patrón: ellos son los padres de *María de San José* y de *Felipe de Santiago*.

Conclusión

Con la finalidad de responder a la difícil (y antiquísima) pregunta sobre el significado de los nombres propios –¿son los nombres propios una etiqueta identificativa o tienen tanto significado conceptual o ideológico como el nombre común?–, Morera y Pérez Vigaray sostienen que hay que aceptar no solo el «significado en su sentido abstracto o general», sino también cuatro niveles de significado idiomático (primario, categórico, morfológico y sintáctico). Aparte de estos niveles –afirman dichos autores– existen «sentidos que dependen [...] de factores contextuales más o menos diversos», entre los cuales se encuentra la «connotación de prestigio», es decir, una «información ideológica» tan importante que «la preferencia de las personas por determinados nombres» (Morera y Pérez Vigaray 2018: 12-13, 19)[460].

En relación con esta opinión, el presente trabajo –basado en el análisis de todos los libros de registro de bautismo de Sevilla anteriores a 1600– ha pretendido demostrar la influencia ejercida por el santoral en los nombres de pila compuestos del siglo XVI. Al estar vinculado a este fenómeno, también se ha estudiado cómo se distribuía socialmente este tipo de nombres. Además, el contexto histórico del corpus investigado procede de una ciudad con una población variada por su condición de foco de atracción en la época. Una hipótesis plausible es que estas «circunstancias» –*sensu stricto*– debieron reflejarse en la onomástica personal.

---

460. Sobre el mismo tema, véase además Bahr y Hernández Arocha (2018).

Capítulo 12

El nombre de pila doble en el siglo XVI: la aportación de los libros de bautismo sevillanos*

Introducción

Según la opinión más extendida, durante el siglo XVI aún escaseaban en España los nombres de bautismo dobles[461], de hecho, los españoles de la época «se contentaban casi siempre con un solo nombre de pila» (Boyd-Bowman 1970: 12)[462]. Suele admitirse también que estos antropónimos estaban adscritos, al menos en principio, a las capas altas de la sociedad, no en vano «cuando aparecen se relacionan frecuentemente con personas de cierto estatus, de tal manera que […] se convierten en un elemento distintivo de clase» (Sánchez Rubio y Testón Núñez 2012: 107). Ambas ideas –la escasez de nombres dobles en el Quinientos y la predilección que por ellos parecen mostrar las clases sociales privilegiadas– son fáciles de rastrear tanto en obras de una perspectiva amplia, caso de Becker (2018: 19), como

---

* Publicado en *Folia onomastica Croatica*, 30, 2021, 103-132 [ISSN 1330-0695].

461. Si bien la mayoría de los autores habla de *nombre compuesto* –así lo manifiestan los citados a continuación–, aquí se ha preferido emplear *nombre doble* en referencia al antropónimo formado a partir de la combinación de dos nombres de pila diferentes (por ejemplo, *Juan Antonio* o *Ana María*). Entre los títulos más recientes se percibe cierta diversidad terminológica: García Gallarín (2017a: 419; 2017b: 104) engloba bajo la etiqueta de *nombre múltiple* los nombres formados con antropónimos muy frecuentes mediante construcciones aposicionales (esto es, los denominados nombres dobles en este trabajo), pero también aquellos que constan de nombre de pila + *de* + sintagma (por ejemplo, *Juan de los Santos* o *María de la O*). Castro (2014: 30-34), por su parte, emplea indistintamente *nombre compuesto* y *nombre múltiple*.

462. Para reiterar unas páginas después que «los españoles y criollos se contentan con bautizar a sus hijos con un solo nombre» (Boyd-Bowman 1970: 16). En su estudio sobre el nombre de pila en Tudela (Navarra), Castro también comprueba que «casi sin excepción los nombres registrados en esta primera etapa [de 1540 a 1590] son nombres simples» (Castro 2014: 51). Esta predilección por el nombre simple sería general, no exclusiva de España, ni tan siquiera del catolicismo (Billy 2014: 56).

en monografías que se circunscriben a la antroponimia de algún área de la península ibérica[463]: así, en Extremadura «no aparece ningún nombre compuesto, salvo a finales de siglo [XVI]» (Ariza 2008a: 105) y «entre nobles» (Ariza 2008b: 120)[464]; en Navarra, por su parte, «hasta el siglo XVIII, los nombres compuestos son infrecuentes, y se dan sobre todo entre la nobleza, mientras que el campesinado asigna uno único» (Zabalza 2003: 255); por último, en Galicia los ejemplos más antiguos datan de 1566 y, aunque algunos de sus portadores figuran en la documentación como pobres, el fenómeno de los nombres dobles debió de iniciarse en «las clases más influyentes» (Boullón 2017: 87-88).

«La popularización de nombres múltiples» –término que equivale aquí, como ya se ha indicado, a nombres dobles– es, de acuerdo con García Gallarín (2009: 77), uno de los «factores internos» del cambio antroponímico sucedido en el *español medio* (período historicolingüístico comprendido entre los años 1450 y 1650). Los nombres dobles se convirtieron entonces en un «recurso óptimo para identificar a las personas, además de producir nombres más sonoros» (García Gallarín 2009: 82). La creación de dichas combinaciones habría perseguido minimizar el efecto de la *homonimia*, puesto que «la fórmula cumplía una función desambiguadora fundamental en la identificación del individuo y en la construcción de la identidad» (García Gallarín 2017a: 424), pese a que muchos de ellos estaban integrados por *Juan* o *María*, los nombres por excelencia de los hombres y las mujeres de la época (García Gallarín 2017a: 421).

En relación con la Contrarreforma, Castro (2014) ha vinculado la innovación onomástica mencionada con la tendencia a incluir en estos nombres «el correspondiente al santo conmemorado por la Iglesia el día del bautizo o nacimiento» (Castro 2014: 34)[465], en un intento de contrarrestar la costumbre de elegir el nombre del neófito de entre los portados por los progenitores o los familiares próximos, rasgo que había caracterizado al «sistema antroponímico tradicional».

Se da la circunstancia de que los corpus empleados tanto por García Gallarín como por Castro en sus respectivos trabajos los conforman libros sacramentales. Afirma Castro (2018: 36) al respecto que «la documentación más precisa en materia de nombre personal es, en España, la conservada en los registros parroquiales y en concreto en los libros de bautismo», opinión que coincide con la del estudio

---

463. Con la excepción de Cataluña donde, según Bastardas (2017: 48-50), un número considerable de niños expósitos ya portaban en el siglo XV un «prénom composé». Castellvell (2017: 212-213) llega a esta misma conclusión.

464. Desde la segunda mitad del siglo XVII «comienzan a ser más abundantes» también entre los esclavos de la zona (Periáñez 2010: 226). Sobre la onomástica de Extremadura en el siglo XVI, cf. Ballesteros (2004).

465. Según Egido (1984: 216), el santo se encargaría de velar por el niño como un *abogado* (en el sentido que el término adquirió desde el Humanismo).

pionero de Menéndez Pidal (1965), quien se había basado en los datos de los libros de cuatro parroquias, dos sevillanas –Santa Ana y San Vicente, desde el año 1600– y dos madrileñas –San Ginés, desde 1522, y San Sebastián, desde 1593–, para investigar la onomástica «inspirada en el culto mariánico»[466]. Aun así, don Ramón hubo de reconocer que «para juzgar la importancia de los bautizos aquí registrados, […] es preciso añadir el de muchas otras parroquias de ambas ciudades para que nos imaginemos el total» (Menéndez Pidal 1965: 13). Y si bien los sucesivos trabajos de García Gallarín sobre la parroquia de San Sebastián –sobre todo, García Gallarín (2009, 2017a y 2017b)– han conseguido ampliar el conocimiento de la antroponimia moderna de Madrid, no puede decirse lo mismo de la de Sevilla, que carece aún de un estudio análogo. La realización de tal investigación acaso aclararía las condiciones en que se desarrolló el nombre de pila doble en una ciudad tan relevante en los albores de la Edad Moderna[467], algo a lo que sin duda contribuiría el extraordinario fondo archivístico de las parroquias sevillanas anterior a 1600, el año que tomó como *terminus a quo* Menéndez Pidal (1965)[468].

12.1. El nombre doble en los libros sevillanos de bautismo (siglo XVI). Aspectos generales

El examen de todos los libros sacramentales de bautismo del siglo XVI conservados hasta la actualidad en los archivos parroquiales de Sevilla[469], ha arrojado un total de 423 nombres de pila dobles distintos, distribuidos en 1073 partidas bautismales[470]. Este artículo presenta los resultados del análisis llevado a cabo a

---

466. A partir del siglo XVI, como es bien sabido, fue muy notable la influencia ejercida por las advocaciones marianas en la onomástica personal. Previamente se habían aplicado a la toponimia, a los nombres de los navíos y a la antroponimia de los miembros de las órdenes religiosas, quienes al profesar adoptaban sobrenombres como *Antonius a Nativitate* o *Isabel de la Concepción*. Cf., aparte de Menéndez Pidal (1965), García Gallarín (2009: 99; 2017b: 104) y Castro (2014: 30; 2018: 34-36).

467. Debe recordarse la importancia económica y comercial de Sevilla en la época, «Roma triunfante en ánimo y grandeza» a decir de Miguel de Cervantes en un conocido soneto contemporáneo. Cf., por ejemplo, Domínguez Ortiz (1946), Morales Padrón (1989) o Núñez Roldán (2004).

468. El presente estudio abarca, en concreto, hasta el 27 de marzo de 1600, por finalizar en ese día el último de los libros analizados de la parroquia de El Sagrario de la Santa Iglesia Catedral de Sevilla. Sobre el corpus de investigación de este trabajo, cf. la nota nº 340.

469. Aunque algunos de estos fondos se hayan agrupado en los últimos años o se consulten en emplazamientos distintos de los originarios, se mantiene en este trabajo el listado de archivos parroquiales tradicional, tal y como consta en el catálogo de Morales Padrón (1982). Cf. nota al pie nº 340. Los casos considerados aquí se citarán de la misma manera que en dicha nota se indica.

470. Las partidas constan de la fecha, así como de las identidades del cura y de los padres (salvo que se tratara de un niño abandonado) y padrinos del bautizado. El nombre de este, objeto fundamental del estudio, se presenta aquí despojado de la diversidad formal de la época: en vez de recoger todas

esta clase de antropónimos[471], para lo que se ha atendido, de manera fundamental, a su frecuencia de aparición (cf. 12.2) y a los factores externos –sociales, culturales e históricos– que habrían condicionado su imposición (cf. 12.3). La frecuencia de los nombres dobles extraídos del corpus ha sido estudiada, a su vez, desde tres puntos de vista complementarios: en primer lugar, considerando los casos registrados como unidades indisociables (cf. 12.2.1); en segundo lugar, aislando los antropónimos que integran las formaciones onomásticas resultantes (cf. 12.2.2) y, por último, analizando su difusión con una perspectiva diacrónica (cf. 12.2.3). En cuanto a las posibles razones que explicarían la preferencia por cierto nombre doble, se han discernido asimismo tres factores: en primer lugar, la coincidencia con el nombre de al menos uno de los progenitores (o de los padrinos) (cf. 12.3.1); en segundo lugar, la influencia del santoral (cf. 12.3.2)[472] y, por último, la adscripción a algún sector socioeconómico de dichos nombres (cf. 12.3.3)[473]. Los datos obtenidos podrían ser válidos para el contraste con los de estudios realizados en otras zonas de la península, si bien es verdad que, según se desprende de la bibliografía, no abundan hasta la fecha los trabajos dedicados al nombre de pila español del siglo XVI.

---

las variantes registradas de los nombres, se ha optado por una única forma, que suele ser la más frecuente en la documentación, con mayúscula inicial y, si procede, tilde, de acuerdo con las reglas de ortografía actuales.

471. En la que no están incluidos *Francisca de Paula / Francisco de Paula, Juan Bautista / Juana Bautista, Juan Crisóstomo, Marcos Evangelista, María Egipciaca, María Magdalena, Nicolás de Tolentino* y *Tomás de Aquino*, nombres que constan de dos elementos denominativos (cuatro de ellos, además, de la preposición *de*) pero porque remiten a un santo epónimo así llamado. Por esta razón, pese a su apariencia de dobles, podrían considerarse en puridad nombres simples (Castro 2014: 49). Tampoco se han contado los nombres complejos del tipo de *María de la Concepción, María de la Encarnación, Juan de los Santos, Melchor de los Reyes*… Muy abundantes en los libros sevillanos, estaban claramente determinados por el calendario litúrgico: 8 de diciembre («Concepción de Nuestra Señora»), 25 de marzo («La Anunciación de Nuestra Señora»), 1 de noviembre («Todos los Santos») y 6 de enero («Epifanía»), respectivamente.

472. Son muy útiles las referencias tomadas de obras contemporáneas a los libros investigados como *Flos Sanctorum* de Alonso de Villegas y *Santos de la ciudad de Sevilla y su arzobispado* de Antonio de Quintanadueñas. Por centrarse en el santoral sevillano, cf. Rubio Merino (2002) y Martín Riego (2004).

473. A tal efecto son pertinentes las fórmulas que aparecen en las partidas ante las identidades de los progenitores, como por ejemplo *don / doña, el (ilustre) señor / la señora, el doctor, el licenciado, el capitán, el almirante* o *el jurado*. Solo de manera ocasional se incluyen referencias a sus títulos nobiliarios (por ejemplo, *condes de Niebla*) o a sus cargos en la administración (por ejemplo, *alguacil mayor de Sevilla*). Las partidas también son exhaustivas en cuanto a las anotaciones de niños abandonados, esclavos o moriscos. Los registros que no presentan indicación de ningún tipo, que son la mayoría, se han considerado como de personas «no marcadas» desde el punto de vista social.

12.2. La frecuencia del nombre doble en los libros sevillanos de bautismo

12.2.1. Frecuencia de los nombres dobles considerados como unidades indisolubles

Los libros investigados contienen 423 nombres dobles, 271 masculinos y 152 femeninos en 574 partidas de varones y 499 partidas de mujeres, respectivamente. Ahora bien, algo más de las tres cuartas partes de estos nombres –205 masculinos (75,6%) y 118 femeninos (77,6%)– cuenta con un único testimonio en el período analizado. De entre los demás destacan, sobre todo, *Ana María* con 174 ejemplos y *María Ana* con 84[474], así como *Juan Francisco* (52 ejemplos), *Juan Antonio* (35) y *Miguel Jerónimo* (34). En un segundo nivel, mucho más acentuado en las mujeres que en los hombres dadas las diferencias cuantitativas, se encuentran *Diego Felipe* (24), *Juan Luis* (21) y *Juana María* (18). Estos primeros datos reflejan, de entrada, la menor variedad de la antroponimia femenina: aparte de disponer de un número inferior de nombres dobles –119 menos que los hombres para apenas 75 bautizadas menos–, más de la mitad –258 de 499– comparte los nombres de *Ana* y *María*, ya sea como *Ana María* o como *María Ana*. Tampoco extraña este predominio si se consideran los puestos que ocupaban en los índices de frecuencia como nombres simples, algo que puede extrapolarse a los nombres masculinos: *María, Ana* para las mujeres, *Juan, Francisco* para los hombres, son los cuatro nombres más impuestos durante el período estudiado en Sevilla[475].

En torno a la decena de testimonios se encuentran *Pedro Pablo* (14), *Juan Alonso* (11), *Isabel María* y *Justa Rufina* (10 cada uno), *Leonor María* (9), y *Francisco Antonio*, *Marco Antonio* y *Ana Francisca* (8 cada uno); por debajo de todos estos nombres, con siete ejemplos cada uno, están *Juan Agustín*, *Juan Jacinto* y *Pedro Juan*, y *Clara María* con seis. Un rasgo en común de este grupo con el de los nombres más frecuentes reside en la aparición de *Alonso, Antonio, Francisco / Francisca*, *Isabel, Pedro* o, sobre todo, *Juan* y *María*, que son, como ya se ha subrayado, de los más repetidos como nombres simples en Sevilla durante el siglo XVI.

---

474. Número en que no están incluidos los casos en que no ha quedado claro si se trataba de *María Ana* o de *Mariana*.

475. Al no disponer aún del recuento de los nombres simples de todas las parroquias sevillanas, se ha optado por considerar el realizado a los de la principal, la del Sagrario de la Catedral, a partir fundamentalmente del Índice de los baptismos administrados en el Sagrario de la Santa Metropolitana Iglesia de Sevilla del «confesor y capellán» Manuel Merino de Heredia, en el que se registraron los bautizos de 17.830 varones y 16.322 mujeres entre el 1 de enero de 1515 y el 27 de marzo de 1600. Los nombres más frecuentes son *Juan* (4210 ejemplos), *Francisco* (1931), *Pedro* (1419), *Diego* (1141), *Antonio* (730) y *Alonso* (722), y *María* (4046), *Ana* (1701), *Isabel* (1562), *Francisca* (1446), *Juana* (1444) y *Catalina* (1181). Para los datos de la onomástica femenina de El Sagrario, cf. Velázquez Acuña (2018).

El grupo de los nombres dobles que presentan entre tres y cinco ejemplos está integrado, en orden alfabético, por *Beatriz María, Cosme Damián, Diego Antonio, Diego Jacinto, Diego Luis, Inés Juana, Inés María, Juan Andrés, Juan Cristóval, Juan Felipe, Juan Jerónimo, Juan Lorenço, Juan Marcos, Juan Pablos, Juan Pedro, Juan Salvador, Juana Francisca, Leonor Ana, Luis Antonio, Luis Jacinto, Luis Jerónimo, Luisa Ana, María Andrea, María Clemencia, Miguel Francisco, Pedro Agustín, Pedro José* y *Pedro Luis*. Los nombres con dos apariciones son 52 (34 masculinos y 18 femeninos) y, como ya se ha dicho, los ejemplos únicos, 323 (205 masculinos y 118 femeninos)[476].

12.2.2. Frecuencia y posición en los nombres dobles de los antropónimos integrantes

La frecuencia de los nombres dobles entendidos como unidades indisociables debe complementarse con la de los antropónimos considerados de manera aislada. El estudio desde este punto de vista persigue determinar en cuántos nombres dobles intervienen dichos elementos y si lo hacen como nombre primero o como nombre segundo en la formación onomástica resultante. Las tablas nº 1 y 2 resumen los datos distinguiendo nombres masculinos y nombres femeninos:

Tabla nº 1. Nombres masculinos[477]

Nombre	Antepuesto	Pospuesto	Total
Juan	48	5	53
Francisco	22	16	38
Luis	19	12	31
Antonio	12	15	27
Pedro	25	2	27
Jerónimo	5	15	20
Diego	16	1	17
Alonso	6	8	14
Jacinto	1	11	12

---

476. Todos estos ejemplos se recogen, por orden alfabético, en el Anexo.
477. Por encima de nueve ejemplos.

Nombre	Antepuesto	Pospuesto	Total
José	4	8	12
Cristóval	6	5	11
Miguel	7	4	11
Agustín	3	7	10
Gaspar	9	1	10

La tabla nº 1 revela que también desde esta perspectiva la frecuencia de *Juan* es elevadísima[478]. En efecto, los nombres con *Juan* no solo figuran entre los más repetidos (como ya se ha visto, *Juan Francisco, Juan Antonio* y *Juan Luis*) sino que además dicho antropónimo participa en un mayor número de nombres dobles, sobre todo como nombre primero. Sumadas todas sus apariciones, *Francisco* es asimismo el segundo más frecuente si bien es cierto que su participación en los nombres dobles es más equilibrada que la de *Juan* (22 como nombre primero, 16 como nombre segundo), algo similar a lo que ocurre con *Luis* y *Antonio*, los siguientes en la tabla.

Si además de considerar los números totales, se observa su distribución en la primera o la segunda posición del nombre doble resultante, pueden distinguirse tres series diferentes: antropónimos que se dan de manera similar en ambos puestos (además de los mencionados *Francisco, Luis* y *Antonio,* es el caso de *Alonso* y *Cristóval*); antropónimos predominantes como nombre primero (al caso de *Juan* siguen *Pedro, Diego, Miguel* y *Gaspar*); y antropónimos que aparecen preferentemente como nombre segundo (*Jerónimo, Jacinto, José* y *Agustín*).

Tabla nº 2. Nombres femeninos[479]

Nombre	Antepuesto	Pospuesto	Total
María	14	18	32
Ana	18	8	26
Juana	13	7	20

---

478. La coincidencia, en cuanto a su frecuencia, de los nombres simples y de los antropónimos que integran los nombres dobles, ya fue señalada hace años por Ansón, quien en su corpus comprobó cómo «entre los nombres compuestos aparecen siempre en segundo lugar aquellos que eran también los predominantes entre los nombres únicos» (Ansón 1977: 76). Cf., además, García Gallarín (2017a: 421).

479. Por encima de cinco ejemplos.

Nombre	Antepuesto	Pospuesto	Total
Luisa	14	6	20
Francisca	12	7	19
Antonia	6	4	10
Isabel	10	0	10
Jacinta	0	8	8
Andrea	2	5	7
Clara	5	2	7
Inés	6	0	6
Catalina	6	0	6
Jerónima	1	5	6
Leonor	6	0	6

Entre los nombres femeninos más empleados se encuentran, tal y como refleja la tabla nº 2, también los de mayor frecuencia como nombres simples y, al igual que *Juan* entre los nombres masculinos, *María* integra mayor cantidad de nombres dobles femeninos pero con una diferencia respecto de *Ana*, el segundo en frecuencia total, mucho menor. Es más, *Ana* supera a *María* en su aparición como nombre primero. La distribución, como nombre primero y como nombre segundo, de *María* es, en cualquier caso, más equilibrada que la de *Juan*.

De la misma manera que se ha hecho en los nombres masculinos, pueden establecerse tres grupos según la aparición en primera o segunda posición del nombre doble: antropónimos que se dan de manera similar en los dos puestos (además de *María*, *Antonia*); antropónimos empleados sobre todo en la primera posición (*Ana, Juana, Luisa, Francisca* y *Clara*, muy evidente la preferencia en *Isabel, Inés, Catalina* y *Leonor*, que no presentan ejemplo alguno como nombre segundo); y antropónimos de segunda posición (*Andrea, Jacinta, Jerónima*)[480].

12.2.3. La evolución histórica de los nombres dobles

La tabla nº 3 recoge la distribución de los ejemplos de nombres dobles extraídos del corpus a lo largo de las décadas del siglo estudiado:

---

480. Estos dos últimos nombres se comportan, pues, como sus correspondientes masculinos.

Tabla nº 3

Décadas	1501-1510	1511-1520	1521-1530	1531-1540	1541-1550	1551-1560	1561-1570	1571-1580	1581-1590	1591-1600
Masculinos	Ø	5	8	52	48	49	38	68	110	196
Femeninos	Ø	Ø	1	7	17	18	42	70	120	223

Según los datos ahí reflejados, no diverge en lo fundamental la evolución de los nombres dobles masculinos y los nombres dobles femeninos: a partir de unos números exiguos en los tres o cuatro primeros decenios del XVI[481], los casos se incrementaron progresivamente hasta alcanzar en el último lustro del siglo los índices de frecuencia más elevados.

Un análisis ulterior revela no obstante diferencias interesantes entre los dos sexos. Por un lado, el nombre doble masculino apareció antes que el femenino: el año del primer testimonio es 1515 en un caso –Pedro Pablo– y 1523 en el otro –Juana Felipa, por lo demás único nombre doble femenino de los años veinte. El incremento inicial de los nombres masculinos parece asimismo más acusado que el de los femeninos, aún poco claro en los primeros años: el contraste de las décadas de los veinte y de los treinta revela en los nombres masculinos un crecimiento desde ocho a 52 ejemplos y en los femeninos desde uno a siete, concentrados además en tres años –1531, 1535 y 1539. Y si durante las dos décadas siguientes los nombres masculinos se mantuvieron en unos números muy similares, pero bastante superiores a los de los nombres femeninos (48 y 49 hombres frente a 17 y 18 mujeres), a este predominio siguió una caída de la que ya no se recuperaron (con el descenso de 49 a 38 ejemplos), mientras que desde 1561, por el contrario, los femeninos fueron década a década los más abundantes.

La falta de años sin testimonios hasta finales del Quinientos confirma el citado crecimiento[482], a lo que también contribuyó la progresión por décadas de los nombres dobles femeninos: el incremento entre la séptima década y la octava es del 40 %, entre la octava y la novena es del 42 %, entre la novena y la décima es del 46 %. El aumento de los nombres dobles masculinos es parejo, pero ligeramente

---

481. Lo que también puede estar condicionado por el menor número de partidas de bautismo de la primera mitad del siglo conservadas.

482. El último año en blanco de nombres dobles masculinos fue 1531, en contraste con la década anterior, cuando varios años no presentaron inscripciones de estos nombres (1522, 1523, 1525, 1526, 1529 y 1530). Los nombres femeninos, por su parte, presentan sendos años en blanco todavía en 1541 y 1557.

menor en los últimos dos decenios: el incremento entre la séptima década y la octava es del 44%, entre la octava y la novena es solo del 38%, entre la novena y la décima vuelve a ser del 44%.

La comparación de los bautizos por año también ilustra la línea ascendente del nombre doble, en especial del femenino: entre 1561 y 1570 solo dos veces –1561 con seis y 1567 con siete– se superaron los cinco bautizos, mientras que todos los años entre 1571 y 1580 salvo uno –1572 con tres– se alcanzó esa cantidad e incluso se duplicó –en 1575, 1578 y 1579 se impusieron diez de estos nombres–, algo normal en la mayoría de los años ochenta, en que se superaron los diez bautizos por año –1582 (11), 1583 (15), 1584 (14), 1585 (18), 1586 (13), 1589 (18), 1590 (11). La última década, en especial en su segundo lustro, registra los índices más altos de bautizo por año: 1591 (11), 1592 (17), 1593 (17), 1594 (27), 1595 (24), 1596 (24), 1597 (34), 1598 (25) y 1599 (37)[483].

En cuanto al nombre doble masculino, la década de los sesenta, como ya se ha visto, rompe la tendencia al alza y, en efecto, solo dos años superaron los cinco bautizos –1570 (6) y 1567 (7)[484]. Los setenta fueron muy similares en ambos sexos: solo el año 1578 alcanzó los diez bautizos[485], cantidad que aparece superada en la siguiente década salvo en tres años –1589 (8) y 1581 y 1588 (9). Este predominio se consolidó entre 1591 y 1599[486]: con la excepción de 1593 (11), en todos esos años se celebraron más de quince bautizos y, desde 1595, más de veinte[487].

Pero el nombre doble que, habida cuenta su altísima frecuencia, reflejaría mejor la evolución histórica de estos antropónimos en el XVI es *Ana María*. El análisis, según la fecha de bautismo, de sus 174 ejemplos permite comprobar el vertiginoso ritmo que experimentó dicho nombre en el tramo final del siglo estudiado, puesto que con la excepción de «doña Ana María» –la hija de «los muy ilustres señores don Juan Claros y doña Leonor Manrique Sotomayor, condes de Niebla» (San Pedro 1-167), bautizada el 31 de enero de 1545–, todas las mujeres así nombradas en Sevilla se testimonian a partir de enero de 1561, con la siguiente distribución por décadas:

---

483. El año 1600, como ya se ha dicho, se ha analizado solo hasta el 27 de marzo, de ahí que el número de bautizos sea de ocho masculinos y siete femeninos.

484. Hasta tres años –1561, 1564 y 1566– registran solo dos bautizos y otros dos años más –1562 y 1568– se quedaron en tres. En 1565 se alcanzaron los cinco.

485. Cuatro años de esa década –1573, 1575, 1576 y 1580– registran ocho bautizos y solo uno –1579– registra nueve.

486. Crecimiento que se anuncia en 1590, con 16 bautizos.

487. La serie completa es 1591 (16), 1592 (21), 1593 (11), 1594 (15), 1595 (20), 1596 (23), 1597 (27), 1598 (24) y, sobre todos ellos, 1599 (31).

Tabla nº 4

Período de tiempo	Número de casos
9/1/1561-20/2/1570	8
18/9/1573-17/12/1580	16
8/1/1581-22/11/1590	45
2/6/1591-16/2/1600	104

La tabla nº 4 muestra, en fin, cómo:

1) en los años setenta se duplicaron los casos de *Ana María* de los años sesenta;
2) en los años ochenta se triplicaron los ejemplos de *Ana María* de los años setenta; y
3) en la última década estudiada se superó con creces el doble de ejemplos de *Ana María* de los años ochenta[488].

12.3. La elección del nombre doble. Factores de su imposición

La elección del nombre de pila ha revestido desde siempre una notable trascendencia para los cristianos; no en vano corresponde al bautismo, el primero de sus siete sacramentos, que tiene el valor añadido de imprimir como tal a quien lo recibe. No resulta, sin embargo, nada fácil establecer qué preferencias guían dicha decisión, más aún cuando se analizan, como es el caso, libros sacramentales del siglo XVI[489]. A lo más, tal y como se ha procurado en este apartado, cabe indicar los motivos probables –no siempre excluyentes entre sí por supuesto– que habrían condicionado la predilección de ciertos antropónimos en vez de otros[490].

---

488. Un nombre que también merecería un estudio diacrónico es *Jacinto* (y su femenino *Jacinta*). Prescindiendo de dos casos aislados de Triana (cf. Sta. Ana 2-47, Sta. Ana 12-127), su primera atestiguación en Sevilla es tardía (cf. La Magdalena 12-192 [15/9/1594], El Sagrario 19-183v [23/2/1595]), pero acaba convirtiéndose en el antropónimo de moda en los nombres dobles, como demuestra su capacidad para adjuntarse a los masculinos *Antonio, Diego, Francisco, Gabriel, Gaspar, José, Juan, Luis, Pedro, Simón* y a los femeninos *Ana, Antonia, Francisca, Isabel, Lorença, Luisa, María* y *Sebastiana*. ¿Estaría relacionada esta difusión con la canonización de Jacinto de Cracovia en abril de 1594?

489. Porque en los libros de bautismo, como es fácil de comprender, no quedan consignadas las razones de la decisión. Por ello, es verdaderamente extraordinaria la petición de Juan Bautista Lomelín para que el cura bautizase a su hija con el nombre de *Bárbola* «porque así se dezía su madre, avuela de la criatura» (S. Pedro 3-91v).

490. Otra posibilidad –si bien solo entrevista y por ello no se profundizará en su estudio– que explicaría la razón de algunos nombres sería la alusión al templo en que se había celebrado el bautismo:

12.3.1. La homonimia de los nombres dobles

Un primer factor para comprender la imposición del nombre es la *homonimia* o coincidencia con el nombre del responsable de su elección[491]. Es decir, la razón del nombre del neófito residiría en su concordancia con el del progenitor o del padrino, de quien lo habría heredado, explicación que *stricto sensu* valdría para muy pocos casos del corpus estudiado, pues los nombres dobles aún eran raros en la época. Dado que apenas se registran progenitores o padrinos con esta clase de nombres, aquí se ha optado por considerar también los ejemplos en que se comprueba la coincidencia en al menos uno de los dos elementos integrantes del nombre doble, lo que representa, con 190 partidas de nombres masculinos y 140 de nombres femeninos, algo más del 30 % de las 1073 partidas que contienen un nombre doble. Una interpretación restringida de la homonimia reduciría, como se verá a continuación, a solo 13 –ocho masculinos y cinco femeninos, un insignificante 1,2 %– los casos tenidos en cuenta.

En efecto, el nombre del padre concuerda con uno de los dos antropónimos que forman el nombre doble del hijo en 107 casos, 73 con el nombre primero –por ejemplo, *Alonso Agustín* (El Salvador 10-177v) es hijo de *Alonso*– y 34 con el nombre segundo –por ejemplo, *Tomás Luis* (S. Andrés 2-277) es hijo de *Luis*. Bastante menor es la incidencia de los padrinos al respecto[492], pues solo en 30 casos coincide su nombre con el nombre primero del bautizado –por ejemplo, *Francisco Benito* (El Salvador 8-77) es ahijado de *Francisco*– y en 21 con el nombre segundo –por ejemplo, *Francisco Enrique* (S. Isidoro 2-262) es ahijado de *Enrique*. A estos casos deben sumarse otros seis calificables como «mixtos» en algunos de los nombres dobles masculinos más repetidos: *Juan Antonio* (S. Bernardo 2-4v) es hijo de *Juan* y ahijado de *Antonio*, *Juan Antonio* (S. Martín 3-88) es hijo de *Antonio* y ahijado de *Juan*, *Juan Francisco* (S. Pedro 3-113) es hijo de *Juan* y ahijado de *Francisco*, *Juan Francisco* (S. Andrés 2-308v) es hijo de *Francisco* y ahijado de *Juan*[493]. Algo similar ocurre en los casos únicos de *Gonzalo Balduino* (Sta. Marina 1-33v), hijo de *Gonzalo* y ahijado de *Balduino*, y de *Luis José* (S. Pedro 5-36v), hijo de *Luis* y ahijado de *José*.

Juan Nicolás «esclavito» en S. Nicolás (S. Nicolás 1-2), *Juana Marina* en Sta. Marina (Sta. Marina 1-307), *Nicolás Remigio* en S. Nicolás (S. Nicolás 2-180v)…

491. La «concentración onomástica» que caracteriza al «sistema antroponímico tradicional» se debe, como explica Castro (2014: 21-27), a la preferencia por imponer a los bautizados el nombre del padre o el nombre del padrino. Acerca de la *homonimia*, cf. Introducción.

492. Hasta los años setenta del siglo XVI todavía aparecían en las partidas cuatro o más padrinos y en muchas ocasiones no figuraba madrina alguna, lo que sin duda supone una dificultad adicional para el análisis de este factor.

493. Y *Juan Francisco* (El Salvador 9-118), que es hijo de *Juan* y de *Francisca*.

Pero si en lugar de un recién nacido, el neófito era un esclavo o un criado, la influencia podría proceder del nombre del amo, lo que se comprueba únicamente en seis casos –cuatro respecto del nombre primero, por ejemplo, *Cristóval Francisco* (Sta. Ana 2-114), «horro» de *Cristóval*; dos respecto del nombre segundo, por ejemplo *Juan Francisco* (S. Nicolás 2-13), esclavo de *Francisco*[494]. El nombre de la madre justificaría otros seis ejemplos, dos casos de nombre primero –por ejemplo, *Luis Jacinto* (El Salvador 10-358), hijo de *Luisa*– y cuatro de nombre segundo –por ejemplo, *Manuel José* (Sta. Marina 0-18), hijo de *Josefa*.

Porque, como ya se ha dicho, los nombres dobles son escasos en padres y padrinos, pero al menos se han documentado ocho muestras de homonimia «total», cinco de padre a hijo –*Blas Jerónimo* (S. Martín 3-240v), hijo de *Blas Jerónimo*; *Juan Antonio* (El Sagrario 2-144), hijo de *Juan Antonio*; *Juan Antonio* (El Sagrario 7-278v), hijo de *Juan Antonio*; *Juan Francisco* (La Magdalena 2-28), hijo de *Juan Francisco* y *Marco Antonio* (S. Ildefonso 7-21), hijo de *Marco Antonio*[495]– y tres de padrino a ahijado –*Juan Clemente* (Sta. Ana 8-240v), ahijado de *Juan Clemente*; *Miguel Jerónimo* (El Sagrario 15-165v), ahijado de *Miguel Jerónimo* y *Pedro Juan* (El Sagrario 1-46v), ahijado de *Pedro Juan*[496].

En cuanto a las mujeres, pese a la exigüidad de los datos –pues en algunas partidas se omiten las referencias de las madres y, sobre todo, las de las madrinas–, es posible comprobar que la coincidencia más repetida, con 61 casos registrados, es la del nombre materno y del nombre segundo de la bautizada –por ejemplo, *Ana Catalina* (S. Isidoro 2-49), hija de *Catalina*–, mientras que en 25 casos coinciden el nombre materno y el nombre primero de la bautizada –por ejemplo, *Ana Tomasina* (La Magdalena 13-121v), hija de *Ana*. La influencia del nombre de las madrinas en el de sus ahijadas es algo menos relevante: en 16 casos se observa la coincidencia en el nombre primero de la bautizada –por ejemplo, *Luisa Rufina* (S. Miguel 4-78v), ahijada de *Luisa*– y en otros diez en el nombre segundo –por ejemplo, *Mariana Juana* (El Sagrario 6-40), ahijada de *Juana*. Hay que considerar también la posibilidad de que influyeran el padre o el padrino, cuyo nombre feminizado se traspasaba a la neófita, bien como nombre primero –en cinco casos de padre a hija, como *Juana Victoria* (S. Martín 1-62), hija de *Juan*; en cuatro de padrino a ahijada, como *Juana Andrea* (S. Esteban 2-23v), ahijada de *Juan*–, bien como nombre

---

494. Franco Silva (1979: 185-188) y Lansley (1983: 60) estudiaron la esclavitud en la Sevilla de esa época y, aun con explicaciones discrepantes, aludieron a la onomástica de los esclavos.

495. Solo coincide el segundo nombre en *Juan Antonio* (S. Ildefonso 7-69v), hijo de *Marco Antonio*, y *Juan Antonio* (El Sagrario 21-119v), hijo de *Marco Antonio*; este segundo además es ahijado de *Juan*.

496. Asimismo, *Antonio Eusebio* (El Salvador 10-194v) es ahijado de *Marco Antonio*, donde el nombre segundo del padrino corresponde al nombre primero del ahijado; análogamente, *José Francisco* (El Salvador 9-91v) es ahijado de *Pablo José*. En cuanto a *Guillermo Antonio* (El Sagrario 16-128), es hijo de *Jaques Antonio* y ahijado de *Guillermo*.

segundo –en cuatro casos de padre a hija, como *Ana Francisca* (La Magdalena 10-145), hija de *Francisco*; en tres de padrino a ahijada, como *Juana Luisa* (S. Isidoro 2-224v), ahijada de *Luis*. De manera análoga pudieran interpretarse los dos ejemplos en que es el nombre del amo el impuesto, como *Francisca Jerónima* (S. Bernardo 3-46), hija de *Juan* e *Isabel* y esclava de *Francisco*.

Pero junto a todos estos casos de transferencia «parcial», pues el nombre simple de uno de los progenitores o de los padrinos queda integrado en el nombre complejo de la bautizada, se cuentan unos pocos ejemplos dignos de mención por su peculiaridad. Así, *Juana María* (El Salvador 6-55), hija de *Juan* y de *María* o, alterando el orden, *Inés Juana* (S. Juan de Acre 1-48v), hija de *Juan* y de *Inés*, en que están implicados tanto el padre como la madre. Mayor interés aún presenta la homonimia «total» de, por una parte, *María Ana* (El Sagrario 20-59v), hija de *María Ana* y, por otra, *María Ana* (La Magdalena 11-140), ahijada de *María Ana*; *Ana María* (El Salvador 10-46v), ahijada de *Ana María*; *Luisa Ana* (Sta. Ana 5-230), ahijada de *Luisa Ana* y *Luisa Ana* (El Sagrario 8-217), ahijada de *Luisa Ana*, casos en los que la madre o las madrinas tenían asimismo un nombre doble[497].

12.3.2. La influencia del santoral en la elección del nombre doble

Sin restarle importancia al factor recién considerado, parece no obstante que, en los libros sevillanos del Quinientos, el santoral habría desempeñado una función más destacada, pues se han extraído 271 ejemplos –el 25,2 % del total– en los que se le había impuesto al neófito el nombre del santo del día de su nacimiento o, menos frecuentemente, el de su bautizo. Eso sí, de la influencia del santoral –el segundo factor en la elección de los nombres dobles del corpus estudiado– quedarían excluidos casi todos los nombres más usados (*Ana María, María Ana, Juan Antonio, Juan Luis, Juan Alonso…*), ya que sus casos, libres de dicho condicionamiento, están atestiguados en cualquier fecha del año.

Los nombres dobles que reflejan de una manera más clara el citado influjo, hasta el punto de que generan un esquema bastante repetido en las partidas analizadas –con 171 casos seguros de los 271 encontrados–, constan de un primer elemento muy frecuente como nombre simple (por ejemplo, los masculinos *Juan* y *Francisco* y los femeninos *María* y *Ana*) y un segundo elemento alusivo al nombre del santo[498],

---

497. Son también dobles, pero solo comparten uno de los dos nombres, *Catalina Angelina* (Santa Ana 10-61v), hija de *Isabel Angelina*, o *Isabel María* (S. Miguel 4-38v), hija de *Ana María*. En el caso de *Ana María* (S. Bartolomé 1-89v), hija de *María Ana*, se altera el orden de los nombres.

498. Lo que no significa que, como defiende Castro (2014: 34-35, 63-64), ese nombre doble recogido en el libro de bautismo fuera el usado cotidianamente. Cf., asimismo, Castro (2018: 36).

entre cuyos ejemplos se cuentan *Juan Blas* (El Sagrario 1-62v, El Salvador 10-87) y *Sebastián Blas* (S. Bartolomé 1-71v), bautizados en la primera quincena de febrero, en relación por lo tanto con la festividad de «Blas, obispo y mártir», del día 3 de febrero. Análogamente, a *Alonso Matías* (El Sagrario 2-90), *Antón Matías* (S. Bartolomé 1-115v), *Francisca Matías* (S. Bernardo 1-40), *Juan Matías* (El Salvador 3-96, S. Ildefonso 4-24vº), *Luis Matías* (S. Ildefonso 3-110v), *Marcos Matías* (S. Pedro 4-54v), *María Matías* (La Magdalena 3-145v) y *Rodrigo Matías* (S. Miguel 1-137) se les administró el sacramento en los primeros días de marzo, a continuación de «Matías apóstol», santo celebrado el 24 de febrero; a *Bartolomé Gregorio* (El Sagrario 2-162), *Fernando Gregorio* (La Magdalena 12-220), *Francisco Gregorio* (S. Ildefonso 6-150), *Juan Gregorio* (El Salvador 11-13) y *Juana Gregoria* (Sta. Catalina 4-195v), en la segunda quincena de dicho mes, por «Gregorio Papa, doctor de la Iglesia, confesor», santo que se festeja el 12 de marzo. Se relacionan, por un lado, con la «Transfiguración de Nuestro Señor» (6 de agosto) y, por otro, con «Lorenzo mártir» (10 de agosto) la serie de *Francisco Salvador* (La Magdalena 8-55v), *Juan Salvador* (El Sagrario 6-163, El Sagrario 16-93v, El Salvador 11-88), *Miguel Salvador* (El Sagrario 6-90), *Pedro Salvador* (S. Bernardo 3-39) y *Luisa Salvadora* (S. Nicolás 1-30v), y la integrada por *Diego Lorenço* (El Salvador 10-358), *Francisco Lorenço* (S. Martín 3-92, S. Andrés 2-384v), *Juan Lorenço* (Sta. Mª la Blanca 1-74, S. Martín 1-22v, S. Miguel 4-20, S. Pedro 5-7), *Luis Lorenço* y *María Lorenço* «entrambos de un vientre» (Sta. Marina 1-113v), y *Pedro Lorenço* (S. Ildefonso 6-18v), cristianados todos en el mes de agosto. *Álvaro Mateo* (Sta. Ana 10-190), *Diego Mateo* (S. Andrés 2-372), *Fernando Mateos* (El Sagrario 3-54v), *Francisco Mateo* (El Sagrario 8-22) y *Jácome Mateo* (El Sagrario 8-105v) se bautizaron a finales de septiembre o principios de octubre, pues la fecha de «Mateo, apóstol y evangelista» es el 21 de septiembre; *Diego Lucas* (Sta. Ana 2-228v), *Francisco Lucas* (S. Ildefonso 5-113) y *Juan Lucas* (La Magdalena 2-100, S. Pedro 5-38v), a finales de octubre por «Lucas evangelista», de fecha 18 de octubre; por último, *Ana Clemente* (La Magdalena 4-91), *Francisco Clemente* (S. Bernardo 3-40), *Juan Clemente* (S. Miguel 4-2), *Nicolás Clemente* (Sta. Mª la Blanca 2-105) y *María Clemencia* (S. Vicente 8-147v), a finales de noviembre o primeros de diciembre por la festividad de «Clemente, papa y mártir», que se celebra el 23 de noviembre.

A este amplio listado habría que añadir la alusión a dos festividades sin fecha fija –la «Resurrección de Jesucristo», también conocida como «Pascua florida», y la «Ascensión de Jesucristo»– en casos como *Inés Pascual* (La Magdalena 5-35) o *Francisca Asencio* (Sta. Catalina 4-153v), *Juan Asencio* (S. Pedro 4-177v) y *Simón Asencio* (Sta. Ana 2-73v).

Aunque el modelo más productivo es el que recoge la referencia al santoral en el nombre segundo, se registran 32 casos en que el condicionamiento recaería sobre el primero de los antropónimos integrantes. A esta serie pertenecerían, por ejemplo, *Gaspar Francisco* (El Sagrario 2-108v) –bautizado nueve días después de la «Epifanía» o «día de pascua de Reyes»–, *Sebastiana Dorotea* (S. Isidoro 0-71v) y *Sebastiana Jacinta* (S. Martín 3-246v) –bautizadas ocho y diez días después de «Sebastián mártir» (20 de enero)–, y *Simón Agustín* (S. Pedro 2-116), *Simón Gaspar* (El Salvador 6-39v) o *Simón Luis* (El Sagrario 8-34) –bautizados el 28/10/1557, el 5/11/1570 y el 4/11/1566, respectivamente, por «Simón apóstol», festividad fechada el 28 de octubre.

Ahora bien, pese a que no abunden, pues afecta tan solo a nueve, quizá interesen todavía más los nombres dobles en los que el santoral parece determinar sus dos antropónimos integrantes, ya sea porque se refieren a santos que se celebran el mismo día, ya sea porque los santos corresponden a fechas consecutivas[499]. Entre dichos nombres, es bastante representativo *Miguel Jerónimo* –resultado de la combinación de las fiestas de la «dedicación de san Miguel» (29 de septiembre) y de «Jerónimo doctor de la Iglesia, confesor» (30 de septiembre)– porque ocupa, como se ha dicho, el tercer puesto de los nombres masculinos según la frecuencia. Un análisis de las fechas en que se celebraron los bautizos con dicho nombre revela la concentración de la práctica totalidad de los ejemplos en los últimos días de septiembre –uno el día 21, otro el día 28, dos el día 30– y, sobre todo, entre el 4 y el 16 de octubre –cinco casos el día 4, tres los días 6, 7[500] y 8, dos los días 5, 11 y 14, uno los días 10, 15 y 16[501]. A este mismo modelo de *Miguel Jerónimo* responderían *Diego Felipe* y su femenino *Jacobina Felipa* –por «Felipe apóstol» y «Jacobo el menor, apóstol» (1 de mayo)–, *Pedro Pablo* –por «Pedro apóstol» (29 de junio) y «Pablo apóstol» (30 de junio)–, *Justa Rufina* –«Justa y Rufina, vírgenes y mártires» (17 de julio)–, nombres que se cuentan entre los más impuestos en el corpus; además de ellos, los menos numerosos *Cosme Damián* o *Damián Cosme* –«Cosme y Damián, médicos, mártires» (27 de septiembre)–, y *Bernabé Nufio* o *Nufrio Bernabé* –por «Bernabé apóstol» (11 de junio) y «Onofre confesor» (12 de junio).

Y, en efecto, todos los bautismos de *Diego Felipe* salvo dos[502] y el único de *Jacobina Felipa* están fechados entre el 2 y el 23 de mayo –con la siguiente distribución: cinco se celebraron el día 6, tres el día 15, dos los días 2, 12, 13 y 17, uno

---

499. Si bien son solo nueve nombres, los ejemplos sumados alcanzan la cantidad bastante representativa de 68.

500. Uno de los cuales (El Sagrario 15-165v), como ya se ha indicado, es además ahijado del «jurado Miguel Jerónimo».

501. De manera que solo cinco de los 34 casos de *Miguel Jerónimo* se bautizaron en enero (El Salvador 3-120), marzo (S. Esteban 2-99v), abril (Sta. Marina 0-14), mayo (S. Isidoro 0-78) y noviembre (Sta. Ana 2-91v).

502. Uno de ellos se celebró un 20 de abril (El Sagrario 19-106v), el otro un 4 de diciembre (La Magdalena 9-199v). Este, por cierto, pertenece a una familia de la clase alta (es hijo de «*doña* Francisca de Esquivel»).

los días 5, 8, 9, 10, 11, 21 y 23– y diez de los catorce ejemplos de *Pedro Pablo*, entre el 4 y el 11 de julio –tres el día 6, dos el día 5, uno los días 4, 7, 8, 9 y 11[503]; en cuanto a *Justa Rufina*, las fechas de siete de sus bautizos van desde el 23 de julio al 3 de agosto –dos el 27 de julio, uno el 23, el 24 y el 28 de julio, así como el 1 y el 3 de agosto[504]; *Nufrio Bernabé* y *Bernabé Nufio* tienen sendos ejemplos de 17 y 22 de junio. Por el contrario, ninguno de los cinco casos de *Cosme Damián* o *Damián Cosme* celebró el sacramento en los días en torno a su onomástica, sino que registra dos en enero y uno en abril, mayo y junio, por lo que estos nombres dobles son los únicos de la serie no condicionados por el santoral: ¿es casual que cuatro de los cinco procedan de la parroquia de Santa Ana?, ¿existía en Triana alguna devoción especial por estos dos santos que justificara esa abundancia relativa?

Los sevillanos del siglo XVI debían de ser, por lo demás, tan conscientes de la estrecha vinculación que existía entre los componentes de los antropónimos recién analizados, que en los libros proliferan partidas de pares de neófitos bautizados –en el caso de hermanos seguramente se trataba de gemelos aunque este dato no siempre consta– a los que se les imponen: *Pedro* y *Pablo* (Sta. Cruz 2-88v, La Magdalena 5-148v, Sta. Ana 3-192v, El Sagrario 3-258), *Cosme* y *Damián* (El Sagrario 4-23v, El Sagrario 7-304v), *Felipe* y *Diego* (Sta. Ana 6-396v) y, sobre todos ellos, *Justa* y *Rufina*, con ejemplos de hermanas llamadas así en la mayoría de las parroquias:

> S. Pedro (1-47, 3-100, 5-59), Sta. Mª la Blanca (2-26v), S. Nicolás («nacidas ambas de un parto» 3-47v), S. Martín (2-93v), S. Esteban (1-126), La Magdalena (6-155, 7-216, 10-227, 10-269, 11-70v, 13-24, 13-58), S. Vicente (1-139v, 5-35v, 6-61, 7-63v, 8-28v, «de un vientre» 8-102), S. Ildefonso (4-37, 6-45), S. Isidoro (2-205v, 3-61), Sta. Ana (2-286), El Sagrario (3-57v, 5-133v, 6-22v, 12-167v, 15-213v, 16-36v, 17-198, 18-54v) y El Salvador (4-195v, 5-154)[505].

---

503. Algo más distante se encuentra el celebrado un 18 de julio (El Sagrario 21-199v). Sin relación con el santoral los que se celebraron en enero (S. Ildefonso 7-2), agosto (El Sagrario 17-204v) y noviembre (S. Pedro 4-148), los tres de vástagos de familias favorecidas socialmente.

504. Quedan fuera de dicho período los bautizos de 16 (Sta. Ana 20-127) y 24 de junio (S. Martín 2-236v), y 20 de agosto (El Sagrario 5-133v).

505. Otra asociación muy recurrente es la de los nombres de los Reyes Magos, y así se atestiguan hermanos llamados *Melchor* y *Gaspar* (S. Pedro 4-138v), *Gaspar* y *Baltasar* (S. Andrés 1-28v), *Baltasar* y *Melchor* (Sta. Cruz 1-176), *Gaspar* y *Melchiora* (S. Bartolomé 1-125)… Interesaría asimismo analizar la onomástica de los gemelos porque la repetición del nombre, algo hoy insólito, aparece con cierta frecuencia en los libros estudiados: *Agustín* y *Agustina* «de un vientre» (El Sagrario 18-56), *Clemente* y *Clemencia* (El Sagrario 2-43v), *Jacinto* y *Jacinta* «de un vientre» (El Sagrario 20-108v), *Juan* y *Juana* (El Salvador 4-251, El Salvador 9-76v, El Sagrario 19-30v), *Lorenço* y *Lorença* (El Salvador 9-158v), *Luis* y *Luisa* «nacidos de un vientre» (La Magdalena 1-162), *Miguel* y *Micaela* «hermanos de un vientre» (La Magdalena 11-52v), *Pedro* y *Petronila* (El Sagrario 7-21v)…

A esta extraordinaria difusión contribuyó sin duda la inclusión temprana «de la nómina de santos sevillanos, como las Santas Justa y Rufina», patronas de la ciudad, «en el calendario local hispalense» (Rubio Merino 2002: 681).

12.3.3. Aspectos socioeconómicos en la elección del nombre doble

Más de las tres cuartas partes de los ejemplos reunidos para demostrar la incidencia del santoral –en especial sobre el nombre segundo, pero también sobre el primero e incluso sobre los dos elementos integrantes del nombre doble– son de bautizos celebrados durante las dos semanas posteriores al alumbramiento, período de cuarentena que de media se guardaba en Sevilla –siempre a juzgar por los testimonios extraídos– antes de acudir al templo con el neonato[506]. En la gran mayoría de las ocasiones, pues, el nombre del santo adoptado correspondería al natalicio, no al día en que fue administrado el sacramento, según se desprende de la partida, bastante significativa al respecto, de *Pedro Pablo* (El Sagrario 2-8), en que puede leerse cómo, nacido la «víspera de San Pedro y San Pablo, fue su bautismo a 6 de julio». Contradicen esta costumbre, sin embargo, 21 casos, la mayoría de ellos de esclavos que, a diferencia de los recién nacidos, no tenían que esperar para su cristianización, de manera que el nombre del santo que portan coincide con el del día de su bautismo. Así, *Felipe Roque* (S. Miguel 4-8v), «de nación africano, natural de la ciudad de Fez, de edad de 30 años poco más o menos», fue bautizado el 16 de agosto de 1591, día de «Roque confesor», y *Juan Pedro* (S. Isidoro 2-108), «de nación moro de Berbería, de edad de 58 años poco más o menos, criado de Bacho Aberone y Aníval del Cacho», el 29 de junio de 1582, día de «Pedro apóstol».

Esta diferencia básica entre recién nacidos y esclavos adultos apuntaría a la dimensión social que, con las oportunas cautelas, es posible estudiar en las partidas de bautismo sometidas a análisis en este trabajo[507]. Porque, como factor determinante de la elección de un nombre doble –el tercero de los señalados–, debe considerarse asimismo la posibilidad de que ciertos condicionamientos derivados del nivel socioeconómico de la familia del neófito hubieran justificado la preferencia por uno de estos nombres de pila.

Ya al inicio del artículo se aludió a que varios autores han subrayado la propensión de las clases altas, al menos en el siglo XVI, a los nombres dobles y, si bien

---

506. Castro (2014: 52) tiene en cuenta, además, «la octava de la fiesta».

507. Para ello se han analizado todas las indicaciones posibles. Así, el niño abandonado se califica, sobre todo, de «hijo de Dios y de Santa María», también de «hijo de la Iglesia». Otras anotaciones son mucho menos frecuentes: «niño de la cuna», «de padres no conocidos», «no constan padres», «no dixeron quién han sido los padres», «no dixeron cúya hija era», «hijo expósito», «expuesta»…

no faltan casos de dichos antropónimos en todos los sectores de la sociedad, es cierto que, tal y como recoge la tabla nº 5, se confirma su mayor difusión entre las capas favorecidas de la Sevilla de entonces:

Tabla nº 5

Sin marca social	Clase alta	Niños abandonados	Esclavos, criados[508]	Moriscos[509]	Otros[510]
648	260	91	60	7	7

Según los datos de la tabla, aproximadamente uno de cada cuatro bautizados (en concreto, el 24,2%) con este tipo de nombres pertenecía a la clase alta, mientras que esta preferencia solo representaría entre los sectores desfavorecidos –sumadas las cantidades de niños abandonados, esclavos y demás minorías– el 15,3% del total. Esos porcentajes, en tanto que globales, proyectan no obstante una imagen imprecisa del fenómeno, de manera que solo el contraste entre algunos de los nombres dobles favorecería la obtención de una idea, siquiera aproximada, de las tendencias entonces activas en la sociedad sevillana. En este sentido, la comparación entre los dos nombres dobles más frecuentes, ambos femeninos, es muy ilustrativa dado que están constituidos por los mismos antropónimos, pero mientras que *Ana María* –con la posposición de *María*– tiene 49 casos (es decir, el 28,1% de los ejemplos del nombre) de hijas de familias ilustres[511], *María Ana* –con la

---

508. Resultado de la suma de 27 esclavos adultos y 33 hijos de esclavos.

509. No se han incluido aquí dos casos de esclavas moriscas que recoge la columna anterior.

510. Se trata de dos casos sin indicación alguna, tal vez de niños abandonados –*Francisco Juan* (Sta. Ana 1-387v) y *María Agustina* (Sta. Catalina 1-103) –, Ángela Lucrecia «gitana» (Sta. Ana 8-223), *Juan Andrés* «convertido» (El Sagrario 14-65), *Juan Bernal* «adulto de nación inglés» (El Sagrario 17-185), *Juan Cornelio* «muchacho de 13 años de nación flamenco» (El Sagrario 16-178) y *Luis María*, hijo de Teodoro de Espíndola y «de Santa María» (S. Esteban 2-79).

511. Cf. S. Pedro 1-167, El Salvador 4-276, S. Esteban 1-90v, S. Vicente 8-75v, S. Isidoro 2-126, S. Martín 2-226, S. Juan de Acre 1-42v, El Sagrario 15-134v, S. Bartolomé 1-89v, El Salvador 9-87, S. Vicente 8-241, S. Esteban 2-32v, El Sagrario 16-26v, S. Bartolomé 1-115, El Salvador 10-15v, El Sagrario 17-7v, S. Miguel 3-214, S. Esteban 2-63v, El Sagrario 17-131v, S. Miguel 4-8, El Sagrario 17-211v, S. Isidoro 2-251v, Sta. Marina 1-153v, S. Miguel 4-14v, S. Vicente 9-154v, El Salvador 10-205v, El Sagrario 19-29, S. Miguel 4-37v, La Magdalena 12-156, El Sagrario 19-106v, S. Esteban 2-87v, El Sagrario 19-119v, La Magdalena 12-230, El Salvador 10-307v, S. Andrés 2-331v, El Sagrario 20-20, El Salvador 10-340v, Sta. Cruz 2-158, S. Román 3-233v, S. Vicente 10-77, El Sagrario 21-138v, El Sagrario 21-163, S. Miguel 4-103v, El Sagrario 21-174, S. Martín 3-232v, La Magdalena 13-163, El Salvador 11-143, El Sagrario 21-235, La Magdalena 13-193v. *Ana María* cuenta, además, con 15 ejemplos de niñas abandonadas (S. Andrés 2-117v, La Magdalena 8-107v, La Magdalena 8-149v, S. Miguel 3-53v, S. Vicente 8-172, Sta. Marina 1-83v, El Sagrario 16-21v, El Sagrario 16-170, S. Pedro 4-189, S. Esteban 2-77v, S. Juan de Acre 1-71, S. Bartolomé 2-28v, Sta. Catalina 4-140v, Sta. Marina 1-306v, La Magdalena 13-80), tres de hijas de moriscos

anteposición de *María*– solo tiene diez (el 11,9% de sus ejemplos)[512]. La «moda» de la posposición de *María* que esta confrontación descubre[513], se comprueba en otros muchos nombres dobles femeninos[514], como demuestran el 16,6% de ejemplos de la clase alta que presenta *Juana María* (tres de sus 18 casos)[515], el 33% de *Beatriz María* (uno de tres)[516], el 40% de *Inés María* (dos de cinco)[517] y, aún mucho más, el 50% de *Isabel María* (cinco de sus diez casos)[518], de *Clara María* (tres de seis)[519], de *Antonia María* (uno de dos)[520] y de *Francisca María* (uno de dos)[521], pero sobre todos ellos descuella *Leonor María*, que alcanza el 66% (seis de nueve ejemplos)[522], lo que sin duda estaría relacionado con que, salvo *Leonor Josefa* (Sta. Catalina 4-197), todos los nombres dobles en que participa *Leonor* –como ya se vio, siempre como nombre primero, cf. 12.2.2– fueron impuestos a miembros de dicha clase social: *Leonor Ana* (S. Pedro 4-131, S. Bartolomé 2-96v, La Magdalena 13-192), *Leonor Ángela* (La Magdalena 11-111v), *Leonor Benita* (S. Pedro 4-10) y *Leonor Francisca* (El Sagrario 16-13v).

(S. Vicente 8-170, S. Miguel 3-169v, S. Bernardo 2-137), uno de esclava (La Magdalena 8-126v), uno de hija de esclava (S. Vicente 7-37) y otro de hija de criada (S. Miguel 4-17v).

512. Cf. El Salvador 3-63, S. Andrés 1-173v, S. Pedro 2-186, El Salvador 5-85, La Magdalena 7-104v, El Sagrario 11-44, S. Vicente 7-178v, Sta. Ana 8-191, S. Isidoro 2-239, S. Ildefonso 7-21. *María Ana* presenta también cuatro ejemplos de niñas abandonadas (S. Isidoro 0-234, S. Pedro 4-54v, El Sagrario 9-162v, El Sagrario 19-213), tres de hijas de esclavos (S. Pedro 1-173, El Salvador 5-135v, S. Isidoro 3-90) y una de hija de moriscos (S. Vicente 10-67v).

513. Y es que, en efecto, dejando aparte el mencionado *María Ana*, de 13 nombres dobles con anteposición de *María* –*María Agustina*, *María Apolonia*, *María Andrea* (3 ejemplos), *María Blanca*, *María Casilda*, *María Clemencia* (3), *María Eugenia*, *María Jacinta* (2), *María Jerónima*, *María José* (2), *María Juana* (2), *María Lorenço* y *María Matías*–, solo tres –*María Blanca*, *María Casilda* y *María Lorenço*– son elegidos por familias de la clase alta para sus hijas.

514. *Ambrosia María* (S. Isidoro 3-73v), *Constanza María* (La Magdalena 10-154v), *Gregoria María* (El Salvador 10-215) y *Josefa María* (La Magdalena 10-321v) pertenecen también a la clase social privilegiada. *Elena María* (Sta. Cruz 2-149v) es, por el contrario, la hija de una esclava. De *Teresa María* (S. Ildefonso 5-118v) se lee que es «de 13 años» e hija de «vezinos de Lebrixa». *Marta María* (S. Isidoro 0-70) carece de indicaciones de esta naturaleza.

515. Cf. S. Martín 3-79, El Sagrario 21-104v, La Magdalena 13-155v. Hay, eso sí, un caso de *Juana María* impuesto a la hija de una esclava (S. Miguel 1-34).

516. La hija del señor Alonso Pérez de Medina y de la señora doña Inés (S. Miguel 2-150). Otra niña así llamada era «hija de la Iglesia» (Sta. Catalina 4-198v).

517. Cf. Sta. Catalina 4-24, S. Martín 3-137. Entre los restantes se cuentan una «hija de Dios y de Santa María» (S. Miguel 3-105) y una esclava (S. Martín 3-56).

518. Cf. S. Miguel 2-156, S. Martín 2-250, El Salvador 9-71v, S. Vicente 9-59v, El Sagrario 19-217v.

519. Cf. S. Isidoro 2-149v, S. Bernardo 2-76, El Sagrario 18-79v.

520. Se trata de la hija del «almirante» Aparicio de Artiaga y de doña Leonor de Zamudio (El Salvador 11-54). El otro caso corresponde a una «hija de la Iglesia» (S. Miguel 4-55).

521. La hija de Agustín de Cetina y doña Antonia de Leiva (El Sagrario 17-68v).

522. Cf. El Salvador 9-21, S. Vicente 8-145, La Magdalena 11-64, S. Miguel 3-210, S. Nicolás 2-250v, S. Esteban 2-123v.

La confrontación de los nombres integrados por *Juan* pudiera ser igual de reveladora de los gustos onomásticos de la época. Así, *Juan Francisco*, el primero en frecuencia de todos ellos, parece tener por el contrario peor aceptación entre los patricios que nombres mucho menos empleados como *Juan Alonso*, *Juan Antonio* o *Juan Luis*: en contraste con sus seis ejemplos de neonatos de la clase social alta (lo que supone el 11,5 %)[523], *Juan Alonso* alcanza el 45 % (seis de once casos)[524], *Juan Antonio* el 34,2 % (12 de 35)[525] y *Juan Luis* el 14,2 % (tres de 21)[526]. Al mismo tiempo, *Juan Francisco* está más extendido en los sectores desfavorecidos con doce casos[527] frente a cinco de *Juan Antonio*[528], tres de *Juan Luis*[529] y solo uno de *Juan Alonso*[530].

Pero si, tal y como se propuso en el apartado 12.2.2, se consideran los componentes de los nombres dobles por separado, pueden obtenerse otras observaciones de interés para valorar la difusión social que pretende conocerse. El nombre femenino *Ana*, que tan alta frecuencia alcanza por integrar los dos nombres dobles más repetidos, se documenta sobre todo como nombre primero de hijas de familias distinguidas de Sevilla, en la línea por lo tanto que parece seguir *Ana María*. En dicho grupo están incluidos *Ana Antonia* (S. Bartolomé 2-95), *Ana Felipa* (S. Vicente 6-184v) y *Ana Luisa* (S. Pedro 3-56) –frente a solo uno de los tres ejemplos de *Luisa Ana* (El Sagrario 16-7v)–, *Ana Catalina* (S. Vicente 5-296, S. Isidoro 2-49) y la mitad de los ejemplos de *Ana Francisca*[531] –así como *Francisca Ana* (S. Martín 2-283)–, de *Ana Jerónima* (El Sagrario 17-152) y de *Ana Tomasina* (S. Pedro 4-94v). En cuanto al también femenino *Brígida*, nombre que se documenta solo cinco veces (y siempre como nombre primero), tres de sus ejemplos

---

523. Cf. S. Martín 2-290v, El Salvador 10-13v, S. Pedro 4-206, S. Miguel 3-205v, La Magdalena 12-299v, El Sagrario 21-234.

524. Cf. S. Miguel 2-168v, S. Pedro 3-117, La Magdalena 9-23v, S. Pedro 5-6v, S. Esteban 2-118.

525. Cf. S. Vicente 2-34, El Sagrario 2-114, El Sagrario 7-278v, S. Isidoro 1-24v, S. Juan de Acre 1-29v, S. Bartolomé 1-99v, S. Martín 3-88, S. Pedro 5-23, S. Román 3-239, S. Andrés 2-378, El Sagrario 21-190, S. Miguel 4-107v.

526. Cf. S. Ildefonso 5-72v, S. Ildefonso 6-8, El Salvador 10-198.

527. Cf. Sta. Ana 2-55 («esclavo»), La Magdalena 2-53 (hijo de «Isabel esclava»), S. Nicolás 2-13 («negro esclavo»), El Sagrario 9-186 («esclavo»), S. Vicente 6-114v («hijo de la Iglesia»), S. Vicente 6-171v («hijo de la Iglesia»), S. Andrés 2-150v («hijo de la Iglesia»), Sta. Marina 1-34 («hijo de Dios y de Santa María»), S. Vicente 8-150v («esclavo»), S. Miguel 3-215v («negro esclavo»), S. Pedro 4-229v (hijo de «Inés esclava»), S. Bartolomé 2-82v («hijo de la Iglesia»).

528. Cf. S. Vicente 3-198v (hijo de «Isabel esclava»), S. Martín 1-73 («hijo de Dios»), S. Vicente 5-62 («hijo de Dios y de Santa María»), Sta. Ana 6-384v («esclavo»), La Magdalena 13-89 («hijo de Dios y de Santa María»).

529. Cf. S. Vicente 3-187v (hijo de «Inés criada»), S. Bernardo 2-1v (morisco del Reino de Almería), S. Pedro 5-69 («hijo de la Iglesia»).

530. Cf. Sta. Ana 9-241v («hijo de Dios y de Santa María»).

531. Cf. El Sagrario 12-120, La Magdalena 9-123, La Magdalena 10-145, La Magdalena 11-218v.

pertenecen a esas mismas familias: *Brígida Adriana* (El Salvador 11-73), *Brígida Agustina* (S. Isidoro 0-68) y *Brígida Áurea* (S. Vicente 10-86v). En el otro extremo se encuentra *Lucrecia*, nombre segundo cuyos tres ejemplos –*Ángela Lucrecia* (Sta. Ana 8-223), *Francisca Lucrecia* (S. Ildefonso 6-21v) y *Juana Lucrecia* (S. Miguel 3-114v)– corresponden a una gitana, una esclava y la hija de una esclava, respectivamente.

De entre los nombres masculinos, la tendencia ya comprobada en *Juan Alonso* parecen corroborarla *Lucas Alonso* (El Sagrario 19-53v), *Luis Alonso* (Sta. Catalina 4-128v), *Martín Alonso* (El Sagrario 21-182) y *Miguel Alonso* (S. Miguel 1-128v), todos ellos con *Alonso* como componente segundo, pues ninguno de los nombres con *Alonso* como componente primero –*Alonso Matías* (El Sagrario 2-90, S. Bernardo 3-56v) así como *Alonso Agustín* (El Salvador 10-177v), *Alonso Estevan* (S. Miguel 1-152v), *Alonso Gregorio* (S. Andrés 2-272v), *Alonso Tomé* (S. Pedro 2-88) y *Alonso Zoilo* (La Magdalena 13-68v)– son de neófitos de la clase alta[532]. Otros casos interesantes son los de *Leandro* como nombre segundo y de *Lorenço* como nombre primero. Las apariciones de aquel en *Agustín Leandro* (La Magdalena 9-10), *Francisco Leandro* (S. Andrés 2-305) y *Jerónimo Leandro* (Sta. Mª la Blanca 2-101v) corresponden exclusivamente a hijos de señores ilustres, ¿en razón de la fama de que en Sevilla goza San Leandro, su arzobispo a finales del siglo VI[533]? En cuanto a *Lorenço*, sin duda condicionado por el santoral como nombre segundo (cf. 12.3.2), se emplea como nombre primero con más frecuencia en la clase alta –*Lorenço Enrique* (El Sagrario 18-60v) y *Lorenço Teodoro* (El Sagrario 13-228) frente a *Lorenço Francisco* (S. Vicente 3-222), que carece de marcas sociales–, combinado, como se ve, con nombres de escasa aparición[534].

Un argumento incontrovertible a favor de la preferencia que la alta sociedad manifestaba por este tipo de nombres, se funda en la profusión con que los personajes insignes los escogen para sus vástagos, como demuestran «el ilustrísimo señor don Pedro López Portocarrero y la ilustrísima señora doña Francisca Enríquez de Guzmán», padres de «doña» *Juana Clara* (S. Andrés 2-174v), y «el muy ilustre señor don Lorenzo Suárez de Mendoza, asistente de la ciudad, y doña Catalina de la Cerda», padres de la «señora» *Juana Magdalena* (S. Andrés 1-86); «el ilustre señor don Diego de Portugal y la ilustre señora doña Isabel Botti» son, asimismo, los padres de *Ana Francisca* (La Magdalena 9-123), *Jorge Claro* (La Magdalena 9-184v) y

---

532. Como tampoco *Blas Alonso* (El Sagrario 3-3), *Fernando Alonso* (El Sagrario 4-123) y *Jerónimo Alonso* (La Magdalena 9-16v).

533. Una explicación similar es admisible en *Gregorio Laureano* (S. Nicolás 3-40) y *Juan Isidoro* (El Sagrario 21-51), de familias distinguidas, por la importancia que también tienen en Sevilla tanto San Laureano como San Isidoro.

534. Sí parecen condicionados por el santoral los ejemplos de su femenino: *Lorença Ana* (S. Martín 3-59) y *Lorença Jacinta* (El Sagrario 20-202).

Diego Sebastián (La Magdalena 10-146). Pero por datarse los bautizos de su proge-
nie en los años cuarenta, mucho antes que todos los demás, los verdaderos adelan-
tados en este gusto serían los *condes de Niebla* –don Juan Claros de Guzmán y doña
Leonor Manrique Sotomayor o de Zúñiga–, padres de «don» *Miguel Alonso* (S. Miguel 1-128v) y de la ya citada «doña» *Ana María* (S. Pedro 1-167), incluso de «don»
Juan Alonso Estevan (S. Miguel 1-51v), ejemplo en realidad de un *nombre triple*, una
rareza todavía entonces[535].

La predilección por los nombres dobles se comprueba asimismo entre las dignidades y los cargos destacados de la administración de la ciudad, y así don Jerónimo de Montalvo, «alguacil mayor de Sevilla», y doña Juana de Figueroa, son los
padres de *Gómez Antonio* (S. Vicente 8-66v) y *Francisca Antonia* (S. Vicente 8-139v).
Son muy numerosos los ejemplos de «jurados», «capitanes» y, en especial, de «vein-
ticuatros» entre los padres de estos niños: *Juana Francisca* (La Magdalena 9-121),
Gaspar Antonio (La Magdalena 10-164) y *Ana Francisca* (La Magdalena 11-218v)
son los hijos del «veinticuatro» Antonio de Monteser (casado con doña Mariana
de Góngora).

Para terminar ya, a la preferencia analizada tampoco se sustrajeron persona-
lidades tan famosas como el impresor Jácome Cromberger (casado con doña Inés
Alfaro), padre de *Brígida Agustina* (S. Isidoro 0-68), o el prócer Juan Antonio Corzo
Vicentelo (casado con doña Brígida), padre de *Juan Antonio* (El Sagrario 7-278v),
forasteros en Sevilla como los muchos que, dada la importancia económica de la
ciudad en el siglo XVI, se instalaron allí con el fin de desarrollar sus actividades comerciales. Su compartimiento al respecto habría propendido a la completa asimilación en la nación de acogida, puesto que, a decir de Montoto (1938: 217), «para
gozar de los mismos privilegios que los nobles de [Sevilla], los extranjeros se naturalizaban, emparentaban con familias del país».

Entre todas las nacionalidades testimoniadas en las partidas bautismales, la
colonia mejor representada es la constituida por genoveses, caso de Sebastián de
León, padre de *Juana Andrea* (S. Esteban 2-23v), o Julio el Sibole y Pelegrina el Si-
bole, padres de *Julio César* (El Salvador 10-201v). Juan Bautista de la Gamba y doña
Tomasina Vocardo son, por su parte, los padres de dos niñas distintas llamadas *Ana
María* (S. Esteban 2-32v, S. Esteban 2-63v), ejemplo claro de *necronimia*, esto es,

---

535. Tanto es así que en todo el corpus investigado solo se han registrado, aparte del ejemplo citado (con fecha de bautismo 19/8/1543), ocho nombres triples –seis de hombre y dos de mujer: *Juan
Francisco Luis* (La Magdalena 9-187), *Juan Félix Baltasar* (S. Martín 2-171v), *Diego Simón Tadeo* (La Magdalena 12-123v), *Ana Jacinta Marcelina* (La Magdalena 12-284v), *Sebastián Alonso Eugenio* (El Salvador
10-356), *Juan Antonio Luis* (S. Bartolomé 2-64), *Arias Gonzalo Juan* (S. Vicente 10-51) e *Isabel María Luciana* (El Sagrario 21-25). Casi todos sus bautizos se celebraron en la última década, medio siglo después del de aquel.

«la extendida costumbre de dar a un nuevo hijo el nombre de un hermano pre-muerto» (Castro 2014: 49).

Otros grupos de foráneos documentados son el «griego» –*Ana María* (Sta. Catalina 4-14v), hija de Antonio griego artillero, *Beatriz Bernabela* (Sta. Ana 5-330v), hija de Andrés Hernández griego, y *Gaspar Francisco* (El Sagrario 2-108v), hijo de Juan griego[536]– y el integrado por «flamencos», al que muy probablemente pertenecían *Clemente Adán* (El Sagrario 6-124), hijo de Germán Gebrisa, *Guillermo Antonio* (El Sagrario 16-128), hijo de Jaques Antonio y de Ana Veifpenninq (¿?), y *Juan Guillermo* (El Sagrario 4-93), hijo de Guillermo del Vientre y de Beatriz Declevis, así como *Ana María* (El Salvador 10-264v) y *Diego Luis* (El Salvador 11-107), hijos ambos de Guillermo Sotón. Era «valenciano» el maestre Cosme, padre de *Pedro Pablo* (El Sagrario 5-180), y parecen catalanes tanto Arnao Cegarra, padre de *Fernando Arnao* (Sta. Marina 1-312), como Dalmao Ros, padre de *Diego Vicente* (S. Isidoro 0-50v) y *Sebastiana Dorotea* (S. Isidoro 0-71v); tal vez también el «maestre» Jorge, padre de *Juana Susana* (Sta. Ana 10-20v)[537]. En el caso de *Enrique Duarte* (S. Pedro 3-94), hijo de Duarte y doña Blanca Rodríguez de Sosa, cabría pensar en un origen portugués.

Conclusión

La superación de la traída y llevada polémica acerca del contenido del nombre propio –¿consiste en «una mera etiqueta identificadora»?, ¿posee «tanta significación conceptual o ideológica» como el nombre común?– pasaría no solo por aceptar que, además de la «significación en abstracto o en general», deben distinguirse cuatro niveles de significación idiomática –primaria, categorial, morfológica y sintáctica–, sino sobre todo por comprender que, al margen de dichos niveles, existen «unos sentidos que dependen [...] de factores contextuales más o menos diversos» (Morera y Pérez Vigaray 2019: 12-13)[538]. Entre estos se encuentra la «connotación de prestigio», una «información ideológica» tan importante que «en ella se suele basar frecuentemente la preferencia de las personas por tales o cuales nombres» (Morera y Pérez Vigaray 2019: 19), lo que este trabajo –a partir del análisis de todos los libros de bautismo de Sevilla anteriores al año 1600– ha pretendido

---

536. ¿Y *Nicolás Estevan* (S. Miguel 2-48), hijo de Jacobe de Rodas y María Filermo?

537. ¿De qué región de la península procederían Ventura de Espinal y Catalina de Espinal, padres de *Luis Antonio* (S. Pedro 1-174v), *Luis Cristóbal* (S. Pedro 1-193v) y *Cosme Damián* (S. Pedro 1-212)?

538. Buena prueba del interés que el asunto suscita todavía hoy es Bahr y Hernández Arocha (2018).

comprobar en relación con la influencia que, durante el siglo XVI, habría ejercido el santoral católico en la imposición de los nombres de pila dobles; puesto que se vinculaba a este fenómeno, se ha estudiado también cómo dicha clase de nombres estaba socialmente distribuida. El contexto histórico del corpus investigado corresponde, por lo demás, a una ciudad con una población variopinta dada su condición de foco de atracción en la época: una hipótesis plausible es que estas «circunstancias» –en el sentido estricto del término– debieron de proyectarse en la onomástica personal.

Los nombres de pila dobles se testimonian en Sevilla desde la segunda década del siglo XVI y, en la fase inicial de su difusión, abundan más entre los varones que entre las mujeres (cf. 12.2.3)[539]. Sin dejar de representar a lo largo de todo el período analizado un tipo de antropónimo muy minoritario en comparación con el nombre simple (tal y como afirmaba Boyd-Bowman por ejemplo), aumentaron su presencia de manera paulatina, sobre todo los femeninos[540] y en especial *Ana María*, nombre que, a la vista de su crecimiento exponencial desde 1561, estaba de moda en el postrer tercio del Quinientos. Durante el último lustro, como anticipo de la generalización del nombre doble que caracterizó al siglo XVII (según han subrayado otros autores citados), todos los casos experimentaron un notable incremento. Cabe destacar, por otra parte, que los antropónimos de mayor frecuencia como simples –los femeninos *María* y *Ana*, los masculinos *Juan* y *Francisco*– son asimismo los que integran más nombres dobles; interesa señalar también cómo algunos de los elementos constituyentes aparecen indistintamente como nombre primero o como nombre segundo, pero otros solo lo hacen en una de las dos posiciones (por ejemplo, los femeninos *Isabel*, *Inés*, *Catalina* y *Leonor* son únicamente nombres primeros) (cf. 12.2.2).

La innovación antroponímica aquí investigada, de acuerdo con García Gallarín o Castro, habría perseguido tanto corregir las fallas de un sistema «esclerotizado» por la costumbre de perpetuar los nombres de la generación anterior, como reflejar en la onomástica los nuevos aires de la Contrarreforma. Se ha demostrado, en este sentido, el bajo alcance de la homonimia «total»[541] (cf. 12.3.1) y, algo mucho más destacable, la alta frecuencia con que sobre todo el segundo elemento de

---

539. En el apartado 12.2.1 del trabajo se han recogido todos los nombres estudiados por orden de frecuencia. Los que solo se documentan una o dos veces aparecen enumerados en el Anexo.

540. Que, no obstante, eran menos variados que los masculinos. Repárese en que más de la mitad de los ejemplos registrados de nombres dobles femeninos equivale a la suma de los casos de *Ana María* y *María Ana*.

541. La homonimia «parcial» –basada no por casualidad en la coincidencia de nombres que, como simples, figuran entre los más frecuentes– es, por el contrario, relativamente abundante. La escasez de homonimia «total» no sorprende en una época en la que los nombres de pila doble aún no se prodigaban.

los nombres dobles aludía al santo del natalicio (cf. 12.3.2), a tenor de los días que de media transcurrían entre esa fecha y la celebración del bautizo. Junto a la indiscutible impronta de la Iglesia que muchos de los casos analizados traslucen[542], si bien respondiendo a las necesidades de identificación de un grupo social concreto, se comprueba en las partidas estudiadas que los nobles, las dignidades y los cargos de la administración local –así como los extranjeros que se afanaban en naturalizarse en Sevilla– primaban los nombres dobles (cf. 12.3.3). Una de las tendencias discernibles al respecto consiste en la posposición de *María* en las formaciones onomásticas resultantes y la clara preferencia manifestada por *Ana* y *Leonor* como nombres primeros o por *Alonso* y *Leandro* como nombres segundos.

Pero el nombre doble no falta entre los demás vecinos de la ciudad y, de hecho, se imponía también a niños abandonados, a esclavos y a los hijos de estos últimos, por lo que cabe pensar que, con independencia del papel desempeñado por el catolicismo, la clase alta habría impulsado un cambio onomástico y los otros sectores de la sociedad habrían imitado ese modelo por su indiscutible prestigio.

Anexo

Nombres dobles con dos ejemplos

Alberto Antonio, Alonso Matías, Bartolomé Francisco, Damián Cosme, Diego Félix, Francisco Juan, Francisco Lorenço, Francisco Luis, Francisco Salvador, Gaspar Antonio, Gaspar Luis, José Francisco, Juan Asencio, Juan Bernal, Juan Bernardo, Juan Blas, Juan Clemente, Juan Cornelio, Juan Estevan, Juan Lázaro, Juan Lucas, Juan Matías, Juan Rafael, Luis Andrés, Luis Félix, Luis Francisco, Luis Matías, Martín Jerónimo, Pedro Antonio, Pedro Jacinto, Pedro Jerónimo, Pedro Manuel, Pedro Marcelino, Pedro Simón.

Ana Benita, Ana Catalina, Ana Jerónima, Ana Magdalena, Ana Tomasina, Antonia María, Beatriz Ana, Catalina Andrea, Francisca María, Isabel Francisca, Isabel Jacinta, Jerónima Francisca, Juana Gregoria, Luisa Jacinta, Luisa María, María Jacinta, María José, María Juana.

---

542. Eso sí, la frecuencia de aparición de un nombre doble estaría, al parecer, inversamente relacionada con la influencia del santoral, puesto que muchos de los nombres más repetidos (*Ana María, María Ana, Juan Antonio, Juan Luis…*) se testimonian en cualquier momento del año, ajenos por lo tanto al referido condicionamiento.

Nombres dobles con un único ejemplo

Agustín Francisco, Agustín Leandro, Agustín Roque; Alberto Bartolomé; Alonso Agustín, Alonso Estevan, Alonso Gregorio, Alonso Tomé, Alonso Zoilo; Álvaro Jerónimo, Álvaro Mateo; Andrés Francisco, Andrés Lucas, Andrés Valeriano; Antonio Cristóval, Antonio Donato, Antonio Eusebio, Antonio Francisco, Antonio Gerardo, Antonio Jacinto, Antonio Jerónimo, Antonio Luis, Antonio Marcelo, Antonio Marcos, Antonio Martín, Antón Matía; Bartolomé Cristóval, Bartolomé Gregorio, Bartolomé José, Bartolomé Luis; Benito José, Benito Juan, Benito Lázaro; Bernabé Nufio; Bernardo Antonio; Blas Alonso, Blas Francisco, Blas Jerónimo; Clemente Adán; Cosme Andrés, Cosme Ignacio, Cosme Nicolás; Cristóval Andrés, Cristóval Antonio, Cristóval Francisco, Cristóval Lázaro, Cristóval Luis, Cristóval Manuel; Diego Albertos, Diego Bernardo, Diego Domingo, Diego Lázaro, Diego Lorenço, Diego Lucas, Diego Mateo, Diego Melchor, Diego Roque, Diego Sebastián, Diego Vicente; Enrique Duarte; Felipe Roque; Fernando Alonso, Fernando Arnao, Fernando Gregorio, Fernando José, Fernando Marcelo, Fernando Mateos, Fernando Sebastián, Fernando Simón; Francisco Agustín, Francisco Ambrosio, Francisco Andrés, Francisco Benito, Francisco Clemente, Francisco Enrique, Francisco Germán, Francisco Gregorio, Francisco Jacinto, Francisco Jerónimo, Francisco José, Francisco Leandro, Francisco Lucas, Francisco Manuel, Francisco Mateo, Francisco Miguel, Francisco Pedro; Gabriel Bernardo, Gabriel Jacinto, Gabriel Juan; Gaspar Félix, Gaspar Francisco, Gaspar Gregorio, Gaspar Jacinto, Gaspar Jerónimo, Gaspar Juan, Gaspar Melchor; Gómez Antonio, Gómez Jerónimo; Gonzalo Balduino; Gregorio Laureano; Guillermo Antonio; Jacinto Roque; Jácome Mateo; Jerónimo Alonso, Jerónimo Crispín, Jerónimo Francisco, Jerónimo Leandro, Jerónimo Luis; Jorge Claro; José Adán, José Gregorio, José Jacinto; Juan Amador, Juan Baltasar, Juan Bartolomé, Juan Cosme, Juan Damián, Juan Diego, Juan Domingo, Juan Fernando, Juan Florencio, Juan Gregorio, Juan Guillermo, Juan Hipólito, Juan Isidoro, Juan León, Juan Marcelino, Juan Marcelo, Juan Miguel, Juan Nicolás, Juan Roque, Juan Tomás, Juan Tomé, Juan Vidal; Julián Francisco; Julio César; Lázaro Jerónimo, Lázaro Miguel; Lorenço Enrique, Lorenço Francisco, Lorenço Teodoro; Lucas Alonso; Luis Agustín, Luis Alonso, Luis Bernardo, Luis Cristóval, Luis Duarte, Luis Felipe, Luis Gregorio, Luis José, Luis Lorenço, Luis Manuel, Luis María, Luis Vidal; Manuel Antonio, Manuel José; Marcos Bernabé, Marcos Felipe, Marcos Jerónimo, Marcos Matías; Martín Alonso; Melchor Luis; Miguel Alonso, Miguel Ángel, Miguel Benito, Miguel Dionisio, Miguel Salvador; Nicolás Clemente, Nicolás Estevan, Nicolás Remigio; Nufio Tomás, Nufrio Bernabé; Pablo Jerónimo, Pablos Manuel; Pedro Alfonso, Pedro Andrés, Pedro Clemente, Pedro Cristóval, Pedro Feliciano, Pedro Francisco, Pedro Fulgencio, Pedro Julián, Pedro Lorenço, Pedro Miguel, Pedro Nicolás, Pedro Salvador, Pedro Silverio, Pedro Silvestre; Rafael Antonio; Rodrigo Agustín, Rodrigo Jerónimo, Rodrigo Matías; Roque

Antonio, Roque Jacinto; Salvador José; Sebastián Blas, Sebastián Roque, Sebastián Simón; Simón Agustín, Simón Asencio, Simón Gaspar, Simón Jacinto, Simón Luis; Tomás Francisco, Tomás Luis.

Ambrosia María; Ana Agustina, Ana Antonia, Ana Clemente, Ana Feliciana, Ana Felipa, Ana Gregoria, Ana Guiomar, Ana Jacinta, Ana Luisa, Ana Roca, Ana Rufina; Andrea Juana, Andrea María; Ángela Gregoria, Ángela Lucrecia; Antonia Francisca, Antonia Jacinta, Antonia Luisa, Antonia Manuela, Antonia Sabina; Beatriz Antonia, Beatriz Bernabela, Beatriz Juana; Brígida Adriana, Brígida Agustina, Brígida Áurea, Brígida Escolástica, Brígida Urbana; Catalina Angelina, Catalina Bernarda, Catalina Felipa, Catalina Jerónima, Catalina Luisa; Clara Ana, Clara Eugenia, Clara Francisca, Clara Sebastiana; Constanza María, Constanza Rufina; Dionisia Agustina; Dominga Germana; Elena María; Eulalia Juana; Florentina Aliandre; Francisca Ana, Francisca Andrea, Francisca Antonia, Francisca Asencio, Francisca Bernarda, Francisca Jacinta, Francisca Jerónima, Francisca Lucrecia, Francisca Matías, Francisca Miguel, Francisca Petronila; Gracia Ana, Gracia Eugenia; Gregoria María; Inés Lázara, Inés Luisa, Inés Pascual, Inés Tomea; Isabel Benita, Isabel Felipe, Isabel Jerónima, Isabel Juana, Isabel Leonarda, Isabel Luisa, Isabel Paula; Jacobina Felipa; Josefa María; Juana Andrea, Juana Antonia, Juana Bárbola, Juana Clara, Juana Felipa, Juana Lucrecia, Juana Luisa, Juana Magdalena, Juana Marina, Juana Susana, Juana Victoria; Leonor Ángela, Leonor Benita, Leonor Francisca, Leonor Josefa; Lorença Ana, Lorença Jacinta; Luisa Andrea, Luisa Bárbara, Luisa Bernarda, Luisa Estefanía, Luisa Josefa, Luisa Marcela, Luisa Mencía, Luisa Nicolasa, Luisa Rufina, Luisa Salvadora, Luisa Violante; Magdalena Cosma; María Agustina, María Apolonia, María Blanca, María Casilda, María Eugenia, María Jerónima, María Lorenço, María Matía; Mariana Juana; Marta María; Sebastiana Dorotea, Sebastiana Jacinta; Teresa María, Teresa Sebastiana; Tomasina Clara, Tomasina Luciana; Úrsula Magdalena.

Capítulo 13
La elección del nombre de bautismo en el siglo XVI: el caso de *Jacinto**

Introducción

Un aspecto interesante –al tiempo que complejo– de la onomástica histórica atañe a la elección del nombre de pila, pues ¿qué impulsaba en el Antiguo Régimen a imponer un antropónimo (y no otro)? La respuesta a esta cuestión depende, como podrá comprenderse, de diversos factores. Por considerar solo algunos de ellos: no era lo mismo que el bautizado fuera un recién nacido o que fuera un esclavo adulto; en relación estrecha con esto está claro que influía la extracción social del neófito, ¿pertenecía su familia a la nobleza o al pueblo llano? Cabría tener en cuenta incluso si el parto había sido único o múltiple. Lo cierto es que raramente constaba en el documento el motivo de elección del nombre.

Tal y como indica Castro (2014: 21-34), en el sistema antroponímico tradicional los neófitos recibían el nombre de su progenitor o de su padrino; con la Edad Moderna, sin duda bajo la influencia de la Contrarreforma en los países católicos, se prefirió la adopción del nombre del santo conmemorado el día del nacimiento o del bautizo: este cambio de modelo habría perseguido paliar la notable concentración onomástica que denuncian los textos de la época[543].

La consulta de una amplia colección de libros de bautismo del Quinientos, los conservados en los archivos parroquiales de Sevilla (España), ha demostrado, no obstante, que la imposición de ciertos nombres pudiera estar condicionada en aquel entonces por factores distintos de los aducidos. Uno de estos casos peculiares es el de *Jacinto* (y su femenino *Jacinta*), antropónimo minoritario hoy día en España, pero que a finales del XVI experimentó un notable incremento desde su

---

* Publicado en *Onomástica desde América Latina*, 5 (3), 2022, 76-89 [ISSN 2675-2719].
543. Además, Sánchez Rubio y Testón (2012: 97-103).

práctica inexistencia[544]. En efecto, en un brevísimo período de tiempo, *Jacinto* se convirtió en uno de los nombres más frecuentes en la principal parroquia sevillana, la del Sagrario de la Santa Catedral Metropolitana. Se comprueba también en los libros estudiados que este antropónimo pasó a ser uno de los predilectos como segundo elemento de los *nombres dobles*, innovación onomástica cuya difusión coincidió en el tiempo con la aquí analizada.

El presente artículo plantea la hipótesis de que esta moda estuviera relacionada con la canonización de Jacinto de Cracovia, declarada en abril de 1594, pues los primeros registros sevillanos datan de finales de dicho año o de principios del siguiente. En aras de una mayor claridad en la exposición, se ha procedido a separar los datos en dos apartados diferentes: por un lado, se ofrecen los del Sagrario de la Catedral por ser la parroquia más importante de Sevilla (cf. 13.1); por otro, se completa el panorama con la consideración de los datos provenientes de las demás feligresías de la ciudad (cf. 13.2).

13.1. *Jacinto* y *Jacinta* en el Sagrario de la Catedral de Sevilla (años 1515-1600)

Es de sobra conocido que, como consecuencia de la monopolización del comercio con América, Sevilla alcanzó su apogeo en el siglo XVI y que el centro político y económico de esa ciudad floreciente correspondía a la parroquia de Santa María la Mayor o del Sagrario, aneja a la Santa Catedral. Allí se localizaban los edificios religiosos y civiles más emblemáticos –además de la citada Catedral, el Alcázar, la Casa de la Moneda, las Atarazanas, los cabildos eclesiástico y secular…–, también las lonjas de las naciones extranjeras en que se concentraban los escribanos públicos, los cambiadores y los mercaderes avecindados en la zona, así como las Gradas, lugar destinado a las transacciones de los esclavos (Morales Padrón 1989).

Todas las circunstancias apuntadas se relacionan con el valor documental del fondo archivístico del Sagrario, en cuyos libros sacramentales se reflejaron de manera fehaciente. Y aunque los historiadores han demostrado ya la utilidad de algunos de los datos contenidos en dichos volúmenes (por ejemplo, para la demografía), todavía no han sido aprovechados suficientemente por parte de la ciencia

---

544. Este nombre se documenta desde finales del siglo XVI y principios del XVII (García Gallarín 2014: 530-531; Boyd-Bowman 1970: 17-18). Para testimonios literarios anteriores (por ejemplo, en la *Comedia Jacinta. Propaladia* de Torres Naharro o la anónima *Comedia Ypólita*), cf. CORDE. La condición literaria del nombre queda confirmada por el conocido pasaje del *Coloquio de los perros*: los pastores reales, dice Cervantes, no «se nombraban Amarilis, Fílidas, Galateas y Dianas ni había Lisardos, Lausos, *Jacintos* ni Riselos», sino que «todos eran Antones, Domingos, Pablos o Llorentes».

onomástica. En este apartado del trabajo se pretende, en efecto, estudiar el antropónimo *Jacinto* (y su femenino) mediante el análisis de los veintiún libros bautismales del citado archivo parroquial[545], en los que han quedado registradas las partidas desde el 1 de enero de 1515 hasta el 27 de marzo de 1600. La pesquisa revela que en dicho período el número total de bautizados con el nombre *Jacinto* asciende a setenta y un casos. Dado que la fecha del primer testimonio del antropónimo es el 23 de febrero de 1595 –«Jacinto, hijo de Francisco de Molina y Jerónima de San Miguel» (libro 19, f. 183v)–, todos los ejemplos se concentran en el último lustro del siglo XVI, se hallan por lo tanto consignados en los libros de bautismo nº 20 y nº 21, con la excepción precisamente del recién citado, que procede del nº 19.

La frecuencia de aparición de *Jacinto* en contraste con los demás nombres de pila masculinos demuestra la aceptación de la que, a partir de su inexistencia, gozó en aquellos años. *Jacinto* ocupa el quinto lugar tanto en el libro nº 20 como en el nº 21, solo por detrás de *Juan, Francisco, Diego* y *Pedro*. Su índice es superior al de nombres que se habían impuesto mucho más a lo largo del Quinientos en Sevilla, como *Antonio, Alonso* o *Luis*. La tabla número 1 resume todos estos datos cuantitativos:

Tabla nº 1. Frecuencia de nombres masculinos (El Sagrario)

Libro nº 19 3/2/1593-12/9/1595 877 varones bautizados		Libro nº 20 14/9/1595-10/10/1597 772 varones bautizados		Libro nº 21 19/10/1597-27/3/1600 796 varones bautizados	
Juan	201	Juan	218	Juan	180
Diego	90	Francisco	96	Francisco	104
Francisco	87	Pedro	58	Diego	61
Pedro	77	Diego	45	Pedro	60
Luis	39	*Jacinto*	35	*Jacinto*	35
Antonio	33	Antonio	33	Alonso	31
Alonso	26	Alonso	21	Antonio	22
Cristóbal	26	Luis	18	Luis	22
…	…	Cristóbal	12	Cristóbal	19
Jacinto	1	…	…	…	…

---

545. En el Fondo Sagrario-Libros Sacramentales, depositado actualmente en la Biblioteca Capitular y Colombina de Sevilla. Morales Padrón (1982: 235-236).

A tenor de la información contenida en las partidas correspondientes, no presenta marca social o económica alguna el 70 % de todos los bautizos con el nombre *Jacinto*. De los demás, apenas cinco pudieran adscribirse al patriciado de la ciudad, pues se llamaban así los hijos de Juan Bautista de Medinilla y doña Marina de Ayala (libro 20, f. 4), del doctor Pedro de Almana, oidor de la Contratación, y doña Beatriz Intiziana (¿?) (libro 20, f. 112), de Sebastián Chaparro y doña María de Benjumea (libro 21, f. 15v), de Leonardo de Ayala y doña Mariana de Toledo (libro 21, f. 71v) y de Pedro Farfán y doña Magdalena de la Cueva (libro 21, f. 158v).

Son claramente más abundantes por su parte los neófitos pertenecientes a los estratos desfavorecidos de la sociedad: diecisiete ejemplos. Entre ellos predominan en especial los niños abandonados, pues quince de los diecisiete aparecen en los registros anotados como «hijo de la Iglesia», «hijo (o niño) de la Cuna» o «hijo de Dios y de Santa María»[546]. Hay que considerar dentro de este sector también a «Jacinto, hijo de Juana, esclava de don Cristóbal Franco y doña Francisca de Valladolid» (libro 20, f. 214) y a «Jacinto esclavo de Martín Sánchez» (libro 21, f. 259v). Así pues, se deduce que el nombre se difundió con bastante rapidez por todos los ámbitos de la sociedad. Aunque no parece que *Jacinto* fuera privativo de ningún grupo social, prevaleció entre los marginados, tal vez porque en dichos bautismos pesara más el criterio de la Iglesia.

A los casos de nombre simple han de añadirse cinco más en que el antropónimo estudiado integra un *nombre doble*: por orden alfabético, *Diego Jacinto* (libro 20, f. 21v), *Juan Jacinto* (libro 20, f. 205v; libro 21, f. 75; libro 21, f. 172), *Pedro Jacinto* (libro 21, f. 227v), *Roque Jacinto* (libro 20, f. 203) y *Simón Jacinto* (libro 20, f. 21), todos ellos testimonios únicos salvo *Juan Jacinto*, con tres ejemplos. Como nombre compuesto se cuenta otro más, *Jacinto de los Reyes* (libro 20, f. 33), en que al antropónimo de marras se le adjunta la referencia a la fiesta de la Epifanía en torno a la cual debió de haber nacido el neófito (téngase en cuenta que la fecha de la partida bautismal es el 12 de enero de 1596)[547].

En cuanto al femenino *Jacinta*, el número total de casos registrados en la parroquia es de cuarenta y uno[548], treinta y siete de ellos como nombre único y los cuatro restantes constituyendo un nombre doble –*Isabel Jacinta* (libro 21, f. 232),

---

546. Ejemplos localizados en los ff. 22, 24, 54, 56, 105, 108v, 111, 114v, 160v y 182 del libro 20, así como en los ff. 46, 57v, 59, 76v, 93v del libro 21. Entre todos ellos, «Jacinto y Jacinta, hijos de Dios y de Santa María, de un vientre» (libro 20, f. 108v), es especialmente interesante por compartir ambos hermanos el mismo nombre.

547. No se ha considerado el caso de *Jacinto de Paula* (libro 21, f. 111) por no reconocerse en él una advocación.

548. Cuatro de ellas nacidas de partos múltiples: *Ana y Jacinta* (libro 20, f. 36), *Luisa y Jacinta* (libro 20, f. 42), *Jacinto y Jacinta* (libro 20, f. 108v) y *Jacinta y Juan* (libro 20, f. 180). El más interesante de todos ellos, el ya citado en la nota nº 546.

Lorença Jacinta (libro 20, f. 202) y dos ejemplos de *María Jacinta* (libro 21, ff. 156 y 174v). La fecha de primera documentación de *Jacinta* es el 21 de diciembre de 1595 (libro 20, f. 25v).

En la mayoría de las niñas –el 65 %– así bautizadas en el Sagrario no consta nota alguna reveladora de su condición socioeconómica. En efecto, solo ocho de las cuarenta y una pertenecerían a los sectores marginados, pues se trata de niñas abandonadas y, como tales, anotadas en las partidas como «de la Iglesia», «de la Cuna» o «hija de Dios y de Santa María»[549]. A esta capa social se añadiría el caso de la hija de una esclava llamada Dominga (libro 20, f. 97).

Del patriciado parecen proceder, por el contrario, otras cinco recién nacidas de nombre *Jacinta*: las hijas de los matrimonios formados por Gaspar de Ribera y doña María de Ribera (libro 20, f. 123), Juan Esteban Valerio y doña Catalina de Loaysa (libro 20, f. 174v), Francisco Pérez de Olivera y doña Francisca de Esquivel Padilla (libro 21, f. 171), Manuel de Burgos y doña Feliciana de Santiago (libro 21, f. 243) y, por último, Lucas Ramírez y doña Jerónima Bosque (libro 21, f. 244v). Es decir, de manera análoga a *Jacinto*, también el nombre femenino se propagó por todos los sectores de la sociedad. No se nota, sin embargo, una gran diferencia entre las clases marginadas y las más favorecidas, pues el número de casos es muy semejante.

13.2. *Jacinto* (y *Jacinta*) en los libros de bautismo sevillanos (siglo XVI)

El análisis llevado a cabo hasta este punto sería incompleto si no se tuvieran en cuenta los datos de todas las demás parroquias sevillanas[550]: su presentación es el objeto de este apartado. Pese a lo dispersos que, en contraste con los del fondo del Sagrario, puedan parecer dichos datos en principio, debieran complementar la imagen obtenida sobre el nombre estudiado en Sevilla durante el siglo XVI.

Como es normal, los números mayores de *Jacinto* y *Jacinta* proceden de las parroquias más pobladas, caso de El Salvador o Santa Ana: en aquella se han registrado cuarenta y ocho de *Jacinto* y dieciocho de *Jacinta*[551], y en esta veintiocho y cuatro, respectivamente. En el otro extremo se encuentran las parroquias de la ciudad con escasos testimonios del nombre: solo consta un bautizo con este nombre

---

549. En los ff. 42, 108v, 171, 174 y 180 del libro 20, y en los ff. 141v, 201 y 270 del libro 21.

550. Para la enumeración de los archivos parroquiales de Sevilla que han sido objeto de la investigación, cf. la nota al pie nº 340. En este trabajo, a diferencia de todos los anteriores, sí ha sido posible acceder al archivo San Lorenzo (Morales Padrón 1982: 209). Los casos considerados aquí se citarán de la misma manera que en dicha nota se indica.

551. Sin contar los ejemplos de *nombre doble*, de los que más abajo se tratará de modo conjunto.

en San Bernardo (3-45v), San Juan de Acre (1-87v) y Santa Cruz (2-167v), ejemplo que, por cierto, es del masculino mientras que del femenino no hay ninguno en el período analizado. En relación con esto último, *Jacinto* predomina sobre *Jacinta*, según ya se ha podido comprobar en el Sagrario, El Salvador o Santa Ana, pero un recuento detallado permitiría conocer la proporción de dicha mayor frecuencia. Así, el número de *Jacinto* es el triple del de *Jacinta* en San Lorenzo (15/5), San Isidoro (11/3) o Santa Catalina (10/3), y está en torno al doble en Santa Marina (8/4) y San Román (5/3), pero se muestra muy parejo en San Bartolomé (9/7) y, en el caso de San Esteban (4/5), el nombre femenino supera al masculino.

En cuanto a la fecha de documentación del nombre –aspecto este de gran importancia para la hipótesis de la que parte el presente trabajo–, es posible comprobar en la tabla número 2 cómo salvo en dos parroquias (Santa Ana y San Andrés), con muy pocos meses de diferencia entre sí, se sucedieron los primeros bautismos de *Jacinto* (y *Jacinta*) en los distintos templos de la ciudad:

Tabla nº 2. Primer testimonio de *Jacinto, Jacinta* en las parroquias de Sevilla

Parroquia	Fecha del primer testimonio
Santa Ana	7/9/1534
San Andrés	11/11/1566
La Magdalena	19/9/1594
San Esteban	20/4/1595
San Vicente	14/9/1595
El Salvador	23/11/1595
San Bartolomé	6/12/1595
San Ildefonso	15/12/1595
San Lorenzo	24/12/1595
San Isidoro	27/12/1595
Santa Marina	4/1/1596
San Martín	11/1/1596
San Román	17/1/1596
San Nicolás	13/2/1596
San Pedro	6/4/1596
Santa Catalina	1/5/1596

Parroquia	Fecha del primer testimonio
San Miguel	10/5/1596
San Bernardo	9/9/1596
Santa María la Blanca	18/11/1596
San Juan de Acre	4/7/1599
Santa Cruz	27/9/1599

Los dos casos de *Jacinto* testimoniados con anterioridad a todos los otros corresponden a un esclavo (Santa Ana 12-47) y al hijo de «Jacinto de Salcedo y Vargas» (San Andrés 2-99), por lo que, al menos en este, el nombre de pila –heredado de su padre, el único en todo el corpus investigado– parece plenamente justificado[552]. Interesa consignar, asimismo, que las fechas del segundo bautismo de *Jacinto* en dichas iglesias son el 21 de junio de 1595 (Santa Ana 18-164) y el 20 de enero de 1596 (San Andrés 2-341), en consonancia por lo tanto con las de las demás parroquias.

Un aspecto relacionado con la fecha de primera documentación es el de la prioridad del nombre masculino respecto del femenino. Al ser varón el epónimo se entiende que *Jacinto* apareciera antes que *Jacinta*, lo que ocurre en la mayoría de las parroquias[553], pero no en todas: el ejemplo recién citado de San Andrés, en particular, es de *Jacinta*, como también es femenino el primer testimonio del nombre en San Lorenzo (4-564v) o San Miguel (4-65), y en el caso de Santa Marina, tanto la primera (1-190v) como la segunda (1-193v) de las apariciones.

Por otra parte, los registros de *Jacinto* (*Jacinta*) como nombre simple preceden a la documentación del antropónimo como elemento integrante de un *nombre doble*, si bien hay alguna excepción al respecto, pues en El Salvador aparece *José Jacinto* (10-328v) antes que *Jacinto* (10-329)[554]. Porque, como es bien sabido, una de las innovaciones de la antroponimia hispánica en el XVI consistió en la popularización de nombres como estos[555], fenómeno destacado para el que se han pro-

---

552. Hay un santo llamado Jacinto que se celebra el 16 de agosto, ¿habría motivado el nombre del esclavo de Santa Ana?

553. Y es que el nombre masculino, aparte del Sagrario, aparece antes en Santa Ana, La Magdalena, San Bartolomé, San Esteban, San Ildefonso, San Isidoro, Santa Catalina, San Pedro, San Román, San Vicente, Santa María la Blanca, San Nicolás y San Martín. El único ejemplo registrado es de nombre masculino, como ya se ha dicho, en San Juan de Acre, Santa Cruz y San Bernardo.

554. En San Andrés, descontando el caso de 1566 ya comentado y el de *Jacinta*, también se documenta antes *Juan Jacinto* (2-343) que *Jacinto* (2-346).

555. De acuerdo con García Gallarín (2009: 77), es uno de los «factores internos» del cambio antroponímico sucedido en el *español medio* (período histórico-lingüístico comprendido entre los años 1450 y 1650).

puesto dos explicaciones, no excluyentes entre sí: a) el nombre doble perseguiría contrarrestar el efecto de la *homonimia* y mejorar así la individuación[556]; b) el nombre doble incluía el nombre del santo que la Iglesia católica, en el contexto de la Contrarreforma, conmemoraba el día del nacimiento (o del bautizo) del neófito[557].

Los datos procedentes de los libros de bautismo empleados en el presente trabajo avalan, en principio, estas hipótesis. Si bien los ejemplos de nombres dobles se documentan en Sevilla desde la segunda década de la centuria, su frecuencia se incrementó, precisamente, en el último lustro, es decir, en el momento en que apareció *Jacinto*. Por esta razón, no extraña que entonces proliferaran nombres integrados por el antropónimo que constituye el objeto de interés en esta investigación. Efectivamente, a los casos testimoniados en la parroquia del Sagrario –los ya anotados con anterioridad *Diego Jacinto, Juan Jacinto, Pedro Jacinto, Roque Jacinto* y *Simón Jacinto*, por un lado, *Isabel Jacinta, Lorenza Jacinta* y *María Jacinta*, por otro–, habría que sumarles los masculinos *Antonio Jacinto* (San Andrés 2-378v), *Francisco Jacinto* (El Salvador 11-29v), *Gabriel Jacinto* (San Miguel 4-101v), *Gaspar Jacinto* (San Martín 3-187), *Jacinto Roque* (Sta. Catalina 4-202v), el ya citado *José Jacinto* y *Luis Jacinto* (El Salvador 10-358, El Salvador 11-110, Santa Catalina 4-244), así como los femeninos *Ana Jacinta* (San Esteban 2-117), *Antonia Jacinta* (La Magdalena 13-115v), *Francisca Jacinta* (El Salvador 11-117v), *Luisa Jacinta* (La Magdalena 12-270v, La Magdalena 12-288) y *Sebastiana Jacinta* (San Martín 3-246v), de manera que se registran, en total, doce nombres dobles con *Jacinto* y ocho con *Jacinta*, cantidad nada despreciable dado que si se compararan estos datos con los de los demás antropónimos según su participación en los nombres dobles, aquel figura en el noveno puesto mientras que esta lo hace en el octavo[558]. Obsérvese, por lo demás, que predomina con claridad la segunda posición en el nombre doble resultante, pues solo en un ejemplo –el de *Jacinto Roque*– el nombre analizado ocupa el primer lugar de la secuencia[559].

---

556. Los nombres dobles se convirtieron en un «recurso óptimo para identificar a las personas, además de producir nombres más sonoros» (García Gallarín 2009: 82); «la fórmula cumplía una función desambiguadora fundamental en la identificación del individuo y en la construcción de la identidad» (García Gallarín 2017a: 424).

557. Castro (2014: 34). Según Egido (1984: 216), el santo se encargaría de velar por el niño como un *abogado* en el sentido que el término adquirió desde el Humanismo.

558. Hay que tener en cuenta también los nombres dobles con *Jacinto* que no se dan exclusivamente en el Sagrario: *Diego Jacinto* (San Pedro 5-31v, San Esteban 2-117), *Juan Jacinto* (El Salvador 10-337, San Andrés 2-343, La Magdalena 12-286v, La Magdalena 13-142v) y *Pedro Jacinto* (El Salvador 10-353v). De manera análoga, con *Jacinta*: *Isabel Jacinta* (La Magdalena 12-299v) y *Lorença Jacinta* (San Martín 3-59).

559. Se documenta asimismo un ejemplo de *Jacinto* seguido de una advocación (análogo al ya comentado *Jacinto de los Reyes*): *Jacinto de la Cruz* (La Magdalena 12-278v), relacionado muy

Aquí se considerará, para terminar, el único caso de *nombre triple* integrado por *Jacinta* en el corpus de investigación: *Ana Jacinta Marcelina* (La Magdalena 12-284v). La combinación de tres nombres de pila aún era inhabitual en el XVI, de hecho, en todos los volúmenes examinados solo se han contado nueve ejemplos, más de la mitad de los cuales fechados en los últimos años del siglo. Quizá el rasgo más representativo de esta clase de nombres radica en su documentación, de manera exclusiva, en partidas pertenecientes al estrato más elevado de la sociedad –*Ana Jacinta Marcelina* era hija de Francisco Albadán «jurado que fue de esta ciudad y escribano público que es de ella» y de doña Magdalena de Castro–, no en vano, su hermano mayor también fue bautizado con un nombre triple: *Diego Simón Tadeo*.

Conclusión

Jacinto es en la actualidad un antropónimo minoritario, puesto que en España apenas 12.643 hombres se llaman así. Todavía menos extendido está su femenino, nombre de tan solo 4.879 mujeres según el Instituto Nacional de Estadística[560]. La edad media de quienes los portan –62,8 y 70,6 años, respectivamente– demuestra que se encuentran hoy día en franco retroceso, estado de cosas muy distinto del que se desprende de los registros bautismales de Sevilla a finales del siglo XVI.

La elección, como nombre de pila, de *Jacinto* y *Jacinta* en dicha ciudad durante el Quinientos no habría estado determinada por los factores habituales –la transmisión del nombre del padre (o del padrino) al hijo y el santoral–, sino tal vez por la canonización de Jacinto de Cracovia (17 de abril de 1594). Este hecho debió de haber tenido una enorme repercusión en la antroponimia de Sevilla, como demuestra que, salvo dos ejemplos –un esclavo ¿por el santo celebrado el 16 de agosto? y el hijo de «Jacinto de Salcedo y Vargas»–, todos los bautizos tienen una fecha posterior a la de la santificación mencionada. Desde el momento en que la Iglesia sevillana habría difundido la noticia sobre el nuevo santo, aumentaron los casos de niños así llamados y el antropónimo se convirtió en uno de los componentes preferidos de los nombres dobles. Parece que dicha extensión afectó a todos los sectores de la sociedad, aunque quizás más a las clases desfavorecidas donde la impronta de la Iglesia suele siempre ser más evidente.

---

probablemente con la fecha en que se celebra «la Invención de la Santa Cruz» (3 de mayo), pues la partida data del 30 de abril de 1596.

560. https://www.ine.es/widgets/nombApell/index.shtml [fecha de la consulta: 23/6/2023].

Referencias bibliográficas

Álvarez, Manuel, Ariza, Manuel, Mendoza, Josefa Mª y Ramos, Mª Mar (1992): «Contribución al estudio de la onomástica medieval andaluza», *Nouvelle Revue d' Onomastique*, 19-20, 87-109.

Álvarez, Manuel, Ariza, Manuel y Mendoza, Josefa Mª (2000a): «La onomástica personal en Carmona (Sevilla) en el siglo XVI», en Dieter Kremer y Rudolf Sramek (eds.), *Onomastik. Akten des 18. Internationalen Kongresses* für *Namenforschung (Trier, 12.-17. April 1993)*, 2. Tubinga: Niemeyer, 156-166.

Álvarez, Manuel, Ariza, Manuel y Mendoza, Josefa Mª (2000b): «Aspectos de la onomástica de Ronda», *Philologia Hispalensis*, 14, 55-63.

Álvarez, Manuel, Ariza, Manuel y Mendoza, Josefa Mª (2001): *Un padrón de Sevilla del siglo XIV. Estudio onomástico*. Sevilla: Ayuntamiento de Sevilla.

Álvarez Santaló, Carlos León (1980): *Marginación social y mentalidad en Andalucía Occidental: expósitos en Sevilla, 1613-1910*. Sevilla: Consejería de Cultura de la Junta de Andalucía.

Ansón, Mª Carmen (1977): «Sociología del bautismo en el siglo XVII», *Cuadernos de investigación: Geografía e historia*, 3, 69-90.

Ariza, Manuel (1993a): «Nombre propio y diccionario (breve estudio de los lexicógrafos clásicos españoles)», *Anuario de Letras. Lingüística y filología*, 31, 415-430.

Ariza, Manuel (1993b): «Aspectos de la onomástica de Extremadura», en Ramón Lorenzo (coord.), *Actas do XIX Congreso Internacional de Lingüística e Filoloxía Románicas*, 4, 527-540.

Ariza, Manuel (1997): «La antroponimia medieval de Carmona. El libro de repartimiento», *Archivo Hispalense. Revista histórica, literaria y artística*, 80, 583-595.

Ariza, Manuel (2002): «La lingüística histórica española», *Actas del II Congreso de la Sociedad Española de Lingüística, Madrid, 11-15 de diciembre de 2000. Presente y futuro de la lingüística en España. La Sociedad de Lingüística, 30 años después*, 1. Madrid: Sociedad Española de Lingüística, 11-20.

Ariza, Manuel (2008a): «Acercamiento a la onomástica cacereña del siglo XVI», *Estudios sobre el extremeño*. Cáceres: Universidad de Extremadura, 101-111.

Ariza, Manuel (2008b): «Aspectos de la onomástica extremeña», *Estudios sobre el extremeño*. Cáceres: Universidad de Extremadura, 113-124.

Ariza, Manuel (2008c): «Del nombre propio», *Insulte usted sabiendo lo que dice y otros estudios sobre el léxico*. Madrid: Arco Libros, 183-196.

Ariza, Manuel y Rodríguez Sánchez, Ángel (1979): «Acercamiento a la onomástica cacereña del siglo XVI», *Estudios dedicados a Carlos Callejo Serrano*. Cáceres: Diputación Provincial, 87-99.

Bahr, Christian y Hernández Arocha, Héctor (2018): «¿Tienen significado los nombres propios? Una aproximación al debate inconcluso en torno a la semántica y (difusa) categorización de nombres propios y comunes», *Zeitschrift für romanische Philologie*, 134 (2), 329-348.

Ballesteros, José Antonio (2004): «Onomástica y mentalidades en el siglo XVI», *Espacio, tiempo y forma. Serie 4. Historia Moderna*, 17, 27-57.

Bastardas, María Reina (2017): «Les noms des enfants trouvés en Catalogne au XVᵉ siècle», en Emili Casanova (ed.), *Onomàstica Romànica: Antroponímia dels expòsits i etimologia toponímica, especialmente de Valéncia*. Valéncia: Denes, 43-56.

Bastardas, María Reina y Piquer, Esperança (2000): «Anthroponymie féminine barcelonnaise du XIVᵉ siècle», en Dieter Kremer y Rudolf Sramek (eds.), *Onomastik. Akten des 18. Internationalen Kongresses* für *Namenforschung (Trier, 12.-17. April 1993)*, 3. Tubinga: Niemeyer, 30-42.

Becker, Lidia (2009): *Hispano-Romanisches Namenbuch. Untersuchung der Personennamen vorrömischer, griechischer und lateinisch-romanischer Etymologie auf der Iberischen Halbinsel im Mittelalter (6.-12. Jahrhundert)*. Tübingen: Max Niemeyer Verlag.

Becker, Lidia (2018): *Nombres de persona en español. Historia, situación actual y onomástica popular*. Berlín: Peter Lang.

Billy, Pierre Henry (2014): «Names of abandoned children: formation patterns», en Oliviu Felecan y Daiana Felecan (eds.), *Unconventional Anthroponyms: Formation Patterns and Discursive Function*. Cambridge: Cambridge Scholars Publishing, 56-76.

Billy, Pierre Henry (2017): «Les fêtes et temps liturgiques dans les noms des enfants abandonnés ou trouvés, en France au XVIIIᵉ siècle», en Emiliana Ramos y Ander Ros (eds.), *Onomástica, lengua e historia. Estudios en honor de Ricardo Ciérbide*. Sociedad Vasca de Onomástica, 53-61.

Borrero, Mercedes (1998): «Situación demográfica de la Sierra Norte de Sevilla (siglo XV-1534)», *Historia. Instituciones. Documentos*, 25, 43-71.

Boullón, Ana Isabel (1999): *Antroponimia medieval galega (ss. VIII-XII)*. Tubinga: Max Niemeyer Verlag.

Boullón, Ana Isabel (2000): «Galician female names in the Middle Ages (from 13th to 15th)», en Dieter Kremer y Rudolf Sramek (eds.), *Onomastik. Akten des 18. Internationalen Kongresses* für *Namenforschung (Trier, 12.-17. April 1993)*, 2. Tubinga: Niemeyer, 122-135.

Boullón, Ana Isabel (2017): «La antroponimia en Galicia en el siglo XVIII», *Namenkundichen Informationen*, 109/110, 78-107.

Boyd-Bowman, Peter (1970): «Los nombres de pila en México desde 1540 hasta 1950», *Nueva Revista de Filología Hispánica*, 19, 12-48.

Cardini, Franco (2001): *Los Reyes Magos. Historia y leyenda*. Barcelona: Ediciones Península.

Carrasco, Gonzalo (2008-2010): «La onomástica de la conversión: señas de identidad y transformación antroponímica de los moriscos de Granada (1500-1569)», *Sharq Al-Ándalus*, 19, 139-204.

Casquete de Prado, Nuria (1993): *Los castillos de la Sierra Norte de Sevilla en la Baja Edad Media. Aproximación histórica*. Sevilla: Diputación Provincial de Sevilla.

Castellvell, Ventura (2017): «Onomàstica dels expòsits a Catalunya. Una mostra del segle XV», en Emili Casanova (ed.), *Onomàstica Romànica: Antroponímia dels expòsits i etimologia toponímica, especialmente de València*. València: Denes, 209-221.

Castro, Demetrio (2014): *Antroponimia y sociedad. Una aproximación sociohistórica al nombre de persona como fenómeno cultural*. Pamplona: Universidad Pública de Navarra.

Castro, Demetrio (2018): «Ya no nos llamamos con aquellos nombres. Persistencia y transformación antroponímica», en Ana Zabalza (dir.), *De Engracia a Garazi. El misterio de los nombres en Navarra*. Pamplona: Thomson Reuters Aranzadi, 21-53.

Cires, Juan Manuel, García, Pedro E. y Vílchez, Carlos A. (1989): «Negros antes que esclavos», *Archivo Hispalense. Revista histórica, literaria y artística*, 72, 29-43.

Collantes de Terán, Antonio (1972): «Contribución al estudio de los esclavos en la Sevilla medieval», *Homenaje al profesor Carriazo*, 2. Sevilla: Servicio de Publicaciones de la Universidad de Sevilla, 111-121.

Collantes de Terán, Antonio (1977): *Catálogo de la Sección 16ª. Tomo I (1280-1515). Archivo Municipal de Sevilla*. Sevilla: Universidad de Sevilla.

Collantes de Terán, Antonio (1978): «Los padrones militares de la Andalucía bajo-medieval, como fuentes demográficas», *Actas del I Congreso de Historia de Andalucía, Córdoba, 1976*. Córdoba (Andalucía Medieval), 1, 287-294.

Collantes de Terán, Antonio (1984): *Sevilla en la Baja Edad Media. La ciudad y sus hombres*. Sevilla: Ayuntamiento de Sevilla.

Collantes de Terán, Francisco (1953): «Los castillos del Reino de Sevilla», *Archivo Hispalense. Revista histórica, literaria y artística*, 18 (57), 117-185.

CORDE = Real Academia Española, *Corpus diacrónico del español*. <http://www.rae.es> [23/6/2023].

Díaz de Martínez, Lucinda C. (2003): «Onomástica mariana en las actas de bautismo de Humahuaca (Jujuy-Argentina) del siglo XVIII», *Lexicografía y lexicología en Europa y América: Homenaje a Günter Haensch*. Madrid: Gredos, 239-247.

Díez Melcón, Gonzalo (1957): *Apellidos castellano-leoneses (siglos IX-XIII, ambos inclusive)*. Granada: Universidad.

Domínguez Ortiz, Antonio (1946): *Orto y ocaso de Sevilla. Estudio sobre la prosperidad y decadencia de la ciudad durante los siglos XVI y XVII*. Sevilla: Diputación Provincial de Sevilla.

Domínguez Ortiz, Antonio (2003): *La esclavitud en Castilla en la Edad Media y otros estudios de marginados*. Granada: Comares.

Egido, Teófanes (1984): «La religiosidad colectiva de los vallisoletanos», *Valladolid en el siglo XVIII*. Valladolid: Ateneo de Valladolid, 157-260.

Flores Varela, Carlos J. (1992): *Sevilla, 1406. Un estudio sociogeográfico de la población*. Madrid: Asociación Cultural Al-Mudayna.

Franco Silva, Alfonso (1978): «La esclavitud en Sevilla entre 1526 y 1550», *Archivo Hispalense. Revista histórica, literaria y artística*, 61, 77-91.

Franco Silva, Alfonso (1979): *La esclavitud en Sevilla a fines de la Edad Media (1470-1525)*. Sevilla: Diputación Provincial de Sevilla.

García Cornejo, Rosalía (1998): «Sobre nombres y apellidos en dos documentos andaluces del siglo XV», *Archivo Hispalense. Revista histórica, literaria y artística*, 81, 171-198.

García Cornejo, Rosalía (2001): «La antroponimia masculina en un padrón de cuantías de 1486», *Anuario de Estudios Filológicos*, 24, 137-152.

García Gallarín, Consuelo (2009): «Variación y cambio antroponímicos: los nombres de persona en el período clásico», en Consuelo García Gallarín y Karlos Cid Abasolo (eds.), *Los nombres de persona en la sociedad y en la literatura de las tres culturas*. Madrid: Sílex, 71-110.

García Gallarín, Consuelo (2014): *Diccionario Histórico de Nombres de América y España*. Madrid: Sílex (=DHNAE).

García Gallarín, Consuelo (2017a): «Antroponimia madrileña del siglo XVII: nombres de pila de los niños abandonados», en E. Casanova (ed.), *Onomàstica Romànica: Antroponímia dels expòsits i etimologia toponímica, especialmente de Valéncia*. Valéncia: Denes, 411-425.

García Gallarín, Consuelo (2017b): «Modelos antroponímicos de los registros bautismales de la Parroquia de San Sebastián (Madrid, 1600-1630)», en Emiliana Ramos y Ander Ros (eds.), *Onomástica, lengua e historia: estudios en honor de Ramón Ciérbide*. Sociedad Vasca de Onomástica, 99-114.

González González, Julio (1951): *Repartimiento de Sevilla. Estudio y edición*, I. Madrid: Consejo Superior de Investigaciones Científicas.

González Jiménez, Manuel (1988): *En torno a los orígenes de Andalucía*. Sevilla: Universidad de Sevilla.

González Jiménez, Manuel (ed.) (1991): *Diplomatario andaluz de Alfonso X*. Sevilla: Caja de Huelva y Sevilla.

Guillén, Claudio (1963): «Un padrón de conversos sevillanos (1510)», *Bulletin Hispanique,* 65 (1-2), 49-98.

Kremer, Dieter (1976-1977): «Bemerkungen zu den mittelalterlichen hispanischen *cognomina* V», *Aufsätze zur portugiesischen Kulturgeschichte*, 14, 191-298.

Kremer, Dieter (1980): «Bemerkungen zu den mittelalterlichen hispanischen *cognomina* VI», *Aufsätze zur portugiesischen Kulturgeschichte*, 16, 117-205.

Kremer, Dieter (1981-1982): «Bemerkungen zu den mittelalterlichen hispanischen *cognomina* VII», *Aufsätze zur portugiesischen Kulturgeschichte*, 17, 47-146.

Kremer, Dieter (1988): «Onomástica e historia de la lengua», *Actas del I Congreso Internacional de Historia de la Lengua Española*. Madrid: Arco-Libros, 1583-1612.

Kremer, Dieter (1990): «De antroponimia asturiana y leonesa medieval», *Lletres Asturianes*, 36, 6-23.

Kremer, Dieter (1992): «Spanisch: Anthroponomastik», *Lexicon der Romanistischen Linguistik* 6 (1). Tubinga: Max Niemeyer Verlag, 457-474.

Kremer, Dieter (2004): «Sobre los apellidos españoles», *Revista italiana di Onomástica*, 10 (1), 9-32.

Kremer, Dieter (2018): «Os dicionários antroponímicos na Europa románica. Uma aproximação na perspectiva do projecto *PatRom*», en Ana Isabel Boullón (ed.), *Antroponimia e lexicografía*. Santiago de Compostela: Consello da Cultura Galega, 15-60.

Labarta, Ana (1987): *La onomástica de los moriscos valencianos*. Madrid: Consejo Superior de Investigaciones Científicas.

Lansley, Nicholas P. (1983): «La esclavitud negra en la parroquia sevillana de Santa María la Mayor, 1515-1519», *Archivo Hispalense. Revista histórica, literaria y artística,* 66, 37-63.

Lončar, Ivana (2013): «Osobitosti španjolske antroponimije: marjanska imena», *Folia Onomastica Croatica,* 22, 121-145.

Martín Riego, Manuel (2004): «Memorial de los santos del Arzobispado de Sevilla a través de las Juntas de 1619 y 1620», *Memoria Ecclesiae,* 24, 283-316.

Martínez Meléndez, Mª Carmen (1995): *Estudio de los nombres de los oficios artesanales en castellano medieval.* Granada: Universidad de Granada.

Martínez Ruiz, Juan (1968): «Antroponimia morisca granadina en el siglo XVI y su interés para la onomástica hispánica», *Actas del XI Congreso Internacional de Lingüística y Filología Románicas,* 4, 1935-1956.

Martínez Sopena, Pascual (ed.) (1995): *Antroponimia y sociedad. Sistemas de identificación hispano-cristianos en los siglos IX a XIII.* Santiago de Compostela / Valladolid: Universidad de Santiago de Compostela / Universidad de Valladolid.

Mendoza, Josefa Mª (1996): «Aproximación al estudio de la onomástica de los judíos de Sevilla en la Baja Edad Media», *Hommage à Haïm Vidal Sephiha.* Berna: Peter Lang, 175-193.

Mendoza, Josefa Mª (ed.) (2009): *Estudio Histórico de Apellidos Andaluces Medievales.* Madrid: Arco Libros.

Mendoza, Josefa Mª y Palet, Mª Teresa (2003): «Antroponimia catalana en el antiguo reino de Sevilla», *Actas del XXIII Congreso Internacional de Lingüística y Filología Románica,* 3. Tubinga: Max Niemeyer Verlag, 305-318.

Menéndez Pidal, Ramón (1965): «Onomástica inspirada en el culto mariánico», *Cuadernos del idioma. Publicados por la Fundación Pedro de Mendoza,* 1, 9-16.

Menéndez Pidal, Ramón (2005): *Historia de la lengua española.* Madrid: Real Academia Española-Fundación Ramón Menéndez Pidal.

Menéndez Pidal, Ramón y Tovar, Antonio (1962): «Los sufijos españoles en -z y especialmente los patronímicos», *BRAE,* 42, 371-460.

Montoto, Santiago (1938): *Sevilla en el Imperio (siglo XVI).* Sevilla: Nueva Librería Viuda de Carlos García.

Morales Padrón, Francisco (1982): *Los archivos parroquiales de Sevilla.* Sevilla: Real Academia Sevillana de Buenas Letras.

Morales Padrón, Francisco (1989): *Historia de Sevilla. La ciudad del Quinientos.* Sevilla: Servicio de Publicaciones de la Universidad de Sevilla.

Morera, Marcial y Pérez Vigaray, Juan Manuel (2018): «El nombre propio desde el punto de vista de la lengua: significación y sentidos», en D. García Padrón (coord.), *Desarrollos del nombre propio en español: adjetivos de relación y lexicalizaciones.* Madrid: Arco Libros, 11-23.

Nunes, Naidea y Kremer, Dieter (1999): *Antroponímia primitiva da Madeira e Repertório onomástico histórico da Madeira (séculos XV e XVI).* Tubinga: Max Niemeyer Verlag.

Núñez Roldán, Francisco (2004): *La vida cotidiana en la Sevilla del Siglo de Oro.* Madrid: Sílex.

Pellen, René (2014): *La técnica lexicográfica en el* Vocabulario *de Nebrija (c. 1495).* Lugo: Axac.

Pérez-Embid, Javier (1999²): *Aracena y su sierra. La formación histórica de una comunidad andaluza (siglos XIII-XVIII).* Huelva: Diputación Provincial de Huelva, 19-81.

Periáñez, Rocío (2010): «¿Cómo se llaman los esclavos en la Extremadura moderna?», en Gregorio Salinero e Isabel Testón Núñez (eds.), *Un juego de engaños: movilidad, nombres y apellidos en los siglos XV a XVIII*. Madrid: Casa de Velázquez, 221-228.

Piel, Joseph y Kremer, Dieter (1976): *Hispano-gotisches Namenbuch. Der Niederschlag des Westgostischen in den alten und heutigen Personen- und Ortsnamen der Iberischen Halbinsel*. Heidelberg: Winter.

Ramos, Mª Mar (1998): *Antroponimia en los repartimientos andaluces (ss. XIII-XVI)*. Universidad de Sevilla (tesis doctoral inédita).

Rodríguez Toro, José Javier (1999): «La antroponimia medieval de Alcalá de Guadaíra (Sevilla)», *Philologia Hispalensis*, 13, 161-173.

Rodríguez Toro, José Javier (2002): *Los alcalareños y sus nombres (años 1426-1444). Edición y estudio lingüístico de la antroponimia bajomedieval de Alcalá de Guadaíra (Sevilla)*. Sevilla: Biblioteca de Textos Alcalareños-Padilla Libros Editores & Libreros.

Rossebastiano, Alda (2016): «L'Onomastica dei trovatelli a Torino nella prima metà dell'Ottocento», *Rivista Italiana di Onomastica*, 22, 525-574.

Rubio Merino, Pedro (2002): «Santoral mozárabe hispalense», *Memoria Ecclesiae*, 21, 677-725.

Sánchez Rubio, Rocío y Testón Núñez, Isabel, (2012): «Situación y perspectiva de los estudios de antroponimia en la España Moderna», en Andrea Addobbati, Roberto Bizzocchi y Gregorio Salinero (eds.), *L'Italia dei cognomi: l'antroponimia italiana nel quadro mediterraneo*. Pisa: University Press, 75-121.

Sánchez Saus, Rafael (1991): *Linajes sevillanos medievales*. Sevilla: Ediciones Guadalquivir.

Simón Parra, María (2008): *El nombre de persona en la documentación castellana medieval*. Universidad de Alcalá de Henares (tesis doctoral inédita).

Tato, Fernando (2000): «Personal names in Rianxo in the 15th century», en Dieter Kremer y Rudolf Sramek (eds.), *Onomastik. Akten des 18. Internationalen Kongresses für Namenforschung (Trier, 12.-17. April 1993)*, 2. Tubinga: Niemeyer, 136-142.

Velázquez Acuña, Isabel María (2018): *El nombre femenino de pila en el siglo XVI. Análisis estadístico (Iglesia de El Sagrario de Sevilla, años 1515-1600)*. Universidad de Sevilla (trabajo fin de máster inédito).

Viejo, Julio (1998): *La onomástica asturiana bajomedieval. Nombres de personas y procedimientos denominativos en Asturias de los siglos XIII al XV*. Tubinga: Max Niemeyer Verlag.

Zabalza, Ana (2003): «Identidades cambiantes. La formación del nombre y el apellido en la Navarra moderna (1550-1725)», en José Luis Ramírez Sadaba (coord.), *La Onomástica en Navarra y su relación con la de España. Actas de las primeras Jornadas de Onomástica (Pamplona, 2003)*. Pamplona: Universidad Pública de Navarra, 245-261.

Se terminó de imprimir este libro
el día de 5 de febrero de 2024
en los talleres gráficos
de Podiprint